Dynamische Medien

Informatik

Heide Balzert, Uwe Klug, Anja Pampuch
Webdesign & Web-Usability, 2. Auflage
Basiswissen für Web-Entwickler

Tilman Bollmann, Klaus Zeppenfeld
Mobile Computing
Hardware, Software, Kommunikation, Sicherheit,
Programmierung

Soft Skills

Petra Motte
Moderieren, Präsentieren, Faszinieren

Jürgen Klüver, Christina Stoica, Jörn Schmidt
Besser und erfolgreicher kommunizieren!
Vorträge, Gespräche, Diskussionen

Marion Schröder
Heureka, ich hab's gefunden
Kreativitätstechniken, Problemlösung & Ideenfindung

Management

Roman Bendisch, Andreas Führer
Projekte managen mit Microsoft Project
Projekte auch in stürmischen Zeiten auf Erfolgskurs halten

Zu vielen dieser Bände gibt es »E-Learning-Zertifikatskurse«
unter www.W3L.de.

Maximilian Eibl

Dynamische Medien

W3L-Verlag | Herdecke | Witten

Autor:
Prof. Dr. Maximilian Eibl
E-Mail: eibl@informatik.tu-chemnitz.de

Bibliografische Information Der Deutschen Nationalibliothek:
Die Deutsche Nationalbibliothek verzeichnet diese Publikation in der Deutschen Nationalbibliografie. Detaillierte bibliografische Daten sind im Internet über http://dnb.ddb.de/ abrufbar.

Titelbild: Arne Berger

© 2011 W3L GmbH | Herdecke | Witten | ISBN 978-3-86834-016-7

Gesamtgestaltung: Prof. Dr. Heide Balzert, Herdecke

Herstellung: Miriam Platte, Witten

Satz: Das Buch wurde aus der E-Learning-Plattform W3L automatisch generiert. Der Satz erfolgte aus der Lucida, Lucida sans und Lucida casual.

Druck und Verarbeitung: CPI buchbücher.de gmbh, Birkach

Vorwort

Dynamische Medien haben mit dem Siegeszug des *World Wide Web* rasant an Bedeutung gewonnen. Kaum eine Website, die sich nicht auf sie stützt. Die Nutzung dynamischer Medien hat in der vergangenen Dekade stark zugenommen und wird auch weiterhin mit einer beeindruckenden Geschwindigkeit anwachsen. Nicht umsonst gibt es Phänomene wie die Breitbandinitiative der Bundesregierung, die einen Netzausbau forciert, um einer Überlastung zuvorzukommen. Die Gefahr einer Netzüberlastung besteht real, da dynamische Medien als Nebenwirkung ein deutlich gesteigertes Datenvolumen mit sich bringen.

Was aber sind nun dynamische Medien? Üblicherweise werden Medien in zwei grobe Klassen unterteilt: Statische gegenüber dynamischen Medien. Mitunter werden Sie auch die Unterscheidung diskrete gegenüber kontinuierlichen Medien finden. Damit haben Sie schon vier Begriffe, die es zu klären gilt. Begriffs-
klärung

Statische Medien sind allgemein Medien, bei denen sich *nichts* verändert. Beispiele sind Fotografie, Skizze, Zeichnung, Grafik, Diagramm und auch Text. Bis auf den Text würde man hier auch von diskreten Medien sprechen. Diskret hat hier nichts mit dem umgangssprachlichen Begriff zu tun, sondern bedeutet schlicht, dass das Medium mit einem Blick erfasst werden kann und zwar unabhängig vom Zeitpunkt: Es verändert sich nicht.

Das Gegenteil von diskret ist kontinuierlich. Hiermit sind Medien gemeint, die sich im Verlauf der Zeit verändern. Es ist dann nicht mehr egal, wann Sie auf das Medium schauen. Meist müssen Sie sogar über einen bestimmten Zeitraum hinweg das Medium betrachten, wobei dieser Zeitraum auch noch von Dritten vorgegeben ist.

Typische kontinuierliche Medien sind Video und Audio. Kontinuierliche Medien setzen den Fokus auf einen zeitlich linearen Ablauf. In dieser Linearität sind sie als Spezialfall innerhalb der Familie dynamischer Medien zu sehen. Diese Restriktion der Linearität gilt nämlich nicht für Animationen, jedenfalls dann nicht, wenn sie Interaktionen erlauben.

Gegenstand des Buchs sind dynamische Medien, seien sie nun linear-kontinuierlich oder interaktiv.

Das vorliegende Buch versucht den Dreiklang der Perspektiven auf dynamische Medien zu umfassen. Die erste Perspektive besteht in der Technik: Was sind die Grundelemente der verschiedenen Medien und wie werden sie codiert? Die zweite Perspektive besteht in der Umsetzung: Welche Programme helfen beim Erstellen eines Mediums und wie werden sie bedient? Die dritte Perspektive schließlich besteht in der Verwendung: Für welche Informationsarten sind welche Medien sinnvoll und wie werden sie eingesetzt, ohne den Anwender zu stören?

Die ersten beiden Perspektiven Technik und Umsetzung werden in diesem Buch integriert behandelt: Zu einzelnen Medientypen werden beide Aspekte verzahnt besprochen. Für die dritte Perspektive sind die ersten beiden Voraussetzung. Es ist notwendig, dass Sie wissen, worum es sich technisch gesehen bei den einzelnen Medien handelt, um den Sinn ihrer Anwendung nachvollziehen zu können. Diese Perspektive wird daher gesondert in einem eigenen Kapitel behandelt und schließt das Buch ab.

Ergänzend zu diesem Buch gibt es den kostenlosen E-Learning-Kurs»Schnelleinstieg: 2D-Animationen mit Flash«, der zusätzlich zahlreiche Tests erhält, mit denen Sie Ihr Wissen überprüfen können.

Sie finden den Kurs auf der Website http://Akademie.W3L.de. Unter Startseite & Aktuelles finden Sie in der Box E-Learning-Kurs zum Buch den Link zum Registrieren. Nach der Registrierung und dem Einloggen geben Sie bitte die folgende Transaktionsnummer (TAN) ein: 5214987135.

Im kostenlosen E-Learning-Kurs finden Sie auch diejenigen Dateien, mit denen im Buch Arbeitsabläufe beschrieben und eingeübt werden. Laden Sie zunächst die Datei »Arbeitsmaterial_Dynamische_Medien.zip«. Sie enthält sämtliche Arbeitsmaterialien. Die Datei ist im ZIP-Format komprimiert. Bevor Sie die Materialien verwenden können, legen Sie ein Verzeichnis an und entpacken die komprimierten Dateien. Hierfür eignet sich beispielsweise das kostenlose Programm 7-Zip (http://www.7-zip.org/) oder WinZip (http://www.winzip.de/).

Wenn Sie Ihren Lernerfolg überprüfen wollen, dann sollten Sie den kostenpflichtigen, gleichnamigen E-Learning-Kurs auf http://Akademie.W3L.de buchen. Tests und Einsendeaufgaben (Hochladen auf den Server) helfen Ihnen, Ihr Wissen zu vertiefen und zu festigen. Mentoren und Tutoren betreuen Sie dabei. Bei erfolgreichem Abschluss erhalten Sie ein Test- und ein Klausurzertifikat, mit dem Sie Ihren Erfolg dokumentieren können.

Vom Lesen zum Zertifikat

Genug der Vorrede. Viel Spaß und Erfolg bei diesem faszinierenden Thema!

Ans Werk

Ihr
Maximilian Eibl

Inhalt

X Inhalt

1 Aufbau und Gliederung *

Um Ihnen den Einstieg in die Welt dynamischer Medien zu erleichtern, behandelt dieses Buch die verschiedenen Medientypen nach ihrer Komplexität sortiert. So wird einerseits die Komplexität der Materie ohne zu überfordern gesteigert. Andererseits können Sie aus den bereits bearbeiteten Kapiteln Wissen zu generellen Problemen und Konzepten mitnehmen. Um Ihnen jenseits des technischen Verständnisses auch Wissen zur sinnvollen Anwendung zu vermitteln, wird das Buch durch ein Kapitel zum Einsatz dynamischer Medien abgerundet.

Es mag zunächst erstaunen, dass ein Buch über »Dynamische Medien« mit einem Kapitel zum Thema »Bild« beginnt, handelt es sich dabei doch um ein klassisches Beispiel für statische bzw. diskrete Medien. Und wenn das Kapitel mit einer kurzen Einführung in die Erstellung von *Animated GIFs* endet, so mag dies zunächst wie ein Feigenblatt aussehen, um diesem statischen Medium doch irgendwie noch etwas Dynamisches abzuringen. `Bild`

Der Eindruck täuscht. Tatsächlich ist das Kapitel wichtig. Es führt am Beispiel des Bildes in Probleme und Konzepte ein, die generell gelten. Sie gelten also auch für dynamische Medien. Allerdings sind sie anhand des Bildes leichter zu verstehen, da die Technik nicht zu komplex ist. Allein schon, dass die Probleme und Konzepte für ein statisches Medium wie Bild als auch für dynamische Medien gelten, zeigt wie generell ihr Wirkungsgrad ist.

Ein Problem, welches verschiedene Medien betrifft, ist die Datenmenge. Anhand des Mediums Bild werden exemplarisch Ursachen und Lösungen besprochen. Insbesondere der Lösungsansatz, die Codierung der Bildinformation auf die menschliche Wahrnehmung abzustimmen (»verlustbehaftete Kompression«), wird in dynamischen Medien wie Audio und Video übernommen, um akzeptable Datenmengen zu erhalten. Hier entsteht bereits beim Bild, aber auch bei dynamischen Medien das Problem der Abstimmung von Datenmenge und Qualität. `Beispiel: Problem`

Ein gängiges Konzept für die Bearbeitung digitaler Bilder ist das Ebenenkonzept. Dabei besteht das Bild aus mehreren `Beispiel: Konzept`

Ebenen, die sich überlagern und die unterschiedliche Informationen beinhalten. Sie können sich diese Ebenen in etwa wie Folien vorstellen, die übereinander auf einem Tageslichtprojektor liegen. Durch Ein- und Ausblenden der Ebenen kann das Bild unterschiedlich zusammengestellt werden. Dieses Konzept taucht bei 2D-Animationen mit Flash wieder auf. Auch die Verarbeitung von Videos erfolgt über Ebenen, die hier eine zeitliche Dimension bekommen und in Anlehnung an die klassische Fernsehproduktion Spur genannt werden.

Diese und weitere generelle Probleme und Konzepte werden besprochen:

▧ »Bild«, S. 5

Audio Der Ton ist innerhalb der dynamischen Medien etwas Besonderes. Er unterscheidet sich in seiner digitalen Ausprägung prinzipiell von der analogen. Beim Video beispielsweise ist das nicht so: Es besteht aus Einzelbildern, die mit einer bestimmten Geschwindigkeit nacheinander abgespielt werden, um die Illusion von Bewegung zu erzeugen. Ton hingegen existiert in der analogen Welt als kontinuierliche Welle. In der digitalen allerdings wird er abgetastet und besteht – wie auch Video – aus vielen Momentaufnahmen der Schallwelle. Digitalisierung bedeutet hier also zunächst einmal Informationsverlust. Dennoch sind die entstehenden Daten riesig. Auch hier wird zur Codierung nur ein Ausschnitt der tatsächlichen Schallwellen auch berücksichtigt:

▧ »Audio«, S. 63

Video Die Grundlagen für Bild und Audio führen in logischer Konsequenz zum Video. Dieses besteht aus bewegten Bildern und einer Audiospur. Die Probleme der Qualität und der Datenmenge sind Ihnen bereits aus den vorherigen Kapiteln bekannt. Hier werden sie eklatant. Zusätzliche Herausforderungen bringt die Herstellung eines Videos. Insbesondere die Zusammenstellung der Inhalte, der sogenannte »Schnitt«, ist eine Weiterentwicklung des Ebenenkonzepts in die zeitliche Dimension. Die Arbeit mit Schnittprogrammen ist nicht einfach:

▧ »Video«, S. 101

Ein immer stärker in den Vordergrund dringendes Medium ist die Animation. In ihrer zweidimensionalen Ausprägung hat sie sich im Web als »Flash« etabliert. Gegenüber den vorherigen Medien unterscheiden sich Animationen dadurch, dass sie von Anfang an künstlich erzeugt wurden, während Bild, Audio und Video zunächst einmal mit entsprechende Geräten aufgezeichnet wurden und erst zur Bearbeitung digitalisiert vorliegen. Zudem erlauben Animationen meist auch Interaktion, was in den anderen Medien nur bedingt realisierbar ist. Die Arbeit mit Flash ist daher auch etwas komplexer. Die Bedienung gleicht der Arbeit mit einem Bildverarbeitungsprogramm kombiniert mit einem Videoschnittprogramm und angereichert um die Funktionen eines Vektorgrafikprogramms. Doch keine Angst, Sie werden sich zurechtfinden:

2D-Animationen

▨ »2D-Animationen mit Flash«, S. 139

Mitunter benötigen Sie für Ihre Animation die dritte räumliche Dimension. Nun läge die Annahme nahe, dass so eine dritte Dimension doch leicht in ein 2D-Animationsprogramm wie Flash zu integrieren sei. Leider ist das nicht so. In Flash ist die dritte Dimension bereits für die Ebenen reserviert. Es muss also eine völlig andere Technik her. Die Technik heißt seit den 1990er Jahren *Virtual Reality Markup Language* (VRML). Ihr Konzept ist grundlegend anders als das von Flash. Wird in Flash nur eine Bühne definiert, die mit Objekten gefüllt wird, so ist es in VRML gleich eine ganze – unendliche – Welt:

3D-Animationen

▨ »3D-Animationen mit VRML«, S. 213

Wenn Sie nach der Lektüre dieser Kapitel denken »Und los geht's!«, dann Vorsicht: Dynamische Medien haben es in sich. Nehmen Sie sich einmal eine Zeitschrift und blättern Sie sie durch. Sie werden zwei Arten von Bildern finden. Die einen stellen den Text dar, zeigen beispielsweise die Fotografie eines Prominenten in der Disko, über den gerade geschrieben wird, dass er in einer Disko war. Die zweite Art sind Stimmungsbilder mit illustrierendem Charakter. Zu einem Artikel über die Gesundheitsreform wird beispielsweise ein Äskulap-Stab gezeigt. Die Fotografie zeigt also keinen Gegenstand, auf dem im Text direkt Bezug genommen wird, sondern sie hat vielmehr die Funktion den Text optisch auf-

Einsatz

zulockern und damit lesbarer zu machen. Reine »Bleiwüsten« liest niemand gerne.

Bei dynamischen Medien geht das nicht. Sie ziehen durch ihre Bewegung so viel Aufmerksamkeit an sich, dass sie automatisch im Mittelpunkt stehen und vom Text ablenken. Der Grund liegt in Ihrer Wahrnehmung: Sie sind in der Peripherie Ihres Sichtfeldes nahezu farbenblind, allerdings sehr stark empfänglich für jede Form von Bewegung. Nur deshalb zucken Sie rechtzeitig zusammen, wenn Sie im Garten sitzen, und bei der Lektüre der Zeitung von einem heranfliegenden Fußball getroffen zu werden drohen. Bewegung versetzt in Alarm.

Bevor Sie also loslegen, sollten Sie genau wissen, welches Medium Sie in welchem Kontext einsetzen:

▨ »Einsatz dynamischer Medien«, S. 293

2 Bild *

Digitale Bilder bestehen aus zahlreichen, in der Regel mehreren Millionen Punkten, die auf einer viereckigen Fläche Farben markieren. Die Größe der Bilddatei hängt dabei zunächst einmal von der Anzahl der Punkte und der Anzahl der möglichen Farben ab. Je mehr Punkte und Farben Sie nutzen, desto mehr Information muss gespeichert werden. Salopp gesagt: Ein Bild, welches nur einen weißen Punkt darstellt, benötigt sehr viel weniger Speicherplatz als eine Karnevalsfotografie.

Daneben ist für die letztlich resultierende Dateigröße maßgeblich, welche Kompressionsverfahren genutzt werden. Standardisierte Dateiformate wie GIF, JPEG, PNG nutzen unterschiedliche Kompressionsverfahren, welche unterschiedliche Auswirkungen auf die Dateigröße, aber auch auf die verbleibende optische Qualität haben.

Digitale Fotoapparate liefern neben dem JPEG-Format als Alternative das RAW-Format, welches ohne Kompression die Originaldaten der optischen Sensorik wiedergibt. Trotz der enormen Dateigrößen eignet sich dieses Format für bestimmte Zwecke der Weiterverarbeitung.

Dieses Kapitel vermittelt ein elementares technisches Verständnis für digitale Bilder und beschreibt grundlegende Manipulationsmöglichkeiten mit Adobe Photoshop. Photoshop gilt als Klassiker unter den Bildbearbeitungsprogrammen. Wenn Sie nicht über Photoshop verfügen, können Sie über die Download-Seite von Adobe (http://www.adobe.com/de/downloads/) eine sogenannte Try-Out-Version herunterladen, die 30 Tage kostenlos getestet werden kann. Für den Heimbereich gibt es mit Photoshop Elements auch eine abgespeckte und kostengünstigere Version.

Das Kapitel beginnt mit einer Einführung zum grundlegenden Aufbau eines digitalen Bildes. Das Grundelement hier heißt Pixel:

■ »Grundsätzlicher Aufbau: Pixel«, S. 6

Pixel bestimmen die räumliche Ausdehnung eines Bildes. Gleichzeitig transportieren sie Farbinformationen:

■ »Grundsätzlicher Aufbau: Farben«, S. 11

Räumliche Ausdehnung und Farbinformationen bestimmen die Größe eines Bildes:

▓»Grundsätzlicher Aufbau: Bildgröße«, S. 17

Spezialitäten von Photoshop sind die Methoden, Objekte auszuwählen, und die Arbeit mit Bildebenen. Beide Konzepte erschließen sich nicht intuitiv, sondern müssen erläutert werden:

▓»Manipulationen mit Auswahl und Ebenen«, S. 18

Die Bildgröße ist nicht zu verwechseln mit der Dateigröße. Hier spielen zusätzliche Faktoren, wie zum Beispiel Kompressionsverfahren oder Anwendungszusammenhang, eine Rolle:

▓»Dateiformate«, S. 25

Fotografien werden mit Kameras erstellt. Technisches Hintergrundwissen zum Thema Sensor wird vertieft vermittelt:

▓»Kameratechnik: Sensor«, S. 37

Das Thema Objektiv wird vertieft behandelt:

▓»Kameratechnik: Objektiv«, S. 42

Auch wenn *Animated GIF*s eigentlich zu recht verpönt sind, macht es doch Spaß, sie zu erstellen. Lehrreich ist es zudem:

▓»Animated GIFs mit Photoshop«, S. 57

2.1 Grundsätzlicher Aufbau: Pixel *

Grundlage digitaler Bilder sind Pixel. Sie sind als Raster angeordnet, weshalb bei digitalen Fotografien auch von Rasterbildern die Rede ist. Die Pixel kodieren Farbwerte. Je mehr Pixel vorhanden sind, desto größer die Genauigkeit der Darstellung und die Dateigröße.

Aufbau
Photoshop-
Bildschirm

Öffnen Sie die Datei Wasserturm.tif in Photoshop (Abb. 2.1-1). Auf der linken Seite des Bildschirms sehen Sie die Werkzeugleiste. Sie enthält die zentralen Werkzeuge, mit denen Sie Bildmanipulationen vornehmen können. Mittig erscheint die Fotografie des Wasserturms und auf der rechten Seite sehen Sie zusätzlich eine Reihe von kleinen Fenstern, in welchen Bildinformationen enthalten sind. Für Sie ist zunächst das Navigator-Fenster wichtig. Wenn Sie die Werkzeugleiste

oder das Navigatorfenster nicht sehen, können Sie sie über
den Eintrag Fenster im Menü anwählen.

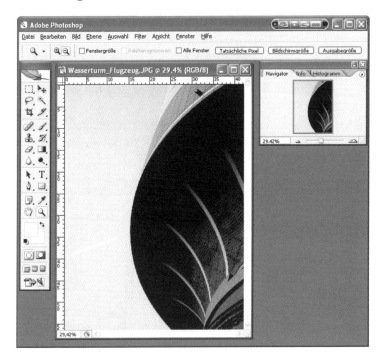

Abb. 2.1-1: Datei Wasserturm geöffnet in Photoshop.

Ziel unseres Vorgehens ist, die Fotografie einmal genauer
unter die Lupe zu nehmen. Dazu bietet Photoshop zwei Möglichkeiten der Navigation:

Ansicht
vergrößern mit
Photoshop

1 Über die Werkzeugleiste: Klicken Sie bei den Werkzeugen
auf die Lupe. Wenn Sie mit der Maus über das Bild fahren, erscheint der Mauszeiger als Lupe mit einem kleinen Plus-Zeichen. Klicken Sie auf das Bild und es wird
ein Stückchen vergrößert. Die Stelle, auf die Sie geklickt
haben, wird zum Mittelpunkt der Vergrößerung. Unter
der Menüleiste erscheint die Optionenleiste mit den Einstellungsmöglichkeiten für die Lupe. Wenn Sie das Bild
wieder verkleinern möchten, klicken Sie in der Optionen-
Leiste auf die Lupe mit dem kleinen Minus. Auch diese
Leiste können Sie über den Menüeintrag Fenster ein- und
ausblenden.

Lupe

2 Über das Navigatorfenster: Der Navigator besteht aus einer kleinen Version Ihres Bildes. Unter dieser Miniaturausgabe befindet sich ein Schieberegler. Mit ihm können Sie einstellen, wie stark Sie das Bild vergrößern wollen. In der Miniaturansicht erscheint ein rotes Viereck, welches den aktuellen Ausschnitt im Vergleich zum Gesamtbild zeigt. Sie können dieses Viereck verschieben, indem Sie es mit der Maus anklicken und bei gedrückter Maustaste bewegen.

Vergrößern Sie das Bild nun auf 1600%. Versuchen Sie das Flugzeug in den Bildausschnitt zu bekommen, wie es die Abb. 2.1-2 zeigt.

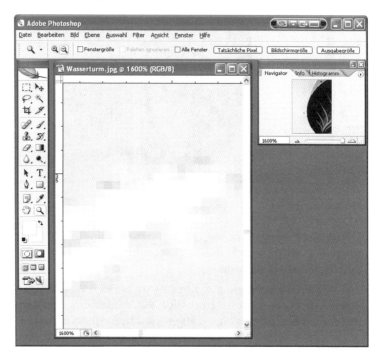

Abb. 2.1-2: Datei Wasserturm in Photoshop, Zoomansicht.

Pixel   Wie Sie sehen, werden die Konturen des Flugzeugs nicht etwa immer genauer, sondern es entsteht ein unförmiger Brei von Vierecken. Dabei handelt es sich um die Bildpunkte, aus denen digitale Bilder immer bestehen. Im Englischen spricht man von *Picture Elements*, was der Einfachheit halber auf das Kunstwort **Pixel** zusammengezogen wurde. Pixel sind das kleinste darstellbare Element eines digitalen Bildes, in der Regel handelt es sich dabei um kleine Vierecke, die Form kann aber auch als Rechteck definiert werden.

Diese Pixel bilden ein zweidimensionales Raster von der Größe des gesamten Bildes. Sie tragen als Information den Farbwert, der an Ihrer Position erscheint. Die Anzahl der Pixel spiegelt die räumlichen Dimensionen wieder, wie in Abb. 2.1-3 verdeutlicht.

Bildraster

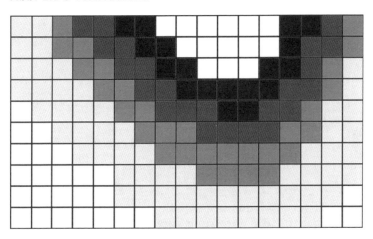

Abb. 2.1-3: Schematische Darstellung eines Rasterbildes: Deutlich zu erkennen sind die einzelnen Pixel.

Dabei gilt: Je mehr Pixel verwendet werden, desto

Pixelanzahl

▓ detailreicher und natürlicher erscheint das Bild, und desto

▓ stärker kann das Bild vergrößert werden, zum Beispiel auf Plakate oder Projektionen, und desto

▓ größer wird auch die Datei.

Sie können die Rasterung Ihrer Bilder mit Photoshop verändern. Gehen Sie dazu über den Menüpunkt Bild - Bildgröße in das Optionsfenster für die Bildgröße:

Ändern des Bildrasters mit Photoshop

Im oberen Auswahlfeld können Sie die Breite und Höhe Ihres Bildes beliebig einstellen. Wenn Sie die Seitenverhältnisse beibehalten wollen, können Sie das einfach über die Checkbox Proportionen erhalten erreichen.

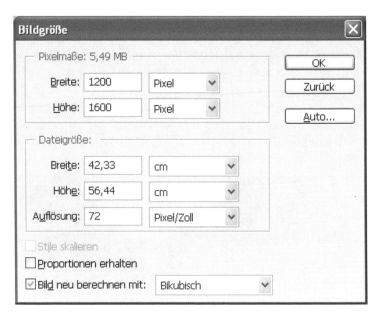

Abb. 2.1-4: Verändern der Rasterung in Photoshop.

Klassische Auflösungen

Üblicherweise werden bei digitalen Kameras Megapixel als Maßeinheit für die Auflösung verwendet. Gängige Kameras haben in der Regel die in Tab. 2.1-1 aufgeführten Rastergrößen:

Auflösung	Pixelanzahl	»Megapixel«
640 x 480	307.200	0,3
1.024 x 768	786.432	0,8
1.152 x 864	995.328	1
1.600 x 1.200	1.920.000	2
2.816 x 2.112	5.947.392	6
4.048 x 3.040	12.305.920	12

Tab. 2.1-1: Gängige Kameraauflösungen.

2.2 Grundsätzlicher Aufbau: Farben *

Jedes Pixel beinhaltet einen Farbwert. Je nach Farbtiefe sind unterschiedlich viele Farbwerte möglich. Je mehr Farbwerte möglich sind, desto naturgetreuer die Aufnahme und desto größer die Datei.

Neben der Anzahl der Pixel ist für die Qualität des digitalen Bildes die Anzahl der verwendbaren Farben maßgeblich. Dabei ist zunächst die Frage ausschlaggebend, wie viele unterschiedliche Farben vorkommen können. Die **tatsächlich** verwendete Anzahl der Farben spielt hier noch keine Rolle. Sie wird erst bei der Kompression relevant. Ausschlaggebend für den Kodierungsaufwand hingegen ist die Anzahl der **möglichen** Farben. Sie wird **Farbtiefe** genannt. Sind nur zwei Farben möglich, so kann die Farbangabe über ein einzelnes Bit laufen: Wird das Bit auf 0 gesetzt steht es für die eine Farbe, wird es auf 1 gesetzt steht es für die andere Farbe.

Werden 8 Bit (= 1 Byte) für die Kodierung verwendet, so sind bereits $2^8=256$ verschiedene Farben möglich. Für das menschliche Auge reicht diese Anzahl in der Regel noch nicht aus. Es kann mehrere 100.000 Farbnuancen unterscheiden. Für Fotografien ist daher ein Bildraster von mindestens 24 Bit empfehlenswert. Mit ihr stehen pro Farbkanal (Rot, Grün, Blau) 8 Bit (1 Byte) zur Verfügung. Die Auswirkungen der Anzahl der Farben auf die Bildqualität zeigt Abb. 2.2-1.

Farbtiefe

Abb. 2.2-1: Bild Wasserturm mit drei verschiedenen Varianten zur Farbanzahl.

Farbtiefe	Anzahl darstellbarer Farben	Verwendung
1 Bit	$2^1 = 2$	Monochrom
8 Bit	$2^8 = 256$	Farbtiefe von GIF-Dateien: Rot: 3 Bit Grün: 3 Bit Blau: 2 Bit
15 Bit	$2^{15} = 32.768$	*Real Color*: Rot : 5 Bit Grün: 5 Bit Blau: 5 Bit
16 Bit	$2^{16} = 65.536$	*High Color*: Rot : 5 Bit Grün: 6 Bit Blau: 5 Bit
24 Bit	$2^{24} = 16.777.216$	*True Color*: Rot : 8 Bit Grün: 8 Bit Blau: 8 Bit
36 Bit	$2^{36} = 68.719.476.736$	Für jede Farbe 12 Bit

Tab. 2.2-1: Farbtiefe digitaler Bilder.

Ändern der Farbkodierung in Photoshop

In Photoshop können Sie die Farbkodierung über den Menüpunkt Bild – Modus – ... ändern. Abb. 2.2-2 zeigt den entsprechenden Dialog. Einige der Einstellungsmöglichkeiten werden Sie bei der Bildbearbeitung häufig nutzen. Sie werden hier genauer vorgestellt:

Graustufen

■ **Graustufen**: Das Bild wird auf Graustufen reduziert. So können Sie Farbaufnahmen nachträglich in schwarzweiß-Bilder konvertieren. Bei einer 8-Bit Kodierung stehen 256 Graustufen zur Verfügung.

Indizierte Farben

■ **Indizierte Farben**: Das Bild wird in maximal 256 Farben konvertiert. Wenn das Ausgangsbild ein Farbbild ist, dann erscheint ein Popup-Fenster Indizierte Farben. Hier können Sie bestimmen, wie viele Farben verwendet werden dürfen. Photoshop generiert automatisch eine Farbtabelle zu dem Bild, die beim Speichern der Datei beigefügt wird.

RGB

■ **RGB-Farbe**: Hierbei handelt es sich um das klassische Farbmodell für Bildschirmdarstellungen. Es eignet sich

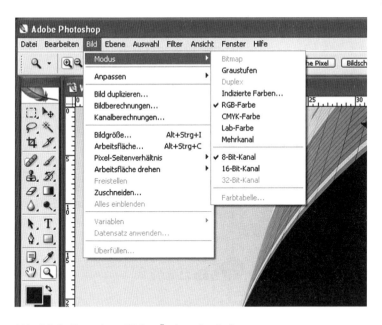

Abb. 2.2-2: Photoshop: Dialog Ändern des Farbraums.

für lichtemitierende Medien wie Bildschirme oder auch
Beamer. Die Farbwerte des Bildes werden in Rot-, Grün-
und Blauanteile aufgespalten und einzeln kodiert. Die
Mischung der Farben erfolgt additiv, d. h. wenn alle drei
Farbkomponenten in voller Ausprägung vorhanden sind
erscheint das Ergebnis weiß. Der Farbraum des RGB-Mo-
dells ist ein Würfel mit Einheitskantenlänge (von 0 bis 1)
wie er in Abb. 2.2-3 abgebildet ist. Die Einheitsvektoren
sind die Farben Rot, Grün und Blau. Im Ursprung liegt
Schwarz, die Grauwerte liegen auf der Hauptdiagonalen.
Abb. 2.2-4 zeigt die Zerlegung eines farbigen Bildes in
die Komponenten Rot, Grün und Blau.

■ **CMYK-Farbe**: Die im CMY-Farbraum verwendeten Far-   CMY(K)
ben Cyan, Magenta und Gelb *(Yellow)* stehen komplementär zu den Komponenten des RGB-Farbraumes. Entsprechend verhalten sie sich auch komplementär: Mischt
man alle drei Farben, so erhält man Schwarz. Das Farbmodell ist also subtraktiv. Man spricht auch von Kör-
perfarben, da sich die Komponenten ähnlich der kör-

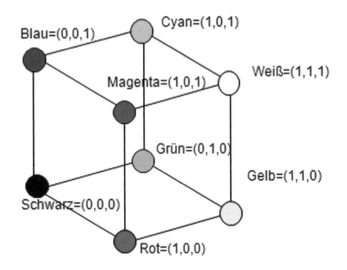

Abb. 2.2-3: Farbmodelle: RGB.

Abb. 2.2-4: Farbraum RGB aufgegliedert in die Farbanteile Rot, Grün, Blau.

perhaften Farben eines Malkastens mischen. Das Modell wird im Druck verwendet. Auch das CMY-Farbmodell ist ein Würfel wie Abb. 2.2-5 zeigt. In der Praxis hat sich das CMY-Farbmodell als unzureichend erwiesen. Die Mischung aller drei Komponenten führt nur theoretisch zu einem klaren Schwarz, praktisch aber zu einem sehr dunklen Braunton. Die Qualität wird dadurch erhöht, dass tatsächlich zusätzlich Schwarz beigemischt wird. Man spricht dann vom CMYK-Farbmodell, wobei K für *Key-Color* (i.e. Schwarz) steht. Ein zusätzlicher Vorteil

entsteht dadurch, dass sämtliche Farben durch die Bei-
mischung von Schwarz verdunkelt werden können, also
insgesamt deutlich weniger an Farbe auf das Papier aufgetragen werden muss. Abb. 2.2-6 zeigt die Zerlegung eines farbigen Bildes in die Komponenten Cyan, Magenta,
Gelb und Schwarz.

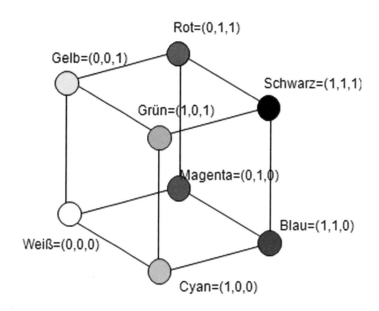

Abb. 2.2-5: Farbmodell CMY.

Abb. 2.2-6: Farbraum CMYK aufgegliedert in die Farbanteile Cyan, Magenta,
Gelb und die Key Color Schwarz.

- ■ 8-Bit-Kanal, 16-Bit-Kanal, 32-Bit-Kanal: Hierbei handelt es   Kanäle
  sich nicht um Farbmodelle, sondern es wird explizit die
  Bildraster ausgewählt. Photoshop gibt die Bitanzahl pro

Kanal an. Im RGB-Farbraum stehen insgesamt drei Farb-kanäle zur Verfügung. Wenn Sie also ein Bild im RGB-Farbraum und 8-Bit-Kanal-Modus erstellen, so hat das Bild eine Bildraster von 24 Bit (3 Kanäle * 8 Bit) und kann über 2^{24} = 16 Millionen Farben darstellen. Bei Fotografien im RGB- oder CMYK-Farbraum gilt das als üblicher Wert, bei hochwertigen Aufnahmen können Sie die Bitzahl auch erhöhen.

Um ein Gefühl für die unterschiedlichen Farbräume und Kanäle zu bekommen, sollten Sie ein wenig mit Photoshop spielen. Öffnen Sie dazu die Beispieldatei Wasserturm.tif. Über den Menüeintrag Fenster – Kanäle können Sie ein Popup-Fenster öffnen, welches die einzelnen Farbkanäle anzeigt. Über die Augensymbole auf der linken Seite können Sie die Farbkanäle ein- und ausschalten.

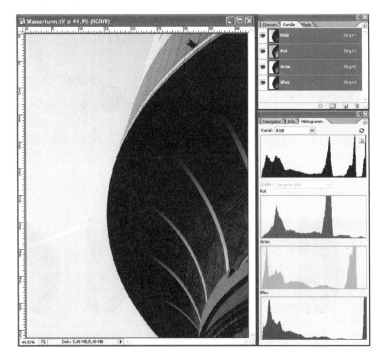

Abb. 2.2-7: Histogramm der RGB-Werte.

Histogramm   Öffnen Sie nun über Fenster – Histogramm die Histogrammansicht des Bildes. Ein Histogramm stellt die statistische Farbverteilung dar. Die X-Achse des Histogramms zeigt die 256 möglichen Farbwerte zu den einzelnen Komponenten, die Y-Achse zeigt, wie viele Pixel einen bestimmten Farbwert annehmen.

Die Ansicht erscheint komprimiert, Sie können über den Pfeil-Button rechts oben auf die erweiterte Ansicht wie in Abb. 2.2-7 umschalten. Mit Hilfe der *Dropdown*-Box können Sie bestimmen, welche Farbkanäle Sie betrachten möchten.

Die Datei Wasserturm.tif ist im RGB-Farbraum definiert. Entsprechend stellen Kanäle und Histogramme die Komponenten Rot, Grün und Blau dar. Experimentieren Sie und finden Sie heraus, was passiert, wenn

Experiment

- Sie beispielsweise in den Farbraum CMYK wechseln, oder
- in Graustufen konvertieren oder
- Indizierte Farben definieren.

2.3   Grundsätzlicher Aufbau: Bildgröße *

Anzahl der Pixel und Farbtiefe sind die ausschlaggebenden Variablen für die Menge der entstehenden Daten. Sie werden als Bildgröße bezeichnet.

Mit **Bildgröße** wird in der Digitaltechnik **nicht** die räumliche Größe eines Bildes bezeichnet, sondern die Menge der Daten, die zu seiner Beschreibung verwendet werden. Diese hängen zum einen von der Anzahl der Pixel und zum anderen von der Farbtiefe ab. Die Größe der Datei wird dabei wie folgt berechnet:

Berechnung
Bildgröße

$$G = M * N * Fb$$

Mit
G: Bildgröße
M, N: räumliche Ausdehnung
Fb: Farbtiefe

Ein Bild mit der Auflösung von 1024*768 Pixel und einer RGB-Farbtiefe von 24 Bit (= 3 Byte) benötigt 1024*768*24 Bit bzw. 1024*768*3 Byte = 2,36 MB Speicherplatz.

Beispiel

Die Datei Wasserturm.tif enthält eine 24 Bit-Fotografie, welche 1.600 Pixel breit und 1.200 Pixel hoch ist. Der benötigte Speicherplatz beträgt: 1.600*1.200*3 Byte = 5,76 MB.

Auflösung ppi

Die Anzahl der Pixel sagt noch nichts über die räumliche Größe eines Bildes aus, denn die physische Ausdehnung eines Pixels ist nicht standardisiert. Sie muss festgelegt werden. Diese Festlegung erfolgt über den Begriff der Auflösung, die in **PPI (pixel per inch)** angegeben wird. Hier wird festgelegt, wie viele Pixel auf einem Inch, bzw. Zoll (ca. 2,54 cm) verteilt sind. Da bei Fotografien Pixel in der Regel eine quadratische Form haben, reicht hier eine einzelne Angabe. Es ist aber durchaus möglich in der Horizontalen eine andere Länge als in der Vertikalen anzugeben.

Typische Auflösungen

Für reine Bildschirmdarstellungen reichen bereits 72 ppi aus. Damit werden auf einem Quadratzoll des Monitors 72^2 Pixel dargestellt. Das entspricht der Auflösung handelsüblicher Monitore, eine höhere Auflösung macht hier also keinen Sinn. Anders sieht es im Druck aus. Hier werden 300 bis 600 Punkte als Minimum angesehen, um zu verhindern, dass das Bild gerastert erscheint.

Beispiel

Ein Bild mit der physischen Ausdehnung 10*15 cm (ca. 3,937 Zoll * 5,91 Zoll) und einer RGB-Farbtiefe von 24 Bit hat eine Auflösung von 300 ppi. Der Speicherbedarf berechnet sich wie folgt:

(3,937 Zoll * 300ppi) * (5,91 Zoll * 300 ppi) * 24 Bit

= 1181 Pixel * 1773 Pixel * 3 Byte

= 6.281.739 Byte

= ca. 6,1 MB

2.4 Manipulationen mit Auswahl und Ebenen *

Für die Bildmanipulation in Photoshop sind zwei Interaktionskonzepte von grundlegender Bedeutung: Die Auswahl schränkt den Bereich der Manipulation ein. Das Ebenenkonzept erlaubt es, das Bild schichtenweise zu bearbeiten.

Auswahl

Wenn Sie in Photoshop Bildmanipulationen vornehmen wollen, müssen Sie zunächst definieren, welchen Bereich des Bildes Sie manipulieren wollen. In der Terminologie von Photoshop werden diese Bereiche Auswahl genannt. Um eine Auswahl zu erstellen, bietet Photoshop eine Reihe Werkzeuge in der Werkzeugleiste an. Sie finden folgende Auswahlwerkzeuge:

Auswahl

- Mit dem **Auswahlrechteck** können Sie einen rechteckigen Ausschnitt auswählen. Dieses Auswahlwerkzeug werden Sie wahrscheinlich am häufigsten benutzen.
- Mit der **Auswahlellipse** können Sie einen elliptischen Bereich auswählen.
- Mit dem **Zeilenwerkzeug** können Sie eine einzelne Zeile auswählen.
- Mit dem **Spaltenwerkzeug** können Sie eine einzelne Spalte auswählen.
- Mit dem **Lasso** können Sie freihändig eine beliebige Form auswählen.
- Das **Polygon-Lasso** funktioniert ähnlich wie das Lasso, allerdings wird die Auswahl nicht völlig freihändig gezogen. Vielmehr wird eine Reihe gerader Kanten um ein Objekt gelegt.
- Mit dem **Magnet-Lasso** wählen Sie komplexe Objekte mit klaren Konturen aus. Die Auswahl erfolgt automatisch entlang klar erkennbarer Kanten. In der Optionenleiste können Sie einstellen, wie diese Kanten beschaffen sein müssen (Breite & Kontrast) sowie die Anzahl der magnetischen Punkte, die um ein Objekt gelegt werden (Frequenz).
- Mit dem **Zauberstab** schließlich können Sie in eine gleichfarbige Fläche klicken und Photoshop markiert automatisch die Grenzen der Fläche. Mit Hilfe der Toleranzeinstellung in der Optionenleiste können Sie einstellen, ob nur farblich völlig identische Pixel aufgenommen werden (Toleranz 0) oder auch sehr unterschiedliche Pixel aufgenommen werden (Toleranz 255).

Nicht immer gelingt es, mit einem Schritt die ideale Auswahl zu treffen. Mitunter wollen Sie vielleicht zwei Bereiche gleichzeitig auswählen oder Sie haben zu viel ausgewählt

Auswahl kombinieren

und wollen die Auswahl nun verkleinern. Hierzu bietet die Optionenleiste vier Einstellungen, welche Sie auch über die Tastatur vornehmen können:

Neue Auswahl: Definiert eine neue Auswahl.

Auswahl erweitern: Erweitert eine bestehende Auswahl um einen neuen Bereich. Sie können auch auf der Tastatur die Umschalten-Taste drücken, um diesen Modus zu aktivieren.

Auswahl einschränken: Reduziert bestehende Auswahl um einen neuen Bereich. Sie können auch auf der Tastatur die ALT-Taste drücken, um diesen Modus zu aktivieren.

Schnittmenge: Bildet die Schnittmenge zwischen bestehender Auswahl und einem neuem Bereich. Sie können auch auf der Tastatur die ALT- und gleichzeitig die Umschalten-Taste drücken, um diesen Modus zu aktivieren.

Praxis Weshalb die Auswahl ein wichtiges Werkzeug ist, soll nun praktisch gezeigt werden. Öffnen Sie die Datei Wasserturm.tif mit Photoshop. Verändern Sie den Wasserturm und den Kondensstreifen des Flugzeuges. Dazu müssen Sie beides auswählen. Am einfachsten erreichen Sie dieses Ziel, indem Sie zunächst das gesamte Bild markieren und anschließend den Himmel aus der Auswahl herausnehmen.

Praxis:
Gesamtes Bild
auswählen Markieren Sie nun das gesamte Bild als Auswahl. Wählen Sie dazu die Rechteckauswahl in der Werkzeugleiste. Klicken Sie nun auf eine beliebige Ecke des Bildes und ziehen Sie die Maus diagonal über das Bild in die entgegengesetzte Ecke. Lassen Sie nun die Maustaste los. Nun ist das gesamte Bild ausgewählt. Sie erkennen die Auswahl daran, dass sie von einer gestrichelten Linie umrahmt wird. Alternativ können Sie auch über den Menüeintrag Auswahl - Alles auswählen das gleiche Ergebnis erreichen.

Praxis:
Auswahl
einschränken Nun gilt es, den Himmel aus dieser Auswahl herauszunehmen. Dazu verwenden Sie am sinnvollsten den Zauberstab. Mit ihm können Sie die komplexe Form des Himmels quasi von innen heraus durch einen einzigen Klick erfassen. Wählen Sie also in der Werkzeugleiste den Zauberstab. Setzen Sie in der Optionenleiste die Toleranz auf 25 – auch wenn der Himmel hier ziemlich eintönig erscheint, besteht er tatsächlich aus mehreren Blautönen. Klicken Sie nun in der Optionenleiste auf den Button Auswahl einschränken oder drücken

Sie alternativ die ALT-Taste. Klicken Sie nun auf den Himmel. Jetzt sind nur noch der Wasserturm und der Kondensstreifen in der Auswahl. Sämtliche Manipulationen, die Sie ab jetzt durchführen, wirken sich nur noch auf diese beiden Bereich aus – der Himmel bleibt wie er ist.

Probieren Sie es aus. Manipulationsmöglichkeiten finden Sie unter den Menüpunkten Bild - Anpassen und Filter. Mit dem Menüpunkt Bild - Anpassen - Auto-Tonwertkorrektur können Sie eigene Fotografien bequem optimieren. Mit dieser Funktion erscheinen sogar vergilbte Farbfotografien der 70er Jahre wieder wie neu. Unter Bild - Anpassen - Farbton/Sättigung können Sie schnell interessante Farbeffekte generieren wie Abb. 2.4-1 zeigt.

Nehmen Sie sich ein wenig Zeit und spielen Sie mit den Filtern!

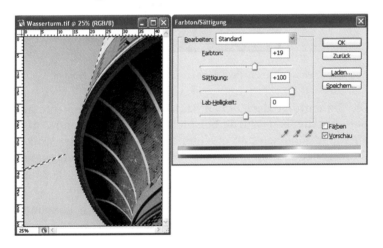

Abb. 2.4-1: Photoshop: Bearbeiten der Farbsättigung.

Ebenen

In Photoshop kann ein Bild aus mehreren **Ebenen** bestehen. Das Konzept ist vergleichbar mit Folien, die aufeinander gelegt werden. Jede Ebene (Folie) enthält dabei Teile des Bildes. Erst gestapelt ergeben sie ein vollständiges Bild. Die Abb. 2.4-2 besteht beispielsweise aus sieben Ebenen:

1   Ebene 1 (Hintergrund): Auf dem blauen Hintergrund liegen alle anderen Ebenen. Große Teile des Hintergrundes

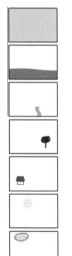

werden so mit anderen Objekten bedeckt, so dass am Ende nur ein Himmel übrig bleibt.

2   Ebene 2: Grüne Hügellandschaft
3   Ebene 3: Graue Straße
4   Ebene 4: Baum
5   Ebene 5: Haus
6   Ebene 6: Sonne
7   Ebene 7: Wolke

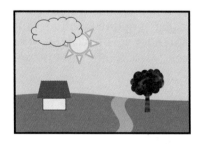

Abb. 2.4-2: Photoshop Ebenenkonzept: zusammengeführte Ebenen.

Ebenen tauschen

Die Reihenfolge der Ebenen bestimmt, welche Elemente andere überdecken. Würde beispielsweise Ebene 6 und 7 miteinander getauscht, so erschiene die Sonne **vor** der Wolke. Dazu gehen Sie über Fenster - Ebenen in das Ebenenfenster. Hier werden alle Ebenen der Reihenfolge nach aufgezeigt. Per *Drag&Drop* können Sie die Ebenen verschieben.

Ebenenfenster: Menü Fenster - Ebenen oder F7

Der Vorteil des Ebenenkonzeptes ist, dass die einzelnen Elemente unabhängig voneinander manipuliert werden können. Wenn Sie schlechteres Wetter im Bild möchten, reicht es die Ebene 7 mit zusätzlichen Wolken zu versehen. Die Sonne verschwindet automatisch hinter den neuen Wolken. Wenn Sie hingegen besseres Wetter möchten, könnten Sie die Wolke transparent erscheinen lassen. Die Sonne kann dann durchscheinen.

Fehlerquelle falsche Ebene

Beide Aktionen können Sie aber nur erfolgreich durchführen, wenn Sie die richtige Ebene aktiviert haben. Und hier liegt auch die häufigste Fehlerquelle bei der Handhabung: Sie müssen über das Ebenenfenster immer angeben, welche Ebene Sie gerade bearbeiten.

Um mit dem Ebenenkonzept praktisch vertraut zu werden, ändern Sie nun das Wetter im Wasserturmbild. Öffnen Sie dazu die Datei Wasserturm.tif mit Photoshop und wählen Sie – wie oben beschrieben – den Wasserturm aus. Zur Erinnerung: Mit der Rechteckauswahl markieren Sie das gesamte Bild und mit dem Zauberstab nehmen Sie den Himmel wieder von der Auswahl weg. Wählen Sie nun den Menüpunkt Ebene - Neu - Ebene durch Ausschneiden an.

Praxis: Neues Wetter für den Wasserturm

Im Bild selbst scheint sich nicht viel getan zu haben: Sie sehen nach wie vor den Wasserturm vor einem blauen Himmel. Wenn Sie aber das Ebenenfenster öffnen, werden Sie nun zwei Ebenen sehen: Eine mit Hintergrund bezeichnete Ebene zeigt nur noch den blauen Himmel. An Stelle des Wasserturms sehen Sie nur eine karierte Fläche. Photoshop markiert durch dieses Karo Flächen, die eigentlich durchsichtig sind. Über der Hintergrund-Ebene sehen Sie eine als Ebene 1 benannte Ebene. Hier taucht auf einmal der Wasserturm auf und die Fläche, an der eigentlich der Himmel stehen sollte, ist kariert.

Ebenen: Aus eins mach zwei

Sie können nun dieser Ebene einen sinnvolleren Namen (z. B. »Wasserturm«) geben. Dazu wechseln Sie die Beschriftung der Ebene durch einen Doppelklick in den Editiermodus oder Sie klicken den Namen mit der rechten Maustaste an und wählen im erscheinenden Menü Ebenen-Eigenschaften.

Ebene umbenennen

Nun haben Sie Wasserturm und Himmel sauber voneinander getrennt und können den Himmel durch beliebige andere Hintergründe ersetzen. Öffnen Sie dazu die Beispieldateien Wolken1 und Wolken2 in Photoshop. Gehen Sie mit beiden Dateien wie folgt vor:

Ebenen ersetzen und verschieben

1   Fügen Sie in der Datei Wasserturm.tif über den Menüeintrag Ebene - Neu - Neue Ebene eine neue Ebene ein. Benennen Sie die Ebene Wolke-1 bzw. Wolke-2.

2   Markieren Sie mit dem Auswahlwerkzeug in der Datei Wolke1 bzw. Wolke2 die gesamte Wolke und kopieren Sie die Wolke über Bearbeiten - Kopieren in die Zwischenablage. Aus der Zwischenablage heraus können Sie die Wolkenabbildung nun in jedes beliebige Bild einfügen.

3   Fügen Sie das Wolkenbild nun in der Datei Wasserturm.tif über Bearbeiten - Einfügen in das Wasserturmbild ein.

4   Wahrscheinlich sehen Sie jetzt in Ihrem Wasserturmbild nur noch die Wolkenformation. Das liegt daran, dass die neue Ebene im Vordergrund vor allen anderen Ebenen ist und diese komplett überdeckt. Gehen Sie daher in das Ebenenfenster und ziehen Sie die Wolkenebene mittels *Drag&Drop* zwischen Hintergrundebene und Wasserturmebene.

5   Wenn Sie beide Wolkenabbildungen auf diese Art eingebaut haben, müsste Ihre Arbeitsfläche nun etwa wie in Abb. 2.4-3 aussehen.

Abb. 2.4-3: Photoshop Ebenenkonzept: Beispiel für das Einfügen eines neuen Hintergrundes.

Klicken Sie nun auf die kleinen Augensymbole im Ebenenfenster. Mit ihnen können Sie Ebenen im Bild ein- und ausblenden. Beobachten Sie, wie Sie auf diese Weise sehr einfach neue Stimmungen im Bild aufbauen können.

Und wieder: probieren, probieren, probieren!

Von hier aus gilt es mit den Möglichkeiten von Photoshop zu spielen. Aktivieren Sie eine beliebige Ebene im Ebenenfenster und manipulieren Sie diese Ebene mit Hilfe der Filter wie oben. Sie sehen, dass sich die Auswirkungen nicht nur auf die aktive Auswahl, sondern auch auf die aktive Ebene beschränken. Wenn Sie also gefahrlos experimentieren wollen, dann legen Sie sich von Ihren Ebenen über Ebene – Ebene duplizieren... eine Kopie an und bearbeiten Sie diese. Gefällt Ihnen das Ergebnis nicht, können Sie die Kopie ausblenden oder auch löschen.

2.5 Dateiformate **

Die Größe einer Bilddatei hängt zum einen von der physischen Bildgröße ab, zum anderen aber auch von den Methoden, die bei der Speicherung verwendet werden. Diese hängen zum einen davon ab, was überhaupt gespeichert wird, und zum anderen mit welchem Kompressionsverfahren gespeichert wird.

Welche Größe Bilddateien erreichen und welches Dateiformat verwendet werden sollte, hängt von verschiedenen Faktoren ab.

Grundfragen

Eine der wichtigsten Grundfragen ist beispielsweise, ob die in Photoshop verwendeten Ebenen tatsächlich auch als Ebenen abgespeichert werden sollen. Der Vorteil liegt darin, dass zu einem späteren Zeitpunkt oder sogar auch mit einem anderen Programm an dem Bild auf Basis der Ebenen weitergearbeitet werden kann. Verwirft man die Ebenen beim Speichern, dann können sie beim nächsten Öffnen der Datei **nicht** wieder hergestellt werden. Der Nachteil liegt ganz klar in einer deutlich größeren Datei.

Ebenen

Aber nicht nur die Ebenen können verworfen werden, mitunter werden auch gar nicht alle vorhandenen Farben benötigt. Eventuell besteht das Bild ja nur aus wenigen Duzend Farben oder auch nur einigen Grauwerten, wozu dann eine 24-Bit Farbtiefe verwenden? Auch hier kann Speicherbedarf gespart werden.

Farbtiefe

Schließlich verwenden unterschiedliche Dateiformate auch zum Teil sehr verschiedene Kompressionsverfahren. Solche Verfahren dienen generell dazu, große Datenmengen zu verkleinern. Es wird dabei zwischen **verlustfreier** und **verlustbehafteter Kompression** unterschieden. Verlustfreie Verfahren ermöglichen die spätere vollständige Rekonstruktion.

Kompressionsart

Beispiel
verlustfreie
Kompression

Ein Bild von der Größe 800*600 Pixel zeigt eine Landschaft mit strahlend blauem Himmel. Die oberste Reihe besteht aus 800 gleichfarbigen blauen Pixeln mit einem RGB-Wert von (50, 50, 250). Wird der RGB-Wert mit 24 Bit, bzw. 3 Byte codiert liegt der Speicherbedarf also allein für diese Zeile bei

800 * 3 Byte = 2.400 Byte

Anstatt nun 800mal den RGB-Wert abzuspeichern, könnte das Programm nun einfach einmal die Anzahl der Pixel (800), die mit einem bestimmten Farbwert (50, 50, 250) versehen sind, abspeichern. Das könnte beispielsweise so aussehen: 800/RGB/ Hierfür würden für die Anzahl der Pixel 3 Byte benötigt und für den RGB-Farbwert nochmals 3 Byte. Spezielle Separatoren (»/«) könnten dem Programm zeigen, wann Pixelanzahl und RGB-Wert wechseln. Die gleiche Information (also 800 Pixel in Blau) würde nun mit insgesamt 8 Byte auskommen.

Rekonstruktion

Die Ersparnis in diesem Beispiel ist enorm. Dennoch kann das ursprüngliche Bild exakt so wieder dargestellt werden, wie es vor dem Speichern aussah. Der Kniff liegt einfach darin, dass eine zusammenfassendere Art der Kodierung verwendet wurde.

Verlustfreie
Kompression im
Alltag

Diese Form der Kompression kennen Sie übrigens aus dem Alltag längst: Bei der Beschreibung Ihrer Küche werden Sie sicherlich sagen »Ich habe 12 weiße Teetassen im Schrank« und nicht »Im Schrank ist eine weiße Teetasse, und noch eine weiße Teetasse, und noch eine weiße Teetasse und..«.

Realitäts-Check

Leider sieht die Wirklichkeit ein wenig lebendiger aus: Fotografien des Himmels bestehen nicht nur aus einem exakt definierten Blauton, sondern einer ganzen Reihe leicht unterschiedlicher Blautöne, oft sogar mehrere Tausend. Auch die Teetassen in Ihrem Schrank sind schon ein sehr spezielles Beispiel. Interessant wird es in beiden Fällen, wenn wesentlich größere Mengen unterschiedlicher Dinge zusammengefasst werden können. Beispielsweise beim Fußball: dort sitzen Woche für Woche 40.000 Fans im Stadion. Sie alle einzeln aufzuzählen und etwa beim Namen zu nennen, vermag kein Reporter. Also wird einfach nur die Zahl genannt. Die Individualität der einzelnen Fans geht dabei völlig verloren.

Anders als bei den Teetassen können Sie sich kein Bild mehr davon machen, wie die einzelnen Fans aussehen.

Daher spricht man hier von verlustbehafteter Kompression: Die Information ist nur noch ungefähr, aber nicht mehr vollständig vorhanden. Hier sind auch Vor- und Nachteil dieser Variante klar erkennbar: Sie können eben die enorme Summe von 40.000 Menschen in einer einzigen Zahl zusammenfassen. Wer diese Menschen sind, und wie sie aussehen, geht dabei aber verloren – es ist aber auch nicht wichtig.

Verlustbehaftete Kompression

Ganz ähnlich operieren verlustbehaftete Kompressionsverfahren für Bilddaten: Auch hier geht verloren, was nicht wichtig ist. Und das sind bestimmte Farbinformationen, die einfach nicht mehr vollständig codiert werden. Im Idealfall sind diese Verluste für den Menschen nicht sichtbar, da die Auflösung und Farbwahrnehmung des menschlichen Auges bei der Kompression beachtet wurde. Im Realfall kommt es allerdings häufig zu sichtbaren Fehlern im Bild, sogenannten Artefakten.

Wenn Sie ein Bild als Datei abspeichern, müssen Sie sich für ein Kompressionsverfahren entscheiden. Welches Dateiformat und damit Kompressionsverfahren für welches Bildmaterial am geeignetsten ist, wird im Folgenden besprochen. Wenn Sie mit Photoshop Bilder abspeichern, die Sie später mit Photoshop weiterbearbeiten wollen, ist natürlich das Dateiformat PSD von Photoshop die richtige Wahl. Dabei handelt es sich allerdings um ein proprietäres, also explizit auf Photoshop zugeschnittenes Format, das sehr große Dateien liefert. Hier werden die gebräuchlichsten Formate und ihre Einsatzmöglichkeiten beschrieben.

Speichern

TIF / TIFF – *Tagged Image File Format*

Ursprünglich für den Datenaustausch zwischen Computer, Scanner und Drucker konzipiert, hat sich das *Tagged Image File Format* (TIFF oder als Dateiendung: .TIF) seit den 1980er Jahren zu einem der beständigsten und wichtigsten Formate entwickelt, um qualitativ hochwertige Bilder abzuspeichern. Auch wenn es nicht offiziell von einem Gremium zum Standard erhoben wurde, so hat es sich doch als defacto-Standard für den Austausch von Bildern entwickelt.

Historie

Charakteristika TIFF ist sehr universell angelegt. So können hier unterschiedliche Farbmodelle von 1-Bit bis 24-Bit eingesetzt werden. Die Daten können einerseits ohne jegliche Kompression abgespeichert werden, andererseits stehen aber je nach Bedarf auch eine ganze Reihe von Kompressionsverfahren zur Verfügung. TIFF bietet ferner die Möglichkeit, mehrere Bilder oder mehrere Versionen eines Bildes in einer Datei abzuspeichern. Wenn Sie aus Photoshop heraus TIFF-Dateien abspeichern, bleiben die Ebenen erhalten.

Tags Diese außergewöhnliche Breite an Möglichkeiten bringt einen vergleichsweise komplexen Aufbau der Dateien mit sich. Welche der angesprochenen Möglichkeiten in der einzelnen Datei tatsächlich genutzt wird, kennzeichnen sogenannte *Tags*, kleine beschreibende Elemente – daher der Name. Es gibt in TIFF ca. 80 verschiedene *Tag*-Typen, welche Farbtiefen, Kompressionsverfahren, Bildmaße etc. angeben.

Vor- und Nachteile TIFF eignet sich sehr gut, um hochwertige Bilder abzuspeichern. Wenn Sie Dateien weiterverarbeiten wollen, eignet sich TIFF deutlich besser als GIF oder JPEG, da diese verlustbehaftet komprimieren. In der Regel sind die Dateien allerdings auch deutlich größer als beispielsweise JPEG-Dateien. Ferner können TIFF-Dateien nicht in Web-Browsern dargestellt werden, sondern benötigen eigene Programme.

Abb. 2.5-1: Farbverlaub bei Text: TIF.

Abb. 2.5-1 zeigt einen Farbverlauf mit integriertem Text. Diese Kombination ist für Kompressionsverfahren eine besondere Herausforderung, da sehr viele Farben mit gleichmäßigem Übergang neben den harten Kanten der Schrift stehen. Sie werden die Abbildung noch in anderen Varianten sehen. Als TIFF ist sie mit 463 KB verhältnismäßig groß, zeigt aber eine sehr gute Qualität.

JPEG / JPG

Anfang der 1990er Jahre wurde durch die *Joint Photogra-* ~~JPEG~~
phers Expert Group (JPEG) das gleichnamige Kompressionsverfahren entwickelt und 1992 als ISO 10918 standardisiert.
Der Name JPEG steht dabei sowohl für die Gruppe, als auch
das Verfahren. In der Regel wird er auch für das Dateiformat verwendet, obwohl JPEG nur ein Kompressionsverfahren, aber kein Dateiformat ist.

Ebenso wie TIF kann auch JPEG verschiedene Farbräume ver- Kompressions-
arbeiten. In der Regel wird dies der 24-Bit-RGB-Farbraum schritte
sein. Dabei werden die Kompressionsverfahren für jede Teil-
komponente des Farbraums separat durchgeführt. Die Kompression nach JPEG durchläuft vier Schritte, die hier über-
blicksartig erläutert werden:

1 **Bildaufbereitung**: Das Bild wird in seine Komponenten Bildauf-
   zerlegt. Im RGB-Farbraum entsprechen diese Komponen- bereitung
   ten den Farbanteilen Rot, Grün und Blau. In einem Grau-
   stufenbild existiert nur eine Komponente. In JPEG wird
   hier auch von Ebenen gesprochen, die aber nicht mit den
   Ebenen aus Photoshop zu verwechseln sind. Die Komponenten, bzw. Ebenen werden anschließend in 8*8-Pixel
   große Blöcke, sogenannte Makroblöcke aufgeteilt.

2 **Bildverarbeitung**: Nun werden die Makroblöcke suk- Bildverar-
   zessive weiterverarbeitet. Auf alle 64 Pixel der 8*8-Pixel beitung
   großen Makroblöcke wird die diskrete Kosinustransfor-
   mation (*discrete cosinus transformation* DCT) angewendet und so von einem Ortsbereich in einen Frequenzbereich umgewandelt. Flächige und farblich homogene
   Darstellungen haben eine geringe Frequenz und scharfe Kanten eine hohe Frequenz. Besonders in Fotografien
   gibt es generell mehr weiche Farbverläufe als harte Kanten. Sie werden in niedrige Frequenzen transformiert,
   die sich wiederum sehr effektiv codieren lassen.

3 **Quantisierung**: Um die Frequenzen noch effektiver ab- Quantisierung
   speichern zu können, werden sie mit Hilfe von vorgegebenen Tabellen quantisiert. Quantisierung bedeutet,
   dass eine Frequenz nicht mehr als Welle, sondern als
   Treppe dargestellt wird. Je gröber die Stufung der Treppe, desto gröber das Ergebnis und desto kleiner die resultierende Datei. Hier treten auch die eigentlichen Ver-

luste beim JPEG-Verfahren auf. Eine grobe Quantisierung führt zu einem nicht mehr vollständig rekonstruierbaren Code.

Entropie-kodierung 4 **Entropiekodierung**: Der letzte Schritt besteht in einer verlustfreien Kompression. Die speziellen Varianten in JPEG sind die Huffmankodierung oder wahlweise die Lauflängenkodierung. Beide Varianten lassen eine vollständige Rekonstruktion der quantisierten Ausgangsdaten zu.

Artefakte Die Aufteilung des Bildes in 8*8-Pixel große Blöcke sowie die nachfolgende Quantisierung hinterlassen bei JPEG eindeutige Spuren wie Sie in Abb. 2.5-2 sehen. Es entstehen deutlich sichtbare quadratische Kästchen. Während fließende Farbverläufe in JPEG hervorragend codiert werden können, bringen vor allem scharfe Kanten das Verfahren in Schwierigkeiten.

Abb. 2.5-2: Qualitätseinbuße bei JPEG.

Einsatz Die Darstellung in Abb. 2.5-3 ist als JPEG 17 KB groß. Die Qualität der Farbverlaufs ist für das menschliche Auge völlig ausreichend. An den harten Kanten der Schrift entstehen aber unschöne Artefakte, wie Abb. 2.5-4 verdeutlicht.

Abb. 2.5-3: Farbverlauf bei Text: JPEG.

Abb. 2.5-4: Farbverlauf bei Text: JPEG in Detailansicht.

In der Detailansicht werden die Artefakte sehr deutlich. Wollte man Fließtext so darstellen, würde die Lesbarkeit stark eingeschränkt. JPEG ist also immer dann gut geeignet, wenn fließende Farbverläufe, wie sie beispielsweise in Fotografien in der Regel vorherrschen, codiert werden sollen. Für harte Kanten, wie sie bei Schriften oder Diagrammen auftreten, ist JPEG **nicht** geeignet.

GIF

Hier wiederum findet das *Graphics Interchange Format GIF* Verwendung. Dieses wurde Mitte der 1980er Jahre vom Online-Dienst Compuserve entwickelt und 1987 herausgegeben. Die Komprimierung durch GIF folgt zwei Methoden:

1 **Einschränkung der Farbvielfallt**: GIF kann nur maximal 256 Farben (also 8 Bit) abspeichern. Welche Farben das sind, bestimmen aber Sie. So stehen zwar verschiedene Farbpaletten zur Verfügung, die beispielsweise eine optimale Darstellung in verschiedenen Betriebssystemen (System-Palette) oder in verschiedenen Browser (Browser-save-Palette) garantieren. Sie können aber

Farbtiefe

auch Ihre eigene Palette anlegen. In der Regel übernimmt dabei die Auswahl der Farben Ihr Bildverarbeitungsprogramm. Sie müssen nur angeben, wie viele Farben verwendet werden dürfen. Da die Palette im Bild mitgespeichert wird gilt: Je weniger Farben Sie im Bild zulassen, desto kleiner wird die Datei.

Kompression 2 **Kompression nach dem LZW-Algorithmus**: Dieser ursprünglich von Lempel, Zev und Welch definierte Algorithmus fasst zeilenweise gleiche Farben zusammen. Je weniger Farbunterschiede es in der Horizontalen gibt, desto kleiner die Datei. Abb. 2.5-5 und Abb. 2.5-6 zeigen den Effekt: Beide Quadrate sind als 8-Bit GIF mit 256 Farben abgespeichert. Das Quadrat in Abb. 2.5-5 benötigt 34 KB Speicher, das in Abb. 2.5-6 nur 18 KB.

Abb. 2.5-5: Senkrechter Farbverlauf bei GIF.

Einsatz GIF kann seine Vorteile immer dann ausspielen, wenn wenige Farben mit harten Kanten vorkommen. Abb. 2.5-7 zeigt wieder den Farbverlauf mit Text. Die Datei wurde äquivalent zu der JPEG-Version in Abb. 2.5-3 mit 17 KB abgespeichert. Deutlich sind Stufen im Farbverlauf zu erkennen. Die Kanten der Schrift hingegen bleiben scharf. GIF eignet sich also sehr gut bei Diagrammen und Grafiken, bei Fotografien allerdings nur in Ausnahmefällen.

Transparenz GIF weist als Besonderheit die Möglichkeit von Transparenzen auf. Sie können eine frei wählbare Bildfarbe als transparent, also durchsichtig einstellen.

Abb. 2.5-6: Waagerechter Farbverlauf bei GIF.

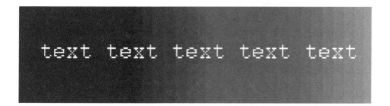

Abb. 2.5-7: Farbverlauf bei Text: GIF.

Öffnen Sie die Datei Wasserturm.tif. Gehen Sie nun im Menü in Bild – Modus – Farbtabelle... Sie sehen nun die Farbtabelle, die für dieses GIF erstellt wurde (Abb. 2.5-8). Sie besteht aus vier Reihen mit jeweils 16 Farben. In der vierten Reihe erkennen Sie einen Blauton, der dem des Himmels im Bild entspricht. Klicken Sie nun auf die Pipette rechts neben der Farbtabelle und anschließend auf diesen Blauton. Damit setzen Sie diesen Farbton auf transparent. Alle Bereiche des Bildes, die mit diesem Blauton eingefärbt waren, sind nun transparent. Sie erkennen die Transparenz in Photoshop am Karomuster.

Transparenzen sind vor allem für das Web-Design wichtig. Hier stehen Designer immer wieder vor dem Problem, dass digitale Bilder immer viereckig sind. Oft genug möchte man aber einer Grafik eine runde oder komplexere Form geben, beispielsweise für Logos. Dazu setzen Sie einfach die Bereiche des Bildes zwischen Logo und Bildrand auf transparent.

Web-Design

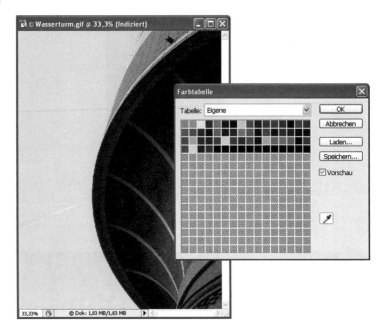

Abb. 2.5-8: Photoshop: Bestimmen der Transparenz.

Beispiel

Abb. 2.5-9 zeigt eine Wolkenformation für eine Wetterkarte. Die Abbildung (Wolke, Sonne, Blitz) selbst hat eine komplexe Form. Allerdings ist sie technisch bedingt in einem viereckigen Bild. Um nun die komplexe Form einsetzen zu können, ohne von vornherein den Hintergrund zu kennen, wird der Teil des Bildes, der nicht zur eigentlichen Form selbst gehört, transparent gemacht. So kann die Wolke wie in Abb. 2.5-10 vor jedem beliebigen Hintergrund erscheinen und ihre viereckige Form fällt nicht auf.

PNG

Das *Portable Network Graphics Format* PNG wurde Mitte der 1990er Jahre als Ersatz für das damals noch unter Copyright stehende GIF konzipiert. PNG vereint die Vorteile von GIF und JPEG bei verlustfreier Kompression.

Abb. 2.5-9: Beispiel Transparenz: einzelne Wolke.

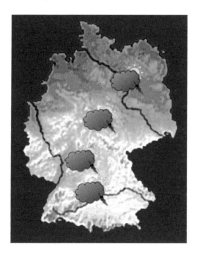

Abb. 2.5-10: Beispiel Wetterkarte.

So sind ähnlich wie bei GIF auch in PNG Transparenzen möglich, allerdings können hier über einen separaten Alphakanal graduelle Unterschiede gemacht werden. Während GIF nur transparent und nichttransparent *(opaque)* zulässt, kann der Grad der Transparenz in PNG völlig frei bestimmt werden.

Transparenz

Auch in Bezug zur Farbtiefe nutzt PNG sowohl die aus GIF bekannte Möglichkeit einer Farbpalette als auch die in JPEG genutzte volle 24-Bit-Farbtiefe. So kann der Farbraum ideal an das Ausgangsbild angepasst werden.

Farbraum

RAW

Digitale Fotoapparate ab dem semiprofessionellen Bereich lassen den Anwendern die Wahl, ob Bilder als JPEG oder im RAW-Format abgespeichert werden. *RAW* ist hierbei keine Abkürzung, sondern tatsächlich das englische Wort für »roh« gemeint. Roh sind die Bilder in dem Sinne, als dass sie die Daten des bildgebenden Sensors weitgehend unbearbeitet lassen.

Werden die Bilddaten als JPEG ausgegeben, so haben sie schon eine ganze Reihe von Verarbeitungsschritten hinter sich. Wie in Kapitel »Kameratechnik: Sensor«, S. 37, noch gezeigt wird, sind die Bildpunkte, die ein Sensor aufnimmt bei weitem nicht identisch mit den später verwendeten Pixeln. Diese müssen zunächst einmal konstruiert werden. Aber selbst dann noch erscheinen RAW-Bilder für das menschliche Auge eher gewöhnungsbedürftig. Weißabgleich, Kontrast, Farbsättigung sowie Schärfung des Bildes werden vor der eigentlichen JPEG-Komprimierung automatisch optimiert.

Diese Schritte werden beim RAW-Format nicht durchgeführt. Hier werden die Daten des Sensors direkt ohne Optimierung gespeichert. Der Vorteil liegt darin, dass sämtliche Optimierungsschritte später manuell beeinflussbar am Computer durchgeführt werden können. Für den Alltagsgebrauch mag diese Möglichkeit der Nachbearbeitung eher unbedeutend sein, aber für professionelle Fotografen ist sie besonders wichtig. Sie können die Bilder manuell wesentlich besser optimieren als es die automatischen Kameraeinstellungen vermögen.

Der Vorteil der Nachbearbeitung bringt eine Reihe von Nachteilen mit sich. Zunächst sind die entstehenden Dateien um ein Vielfaches größer als die Alternative JPEG. Ferner sind die Rohdaten des Sensors nicht über alle Kameras einheitlich. RAW-Daten sind also nicht gleich RAW-Daten, sondern immer speziell von der verwendeten Hardware abhängig. Um RAW-Bilder betrachten und verarbeiten zu können, benötigen Sie spezielle Konvertierungswerkzeuge. Nur professionelle Bildverarbeitungssoftware wie Adobe Photoshop beherrschen zumindest die gängigsten Formate.

2.6 Kameratechnik: Sensor **

Um in der digitalen Fotografie Bilder aufzunehmen, werden die Bildsensoren CCD *(Charged Coupled Device)* oder CMOS *(Complementary Symmetry Metal Oxide Semiconductor)* verwendet. Beide Verfahren bedürfen spezieller Filter, um Farbe wahrnehmen zu können. Ausschlaggebend für die Auflösung des Bildes ist die Größe des Sensors.

Der **Bildsensor** einer digitalen Kamera besteht aus einem lichtempfindlichen Raster. Die einzelnen Elemente dieses Rasters können Helligkeiten messen. Als Bildsensoren werden in der Regel **CCD**s *(Charged Coupled Device)* verwendet. Mitunter finden sich auch Kameras mit der **CMOS**-Technologie *(Complementary Symmetry Metal Oxide Semiconductor)*. Diese ist allerdings nur in sehr teuren Geräten qualitativ befriedigend.

Bildsensor

»Sehen« mit dem Sensor

Beide Verfahren basieren auf einem Rasterchip, auf den Lichtimpulse auftreffen. Jedes Rasterelement wird durch das einfallende Licht unterschiedlich stark aktiviert und liefert entsprechende Helligkeitswerte. Sowohl CCD als auch CMOS sind farbenblind, benötigen also einen Trick, um in Farbkameras eingesetzt zu werden. Dieser Trick besteht im sogenannten Bayer-Filter, ein Farbfilter, der bereits in den 1970er Jahren zum ersten Mal eingesetzt wurde.

Der **Bayer-Filter** setzt vor die einzelnen Rasterelemente des Sensors einen der drei Farbfilter Rot, Grün und Blau, so dass das jeweilige Sensorelement nur noch Lichtimpulse im Wellenlängenbereich des Farbfilters empfängt. Der Filter orientiert sich dabei am Aufbau des menschlichen Auges. Auch hier gibt es speziell auf diese drei Farben ausgerichtete Rezeptoren. Abb. 2.6-1 zeigt den Aufbau der Rasterung.

Bayer-Filter

Es mag zunächst erstaunen, dass jeder zweite Farbfilter grün ist, während die roten und blauen Filter nur halb so oft vorkommen. Diese Verteilung richtet sich ebenfalls nach dem Aufbau des menschlichen Auges, welches Grüntöne deutlich besser differenzieren kann als Rot oder Blau.

Wenn Sie die RAW-Daten des Bildes nutzen, dann verwenden Sie genau die Daten, welche die einzelnen Sensorpunkte

Probleme

Abb. 2.6-1: Aufbau CCD-Chip.

produzieren, also eine Reihe von Helligkeitswerten für die grün-, rot-, und blaugefilterten Sensorelemente. Damit haben Sie allerdings noch zwei Probleme, die für eine geeignete Darstellung behoben werden müssen: Erstens sind die Farbwerte unabhängig voneinander in ihre Komponenten aufgeteilt. Sie benötigen also ein Verfahren, um aus den drei Farbkomponenten eine einzelne Farbe zu mischen. Zweitens sind die einzelnen Sensorelemente an unterschiedlichen Positionen. Sie müssen also aus mehreren Positionen eine neue gemeinsame Position ermitteln.

Demosaicing Die Behebung dieser beiden Probleme nennt man **Demosaicing**. Eine mögliche Lösung ist in Abb. 2.6-2 dargestellt: An jedem Schnittpunkt, an dem sich vier Sensorelemente (2 grüne, 1 rotes, 1 blaues) treffen, wird der resultierende Farbwert als RGB ermittelt. Genau an dieser Position wird ein neues künstliches Pixel für das entstehende Bild geschaffen, welches den gemischten Farbwert zugewiesen bekommt. In Abb. 2.6-2 sind diese Pixel durch die weißen Punkte dargestellt.

Probleme Hier ist nur eine einfache Darstellung des Verfahrens angebracht. Zahlreiche Schwierigkeiten gilt es zu bewältigen:

- Aufgrund der Rasterung des Sensors entstehen Artefakte bei Kreisen und Diagonalen, die schlimmstenfalls als Moirémuster völlig verfälschende optische Eindrücke produzieren. Die Übertragung der Bilddaten vom Sensor-

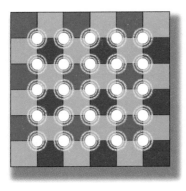

Abb. 2.6-2: Aufbau CCD-Chip.

raster zum Bildraster verschärft diese Problematik zusätzlich.

■ Da für jeden Bildpixel mehrere Sensorelemente zusammengefasst werden, und mitunter ein Sensorelement zur Bestimmung von vier Bildpixeln herangezogen wird, ist das resultierende Bild von Unschärfen betroffen.

■ Diese Probleme werden in der Praxis noch verschärft: Die Elemente des Sensors liegen nicht so dicht beieinander, wie hier vereinfachend dargestellt, da zwischen ihnen Raum für den Datentransport liegen muss.

Sensorgrößen

In der klassischen analogen Fotografie gilt der 35mm-Film (Kleinbild) als Standard. Spiegelreflexkameras nutzen ausschließlich dieses Format. In der Digitalfotografie hat sich keine einheitliche **Sensorgröße** durchgesetzt. Hier ist die Entwicklung noch in vollem Gang. Die Sensorgröße ist zunächst einmal ausschlaggebend dafür, wie viele Bildpunkte aufgenommen werden können. Daneben hat die Sensorgröße aber auch direkte Auswirkungen auf die Optik. Während die Brennweiten in analogen Kameras miteinander leicht zu vergleichen sind, ist das bei digitalen Kameras nur bei Kenntnis der Sensorgröße möglich. Abb. 2.6-3 zeigt verschiedene gängige Sensorgrößen. Die Auflistung ist bei weitem nicht erschöpfend.

Sensorgrößen

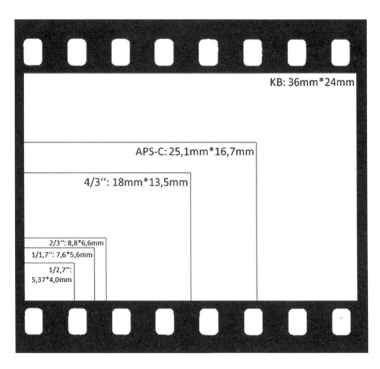

KB: 36mm*24mm

APS-C: 25,1mm*16,7mm

4/3": 18mm*13,5mm

2/3": 8,8*6,6mm
1/1,7": 7,6*5,6mm

1/2,7":
5,37*4,0mm

Abb. 2.6-3: Größenvergleich CCD-Chips.

Sensorgröße und Auflösung

Die Sensorgröße hängt nur bedingt mit der Auflösung zusammen. So können auch kleinere Sensorgrößen Auflösungen größerer erreichen. Sensoren der Größe 1/2,7" erreichen heute eine Auflösung von 2–8 Megapixel. Die bereits deutlich größeren 1/1,7" Sensoren erreichen Auflösungen von 3–12 Megapixel. Im Vollformat KB (für Kleinbild, 35mm) werden sogar über 20 Megapixel möglich.

Verschlusszeiten

Verschlusszeiten

Wie auch in der analogen Fotografie wird die Belichtung der Bildsensoren in Spiegelreflexkameras mechanisch gesteuert. Licht wird nur für einen sehr kurzen Zeitraum auf den Sensor geworfen. Abb. 2.6-4 zeigt den schematisierten Aufbau einer Spiegelreflexkamera. Im linken Bild ist der Normalzustand gezeigt. Licht tritt durch das Objektiv ein und wird durch einen Spiegel nach oben reflektiert (daher der Name Spiegelreflex). Über ein Prisma wird das Licht in den Sucher

weitergeleitet. Das Prisma ist notwendig, damit das resultierende Sucherbild nicht spiegelverkehrt dargestellt wird. Im
rechten Bild ist der Zustand der Kamera während der Aufnahme zu sehen: Der Spiegel klappt hoch und ein hinter dem
Spiegel angebrachter Verschluss (hier nicht eingezeichnet)
öffnet sich und lässt das Licht auf den Sensor fallen.

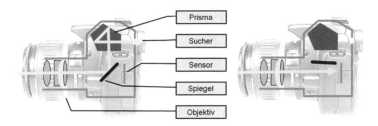

Abb. 2.6-4: Aufbau einer Spiegelreflex-Digitalkamera.

Dieser Vorgang dauert in der Regel nur den Bruchteil einer
Sekunde. Anschließend klappt der Verschluss wieder zu und
der Spiegel herunter. Im Moment der Aufnahme kann durch
den Sucher kein Bild gesehen werden. Daher erscheint übrigens bei den meisten Spiegelreflexkameras auf dem Display
auch kein Sucherbild: Der Sensor wird im Normalzustand
gar nicht belichtet und liefert daher kein Bild.

Die Wahl der Verschlusszeit hängt von Licht ab, welches zur   Typische
Verfügung steht und vom Motiv, das aufgenommen wird.   Verschluss-
Sportaufnahmen beispielsweise werden üblicherweise mit   zeiten
einer sehr kurzen Verschlusszeit jenseits der 1000stel Sekunde aufgenommen, da ansonten die Bewegung der Sport-
ler zu Verwischungen im Motiv führt. Für Aufnahmen ohne
Stativ gilt die 30stel Sekunde als Grenzwert. Längere Verschlusszeiten lassen das gesamte Bild verwackeln, da die
Hand des Fotografen beim Auslösen nicht ruhig genug ist.
In der Nacht und mit Stativ können Verschlusszeiten schon
einmal mehrere Sekunden oder gar Minuten dauern, um
schwach ausgeleuchtete Szenerien zu fotografieren. Die Verschlusszeit steht in engem Wechselspiel zur Blende. Diese
ist üblicherweise im Objektiv eingebaut.

2.7   Kameratechnik: Objektiv **

Das Objektiv gehört zu den wichtigsten Bestandteilen einer Kamera. Es justiert das Licht, das auf den Sensor fällt. Es steuert die gesamte Menge des Lichts über die Blende, filtert Ausschnitte über die Brennweite und definiert die Bereiche der Szenerie, die scharf dargestellt werden. Zusammen mit der Aufnahmezeit, die über den Verschluss der Kamera geregelt wird, umfasst es damit nahezu die volle Bandbreite der Einstellungsmöglichkeiten.

Objektive

Neben dem Sensor gehört das Objektiv zu den zentralen Komponenten einer Kamera. Pocketkameras und Handykameras verfügen über recht einfache Objektive mit wenig bis keinen Einstellungsmöglichkeiten. Diese Objektive sind darauf ausgelegt, möglichst klein zu sein und gleichzeitig scharfe Bilder zu produzieren. Anwender können hier keine eigenen Einstellungen vornehmen, sondern sind auf die Einstellungen durch den Hersteller angewiesen.

Einstellungs-möglichkeiten

Spiegelreflexkameras hingegen verfügen über Objektive, die eine ganze Reihe von Einstellungen erlauben. Diese sind:

- **Fokussierung**: Mit der Fokussierung bezeichnet man das Scharfstellen eines Bildes. Die Teile der fotografierten Szenerie, die scharf und nicht verschwommen erscheinen, liegen im Fokus.
- **Blende**: Die Blende beeinflusst die Menge des Lichts, das auf den Film oder Sensor fällt. Je weiter die Blende geöffnet ist, desto mehr Licht kommt hindurch.
- **Brennweite**: Mit der Brennweite wird die Eigenschaft eines Objektivs benannt, die Objekte näher oder ferner erscheinen lässt.

Fokussierung

Bedeutung

Die Fokussierung, also das Einstellen der Schärfe, ist in der Fotografie von besonderer Bedeutung: Die Bildauswahl kann noch so schön sein – Ist das Bild unscharf, ist es ein Fehlschuss. Um zu verstehen, was bei der Fokussierung passiert, wird zunächst ein Blick auf die Physik der Lichtbrechung geworfen.

Abb. 2.7-1 zeigt eine stark vereinfachte Darstellung dieses Phänomens, wie es sich in jeder Kamera abspielt. Von einem Objekt in einer Szenerie werden Lichtstrahlen reflektiert. Hier ist das Objekt ein Junge im Schnee. Es sind exemplarische Lichtstrahlen eingezeichnet, die von seiner Jacke reflektiert werden und auf die Kameralinse treffen. Diese Lichtstrahlen werden von der Kameralinse gebrochen, und zwar so, dass sie gebündelt auf den Sensor oder Film im Inneren der Kamera treffen. Ist diese Bündelung optimal, dann treffen alle Lichtstrahlen, die beispielsweise von einem Jackenknopf ausgehen, auf dem Sensor auf der gleichen Stelle ein und bilden so das scharfe Abbild des Jackenknopfes.

Entstehung eines scharfen Bildes

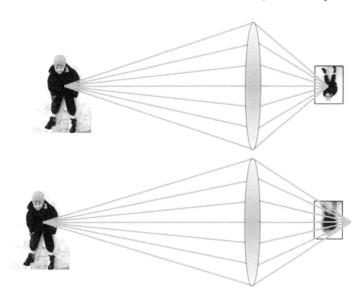

Abb. 2.7-1: Funktionsweise der Linse bei der Schärfe.

Dies funktioniert im ersten Beispiel der obigen Abbildung sehr gut. Wird aber die Position zwischen der Kamera und dem Jungen verändert, so verändert sich natürlich auch der Brechungswinkel des Lichts. Im zweiten Beispiel der Abb. 2.7-1 wurde die Distanz zwischen Linse und Jungen erhöht. Damit das Bild scharf wird, müsste nun auch die Distanz zwischen Linse und Sensor bzw. Film erhöht werden. Bleibt die Distanz wie hier gezeigt aber gleich, dann werden die Strahlen nicht mehr optimal gebündelt und treffen an unter-

Fokussierung

schiedlichen Stellen auf den Sensor bzw. Film. Das Bild wird
unscharf.

In Wirklichkeit stehen Sie aber vor der Situation, dass Sie den
Abstand zwischen Linse und Sensor bzw. Film nicht ändern
können. Beide sind fest im und am Kameragehäuse positioniert. Was Sie aber verändern können ist der Brechungswinkel der Linse. Abb. 2.7-1 ist stark schematisierend. Was hier
als einzelne Linse dargestellt ist, wird bei realen Kamera-
objektiven durch eine ganze Reihe von Linsen verwirklicht,
oft mehr als ein Dutzend. Deren Position zueinander können Sie durch Drehen am Entfernungskranz des Objektivs
beeinflussen. Dadurch ändert sich der Brechungswinkel des
Objektivs und das zu fotografierende Objekt erscheint wieder scharf.

Autofokus

Den Fokus der Kamera manuell einzustellen ist eine mitunter lästige Pflicht, die man zumindest als Gelegenheitsan-
wender ohne künstlerische Ambitionen gerne der Kamera
überlässt. Diese hat hierfür den sogenannten **Autofokus**.
Beim Autofokus unterscheiden wir passive und aktive Verfahren. Das bekannteste Verfahren ist die passive Kontrastmessung.

Die Kontrastmessung macht sich den Umstand zunutze,
dass Motive, die unscharf sind, auch gleichzeitig geringere Kontraste aufweisen als scharfe Motive. Kontrast gibt an,
in wieweit sich benachbarte Bildregionen in ihrer Helligkeit
voneinander unterscheiden. Bei unscharfen Bildern werden
die Lichtstrahlen nicht mehr auf den Punkt gebündelt. Auf
jedem Sensorelement treffen also Strahlen auf, die eigentlich zu den Nachbarelementen gesteuert werden sollten. So
vermischen sich die Helligkeitswerte – der Kontrast sinkt.

Um eine Kontrastmessung durchzuführen, sind immer zwei
Messungen notwendig. Dabei wird die Einstellung des Objektivs zwischen den beiden Messungen leicht verändert.
Anschließend wird automatisch ausgerechnet, welche der
beiden Messungen ein kontrastreicheres Ergebnis hatte. Üblicherweise wird die Messung nur in kleinen Regionen vorgenommen. Eine Messung ist kontrastreich, wenn sich die

Helligkeitswerte des gemessenen Bereichs stärker unterscheiden.

Abb. 2.7-2 verdeutlicht das Prinzip. Dargestellt ist ein abstraktes Objekt bestehend aus einer hellgrauen Fläche und einer schwarzen Fläche. Die Flächen berühren sich und es entsteht eine harte Kante. Diese ist links sehr gut zu sehen. Rechts sind die gleichen Flächen gezeigt, nur unscharf: Die Kante ist verwaschen. Die Kontrastmessung erfolgt nun an einem bestimmten Bereich der hier zufällig direkt auf der Kante liegt. Die roten Vierecke zeigen den Bereich, der herangezogen wurde. Unter den Originalbildern ist jeweils eine 1000fache Vergrößerung dieses Bereichs gezeigt. Deutlich zu erkennen ist der geringere Kontrastumfang rechts.

Beispiel

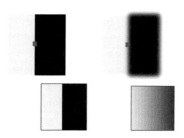

Abb. 2.7-2: Autofokus durch Kontrastmessung.

Dieses Beispiel zeigt auch gleichzeitig die Probleme auf, welche die Kontrastmessung mit sich bringt. So ist der Messbereich hier tatsächlich sehr glücklich gewählt. Liegt der Messbereich aber direkt auf einer Fläche, so ergibt sich kein Unterschied zwischen scharfem und unscharfem Bild. Der Autofokus versagt. In der Praxis können Sie das leicht erkennen, wenn das Objektiv beim Scharfstellen das gesamte Spektrum der Einstellungen auf- und abfährt.

Probleme

Ein anderes Problem liegt darin, dass für die Autofokuseinstellung über Kontrastmessung die Signale des Bildsensors benötigt werden. Dies wird bei Spiegelreflexkameras zum Problem, da hier der Spiegel das Licht in den Sucher umleitet und der Sensor erst beim eigentlichen Auslösen belichtet wird. Abhilfe schafft hier ein zusätzlicher Sensor, der ausschließlich für die Fokussierung genutzt wird.

Phasenvergleich Eine Alternative zur Kontrastmessung ist der so genannte Phasenvergleich oder auch Triangulation. Dabei sind hinter der Linse zwei Autofokussensoren angebracht, die auf das entfernte Objekt zielen. Je nach Winkel, den das Objekt zu ihnen einnimmt kann die Entfernung berechnet werden. Der Vorteil gegenüber der Kontrastmessung liegt in der Geschwindigkeit. Die Kontrastmessung benötigt immer mindestens zwei Messungen mit einer zusätzlichen Neujustierung des Objektivs. Die Triangulation kann bereits bei der ersten Messung die Schärfe beurteilen. Allerdings ist die Technik etwas aufwändiger, weshalb die Triangulation meist bei den teureren Spiegelreflexkameras verwendet wird.

Aktive Messung Beide Verfahren gelten als passiv. Daneben gibt es eine Reihe von aktiven Verfahren, die nicht einfach auf einer Messung des einfallenden Lichtes beruhen. Üblicherweise senden diese Verfahren selbst Licht aus. Oft wird dabei zum Beispiel das Blitzlicht der Kamera aktiviert und ein Messblitz ausgesandt. Eleganter sind spezielle sichtbare rote oder unsichtbare infrarote Hilfslichter, die von der Kamera oder dem Blitzgerät emittiert werden. Diese Hilfslichter sind in der Regel vertikal gestreift. Das unterstützt wiederum sowohl den Kontrast- als auch den Phasenvergleich.

Hilfslichter gelten zwar als aktive Messung und damit als grundlegend anders als die passiven Verfahren Kontrast- und Phasenvergleich. Aber im Prinzip bringen sie nur Licht ins Dunkel. Die eigentliche Messung läuft wieder über die passiven Verfahren. Ein rein aktives Verfahren ist die zum Beispiel bei Polaroid-Kameras verwendete Ultraschallmessung. Hier wird ein Ultraschall von der Kamera ausgesandt und von den zu fotografierenden Objekten als Echo zurück geworfen. Die Zeit, die dieses Echo benötigt, dient als Grundlage für die Entfernungsberechnung. Je länger die benötigte Zeit, desto weiter entfernt das Objekt.

Brennweite

Definition Die **Brennweite** einer Linse gibt die Entfernung zwischen Linse und ihrem Brennpunkt an. Der Brennpunktist die Stelle, an der parallel einfallende Lichtstrahlen durch die Linse so gebrochen werden, dass sie auf einen Punkt gebündelt werden. Abb. 2.7-3 verdeutlicht den Zusammenhang.

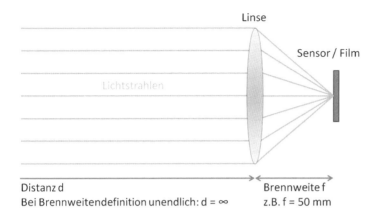

Linse

Sensor / Film

Lichtstrahlen

Distanz d
Bei Brennweitendefinition unendlich: d = ∞

Brennweite f
z.B. f = 50 mm

Abb. 2.7-3: Definition Brennweite.

Den Brennpunkt einer Linse kann man leicht visualisieren. Nehmen Sie eine Lupe und halten Sie sie über einem Blatt Papier in der Sonne. Wenn Sie nun die Höhe der Lupe wechseln, dann werden Sie feststellen, dass es eine bestimmte Höhe gibt, bei der auf dem Papier ein sehr heller und sehr kleiner Punkt entsteht. Hier wird das Licht auf den Brennpunkt gebündelt, die Höhe der Lupe entspricht ihrer Brennweite. Das Papier fängt übrigens an dieser Stelle tatsächlich an zu brennen.

Versuch

Parallele Strahlen kommen in der Fotografie nicht vor. Zwar kommt das reflektierte Licht sehr weit entfernter Objekte wie der Sonne nahezu parallel an, aber eben nur nahezu. Diese werden scharf dargestellt, wenn der Abstand der Linse zum Sensor der Brennweite entspricht. Die meisten übrigen fotografierten Objekte sind wesentlich näher. Das hat Auswirkungen auf die Brechung ihrer Strahlen. Um die Objekte scharf darzustellen, muss die Linse neu positioniert werden. Je näher ein Objekt zu der Linse positioniert ist, desto weiter weg muss der Sensor positioniert werden.

Lichtstrahlen in der Praxis

Der Begriff **Normalobjektiv** wird zum einen mit den menschlichen Sehgewohnheiten begründet, zum anderen über Verhältnis Brennweite zu Sensorgröße. Je nach verwendeter Brennweite erscheinen die entstandenen Bilder näher oder weiter entfernt als in der Originalszenerie. Ursprüng-

Normalobjektiv

lich wurde dieser Begriff in der Porträtfotografie definiert: Portraits, die 1:1 vergrößert werden und denselben perspektivischen Eindruck hinterlassen wie bei der Betrachtung des Originals (z. B. gut zu erkennen an der Position der Ohren), werden mit einem Normalobjektiv aufgenommen.

Mathematische Definition

Bezogen auf die Brennweite lässt sich dieser perspektivische Eindruck auch etwas mathematischer formulieren: Objektive mit einer Brennweite, die in etwa der Diagonalen des Sensors entspricht, gelten als Normalobjektive.

Wie auch immer man bei der Definition vorgeht, in der Regel werden Objektive für Kleinbildkameras mit einer Brennweite von ca. 45–50 mm als Normalobjektive angesehen. Die Diagonale d lässt sich einfach aus den räumlichen Maßen der Sensorkanten berechnen:

$$d = \sqrt{Breite^2 + H\ddot{o}he^2}$$

Beispiel

Bei einem klassischen Kleinbildfilm ist die Höhe 24 mm und die Breite 36 mm. Die Diagonale berechnet sich wie folgt:

$$d = \sqrt{(36mm)^2 + (24mm)^2}$$
$$d = \sqrt{1296mm^2 + 576mm^2}$$
$$d = \sqrt{1872mm^2}$$
$$d = 43,27mm$$

Die Brennweite eines Objektivs für Kleinbildfilme liegt also bei ca. 43 mm. In der Praxis ist dies eher ein ungefährer Wert, die meisten Normalobjektive für Kleinbildkameras liegen bei Brennweiten von 45 mm oder 50 mm.

Weitwinkelobjektiv

Weitwinkelobjektive sind Objektive, deren Bildwinkel größer ist als es dem menschlichen Auge entspricht. Das heißt, sie nehmen an den Rändern mehr Bildinformationen auf. Typische Weitwinkelobjektive für Kleinbildkameras haben eine Brennweite von 35 mm oder 28 mm. Je kürzer die Brennweite, desto stärker der Effekt. Bei einer Brennweite von 20 mm und darunter wird von Fischaugenobjektiv gesprochen. Die Verzerrung ist hier sehr groß, gerade Linien erscheinen stark gekrümmt. Abb. 2.7-4 zeigt eine Weitwinkelaufnahme von einer Digitalkamera mit einer Brennweite von 24 mm.

Abb. 2.7-6 zeigt das gleiche Motiv aus derselben Position mit einem Normalobjektiv aufgenommen.

Abb. 2.7-4: Brennweite 24.

Mit einem **Teleobjektiv** erreichen Sie den gegenteiligen Effekt: Ferne Dinge können sehr detailliert erscheinen. Der Bildwinkel und damit der abgelichtete Bildausschnitt ist deutlich kleiner als bei normalen Objektiven. Die Brennweite ist hier deutlich länger. Klassische Brennweiten für Teleobjektive sind 135 mm oder 200 mm. Spätestens ab einer Brennweite von 300 mm können Teleobjektive nicht mehr sinnvoll ohne Stativ eingesetzt werden, da sie stark verwackeln. Abb. 2.7-5 zeigt die gleiche Szenerie wie Abb. 2.7-4 mit einer 300er Brennweite aufgenommen.

Teleobjektiv

Brennweite und Sensorgröße

Bisher wurde von Objektiven und deren Brennweite gesprochen. Vor einigen Jahren noch, als das analoge Kleinbildformat für Spiegelreflexkameras der Standard war, hätten die Ausführungen so stehen bleiben können. Seit dem Einzug der Digitalfotografie haben sich aber zahlreiche unterschiedliche Sensorgrößen etabliert, die unglücklicherweise Auswirkungen auf die Brennweitenberechnung haben. Abb. 2.7-6 verdeutlicht die Auswirkungen.

Digitalkameras und Sensorgrößen

Abb. 2.7-5: Brennweite 300.

Abb. 2.7-6: 50 mm Brennweite bei analoger und digitaler Spiegelreflexkamera.

Zu sehen sind zwei Fotografien desselben Gebäudes. Beide
Fotografien wurden mit einer Canon EOS mit einem 50 mm
Objektiv aufgenommen. Der Unterschied liegt darin, dass
die rechte Aufnahme mit einer analogen Kleinbildkamera gemacht wurde. Ein 50 mm Objektiv gilt hier als Normalobjektiv. Der Bildausschnitt ist deutlich größer. Die linke Aufnahme hingegen wurde mit einer Digitalkamera gemacht. Sie
verfügt über einen 22,5 mm * 15 mm CMOS-Sensor. Damit
ergibt sich eine Bilddiagonale von ca. 27 mm, welches auch
die Brennweite eines Normalobjektivs für diese Kamera wäre. Ein 50 mm-Objektiv gilt hier bereits ein Teleobjektiv.

Zu Zeiten der klassischen 35 mm Kleinbildkamera galt die Brennweite noch als verlässliches Kriterium für Objektive. Da der Kleinbildfilm in Spiegelreflexkameras als Standard galt, gab es hier keine Verständigungsprobleme. Heute wissen Sie nur dann, was sich hinter einer Brennweite von 80 mm verbirgt, wenn Sie gleichzeitig auch die Größe des Bildsensors kennen.

Vergleichbarkeit der Objektive

Es bleibt der Ruf nach einer einheitlichen Benennung. Einige wenige Kamerahersteller geben daher neben der tatsächlichen Brennweite noch zusätzlich das Äquivalent für einen Kleinbildfilm an. Das ist eine gute Idee für alle, denen die alten Brennweiten noch etwas sagen.

Es gibt aber noch einen zweiten Weg: Der Bildwinkel gestaltet sich unabhängig von der Brennweite. Abb. 2.7-7 zeigt die gleiche Aufnahme mit zwei Kameras, die sich in ihren Brennweiten und Abbildungsgrößen unterscheiden. Im ersten Beispiel sehen Sie die Aufnahme einer 35 mm Kleinbildkamera mit einer 50 mm Brennweite. Das entspricht einem Normalobjektiv. Das zweite Beispiel zeigt eine Kamera mit einem 7,4 mm Bildsensor. Aber nicht nur der Sensor ist deutlich kleiner, auch die Brennweite ist deutlich kürzer. Auch hierbei handelt es sich im Endeffekt um ein Normalobjektiv. Bei all den Unterschieden gibt es aber eine Gemeinsamkeit: Beide Kameras haben einen Bildwinkel von 40 Grad. Offensichtlich ist der Bildwinkel die Konstante im Spiel der unterschiedlichen Brennweiten und Sensorgrößen.

Winkel

Die Berechnung des Bildwinkels erfolgt über das Verhältnis von Sensordurchmesser d zur doppelten Brennweite f. Aus diesem Verhältnis wird der Arkustangens gezogen. Dieser hat einen Wertebereich von -90 bis 90 Grad, nutzt also per Definition nur die Hälfte eines Kreises. Das Ergebnis wird daher mit 2 multipliziert:

Berechnung Bildwinkel

$$\alpha = 2 \cdot \arctan\left(\tfrac{d}{2 \cdot f}\right)$$

Die Berechnung des Durchmessers d aus Breite und Höhe des Sensors haben Sie bereits kennen gelernt:

$$d = \sqrt{Breite^2 + H\ddot{o}he^2}$$

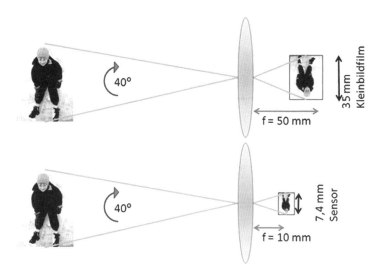

Abb. 2.7-7: 40° Bildwinkel ergeben unterschiedliche Brennweiten.

Beispiel

Bei einem klassischen Kleinbildfilm ist die Höhe 24 mm und die Breite 36 mm. Wie oben beschrieben berechnet sich die Diagonale wie folgt:

$$d = \sqrt{(36mm)^2 + (24mm)^2} = 43,27mm$$

Der Bildwinkel eines Objektivs von 45mm Brennweite berechnet sich wie folgt:

$$\alpha = 2 \cdot \arctan\left(\frac{43,27mm}{2 \cdot 45mm}\right)$$

$$\alpha = 2 \cdot \arctan\left(\frac{43,27mm}{90mm}\right)$$

$$\alpha = 2 \cdot \arctan(0,4807)$$

$$\alpha = 2 \cdot 25,67°$$

$$\alpha = 51,35°$$

Der Bildwinkel beträgt also 51,35 Grad.

Praxis

Doch was nutzen einem nun diese Winkelangaben? Abb. 2.7-8 zeigt, wie sich die Winkelangaben in das Zusammenspiel von Sensorgrößen einbetten. Die oberste Zeile gibt die Brennweiten 7, 8, 9, ..., 400, 600 mm an, die Objektive üblicherweise haben können. Sie finden diese Angaben in der Regel auf dem Objektiv. Unter den Brennweiten stehen die

Bildwinkel, die durch die Brennweite (Spalte) und der Sensorgröße (Zeile) definiert werden. Eine analoge Kleinbildkamera hat bei einer Brennweite von 50 mm also einen Bildwinkel von 56,8 Grad und bei einer Brennweite von 200 mm einen Bildwinkel von 12,3 Grad. Der Bildwinkel und mit ihm der Bildausschnitt wird kleiner, wodurch Entferntes näher erscheint.

Typ	Breite	Höhe	Für 35mm nicht gebräuchlich				Superweitwinkel / Fischaugenobjektive				Klassische Weitwinkel	
			7	8	9	11	14	17	20	24	28	35
Kleinbild	36	24	144,1	139,4	134,8	126,1	114,2	103,7	94,5	84,1	75,4	63,4
APS-Classic	25,1	16,7	130,2	124,1	118,3	107,8	94,2	83,1	74,0	64,3	56,6	46,6
EOS 20D	22,5	15	125,3	118,8	112,7	101,7	88,0	77,0	68,1	58,8	51,6	42,2
2/3''	8,8	6,6	76,3	69,0	62,9	53,1	42,9	35,9	30,8	25,8	22,2	17,9
1/1,8''	7,2	5,3	65,1	58,4	52,8	44,2	35,4	29,5	25,2	21,1	18,1	14,6
1/2,5''	5,76	4,3	54,4	48,4	43,5	36,2	28,8	23,9	20,4	17,0	14,6	11,7
1/2,7''	5,37	4	51,1	45,4	40,8	33,9	26,9	22,3	19,0	15,9	13,6	10,9

Typ	Breite	Höhe	Normal-objektive		Leichtes Tele, typisch für		Standardtele			Supertele		
			45	50	85	100	135	180	200	300	400	600
Kleinbild	36	24	51,4	46,8	28,6	24,4	18,2	13,7	12,3	8,2	6,2	4,1
APS-Classic	25,1	16,7	37,0	33,6	20,1	17,1	12,7	9,6	8,6	5,8	4,3	2,9
EOS 20D	22,5	15	33,4	30,3	18,1	15,4	11,4	8,6	7,7	5,2	3,9	2,6
2/3''	8,8	6,6	13,9	12,6	7,4	6,3	4,7	3,5	3,2	2,1	1,6	1,1
1/1,8''	7,2	5,3	11,3	10,2	6,0	5,1	3,8	2,8	2,6	1,7	1,3	0,9
1/2,5''	5,76	4,3	9,1	8,2	4,8	4,1	3,0	2,3	2,1	1,4	1,0	0,7
1/2,7''	5,37	4	8,5	7,7	4,5	3,8	2,8	2,1	1,9	1,3	1,0	0,6

Abb. 2.7-8: Vergleich Brennweite und Bildwinkel bei verschiedenen Formaten.

Der im Beispiel berechnete Winkel einer Kleinbildkamera mit 45mm Brennweite kann nun genutzt werden, um beispielsweise eine äquivalente Brennweite für die Digitalkamera Canon EOS 20D zu finden. Suchen Sie in der Reihe »EOS 20D« nach einer Winkelangabe, die den berechneten 51,35 Grad am nächsten kommt. In diesem Fall ist es die Angabe »51,6«. Wenn Sie jetzt in die Kopfzeile dieser Spalte schauen, können Sie die äquivalente Brennweite »28« ablesen. Die EOS 20D fotografiert also mit einem 28mm

Beispiel

Objektiv den gleichen Bildausschnitt wie eine klassische Kleinbildkamera mit einem 45mm Objektiv.

Blende

Was ist eine Blende?

Die Blende, auch Irisblende oder Lamellenblende genannt, übernimmt die Aufgabe der Steuerung der Lichtmenge. Sie funktioniert analog zur Iris des menschlichen Auges. Eine kreisförmige Öffnung kann je nach Bedarf vergrößert oder verkleinert werden und lässt entsprechend mehr oder weniger Licht durch. Bei Kameras funktioniert dies über speziell geformte Lamellen, die ineinander verschoben werden können. Ihre Anordnung zeigt Abb. 2.7-9.

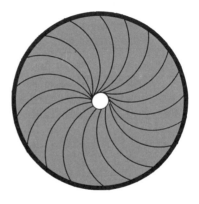

Abb. 2.7-9: Blende.

Wozu die Blende?

Wozu benötigt die Kamera eine Blende? Bildsensoren sind nur bedingt flexibel, was die Menge des Lichts angeht, die sie verarbeiten können. Um ein optimales Bildergebnis zu erhalten, muss eine ganz bestimmte Menge Licht auf den Sensor fallen. Nun herrschen aber in Abhängigkeit von Tageszeit und Räumlichkeit völlig unterschiedliche Lichtsituationen. Gibt es zu viel Licht, wird der Sensor geblendet. Gibt es zu wenig Licht, erkennt er nichts. Die Analogie zum menschlichen Sehen ist offensichtlich.

Beispiel

Je nachdem, welche Lichtverhältnisse herrschen, müssen Sie also die richtige Blendenöffnung einstellen. Abb. 2.7-10 zeigt, wie sich Blende und Licht auf dem Sensor bzw. Film bemerkbar machen. Bei gleichbleibenden Lichtverhältnissen werden drei Fotografien gemacht. Die erste Fotografie wird mit vollständig geöffneter Blende gemacht. Es wird zu viel Licht aufgenommen und das Bild ist überbelichtet. Das Bild wird zu hell. Dass kann im Extremfall so weit gehen, dass das Bild komplett weiß wird.

Im zweiten Beispiel ist die Blendenöffnung ideal eingestellt. Es wird nicht alles vorhandene Licht, aber dennoch genug zum Sensor geleitet. Das Ergebnis ist ein ideal belichtetes Bild.

Im dritten Beispiel ist die Blende zu weit geschlossen. Nur sehr wenig Licht wird aufgenommen. Die Menge des Lichts reicht nicht aus, um ein optimales Ergebnis zu erzielen: Das Bild ist unterbelichtet und damit sehr dunkel.

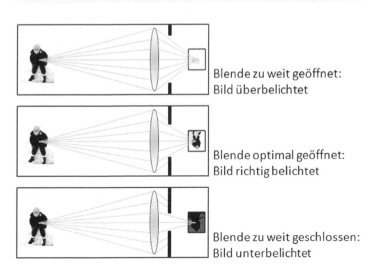

Blende zu weit geöffnet:
Bild überbelichtet

Blende optimal geöffnet:
Bild richtig belichtet

Blende zu weit geschlossen:
Bild unterbelichtet

Abb. 2.7-10: Blendenöffnung und Belichtung.

Die Einstellung der Blende wird über die Blendenzahl angegeben. Die Blendenzahl K bezeichnet das Verhältnis der
Brennweite f zum Durchmesser D der Blendenöffnung:

Blendenzahl

$$K = \frac{f}{D}$$

Beispiel

Bei einer Brennweite von 50 mm und einer Blendenöffnung von ca. 16 mm rechnen Sie also K=50 mm / 16 mm und erhalten eine Blendenzahl von 5,6.

Öffnungsverhältnis

Die allgemein übliche Bezeichnung ist allerdings nicht die Blendenzahl, sondern das Öffnungsverhältnis welches sich aus deren Kehrwert berechnet.

Beispiele

Der Kehrwert von 5,6 ist 1/5,6. Das Öffnungsverhältnis wird daher mit 1:5,6 angegeben.

Bei einem 50 mm Objektiv mit einer Blendenöffnung von 50 mm ist das Öffnungsverhältnis 1:1.

Blendenreihe

Die in der Kameratechnik eingesetzten Blendenzahlen sind normiert und bilden folgende Reihe:

1:1–1:1,4–1:2–1:2,8–1:4–1:5,6–1:8–1:11–1:16 etc.

Eselsbrücke

Die Zahlen lassen sich leicht mit dieser Eselsbrücke memorieren: Sie merken sich die ersten beiden Zahlen 1 und 1,4. Die Reihe wird fortgesetzt, indem sie immer das Doppelte des Vor-Vorgängers einfügen. Der nächste Schritt ist also 2*1=2, danach 2*1,4=2,8, danach 2*2=4, danach 2*2,8=5,6 etc. Ab Blendenzahl 11 wird gerundet.

Je größer der Nenner, desto kleiner die Blendenöffnung. Die Schritte diese Reihe sind dabei so festgelegt, dass mit jedem Schritt nur noch halb so viel Licht durch die Blende gelangt. Eine Blendenöffnung von 1:2,4 lässt also doppelt so viel Licht durch wie eine Blendenöffnung 1:2. Eine Blendenöffnung 1:4 lässt bereits viermal so viel Licht durch wie eine Blendenöffnung 1:2.

Schärfentiefe

Die Hauptaufgabe der Blende ist sicherlich die Steuerung der Lichtmenge. Zum Teil lässt sich diese aber auch durch die Belichtungszeit übernehmen. In der Praxis wird die Blende daher häufig verwendet, um einen besonderen fotografischen Effekt zu erzielen: die Schärfentiefe.

Wie beim Thema Fokussierung gezeigt, erscheinen Objekte schnell unscharf, wenn ihr Abstand zur Kamera und die Einstellung des Entfernungskranzes nicht miteinander übereinstimmen. In vielen Situationen möchte man den Bereich, der scharf gezeigt werden soll, aber beeinflussen. Betrachten

Sie beispielsweise den leeren Aufzugschacht in Abb. 2.7-11. Ziel der Aufnahme war es, den kompletten Schacht scharf zu stellen, was nach dem bisher besprochenen ja eigentlich nicht möglich sein sollte. In der Fotografie spricht man davon, eine möglichst große Schärfentiefe (oft auch fälschlich Tiefenschärfe genannt) zu erreichen, also den scharf dargestellten Bereich in die Tiefe möglichst groß zu definieren.

Abb. 2.7-11: Schärfentiefe: Der Aufzugschacht ist oben wie unten scharf abgebildet.

In der Praxis gibt es dazu einen recht einfachen Trick: Sie müssen die Blende möglichst klein einstellen, also eine möglichst große Blendenzahl wählen. Denn je kleiner die Blendenöffnung, desto kleiner auch die Streuung des Lichts. Je kleiner die Streuung des Lichts, desto schärfer die Erscheinung der Abbildung.

2.8 Animated GIFs mit Photoshop **

Animated GIFs sind kleine Bilddateien, in denen wie bei einem Daumenkino mehrere Bilder nacheinander gezeigt werden und so kleine Animationen entstehen können. Sie eignen sich gut für kleine Demonstrationen, in denen Grafiken zu einfach sind und Videos oder Flash-Animationen zu aufwändig.

Animation in
der Praxis

Der Begriff Animation wurde im Internet lange Zeit sehr zwiespältig aufgenommen: Einerseits ermöglichen es gelungene Animationen sehr gut, Abläufe und Funktionsweisen zu erklären. Textliche Beschreibungen oder auch statische Bilder sind hier oft genug im Nachteil. Andererseits sprudeln den Anwendern immer wieder schlecht gemachte Mini-Animationen entgegen, die, völlig sinnlos eingesetzt, irritieren. Synonym dafür sind die Begriffe »Animated GIF« und »Flash-Intro«.

Einsatz
animierter GIFs

Animated GIFs sind im Wesentlichen wie ein Damenkino aus mehreren Einzelbildern zusammengesetzte GIF-Dateien. Hier werden in der Regel nicht mehr als ein Duzend Bilder nacheinander abgespielt und so kleine Animationen erzeugt. Interaktiv sind diese zwar nicht, aber es können Bewegungsprinzipien, die nur kurze Sequenzen lang sind, ohne großen Aufwand dargestellt werden. Beispiele sind Flügelschlag von Vögeln und Bienen oder die Drehbewegungen von Dampfmaschinen und anderen Motoren. Doch Vorsicht: Animierte GIFs wollen wohl überlegt eingesetzt werden! Überflüssige oder schlecht gemachte Animationen werten Ihre Website eher ab als auf. Schnell werden Anwender durch die entstehende Unruhe abgeschreckt. Überlegen Sie deshalb gut, ob ein Standbild nicht ausreicht.

Animiertes
Baustellenschild

Ein im Webdesign sehr beliebtes animiertes GIF ist das Baustellenschild. Es dient als Hinweis auf eine Seite, die noch in Arbeit ist. Eigentlich sollte auf dieses Zeichen tunlichst verzichtet werden: Wozu eine Webseite publizieren, die man nur als Baustelle markieren kann? Das wertet die eigene Arbeit ab. Aber unabhängig von diesen prinzipiellen Überlegungen werden Sie hier einmal ein solches Schild selbst bauen. Hierfür stellt Photoshop ein Animationswerkzeug zur Verfügung.

Vorgehensweise

Laden Sie die Beispieldatei Animated_GIF_Ausgangsbild.psd in Photoshop. Sie sehen ein Warnschild für Baustellen wie sie aus dem Straßenverkehr bekannt sind. Aus dieser Vorlage wird nun eine Animation erstellt: Der dargestellte Bauarbeiter fängt an zu schippen. Die Vorgehensweise ist wie folgt:

1 Trennen Sie die zu animierenden Teile von den statischen: Das rote Dreieck, der Erdhaufen sowie die Beine des Arbeiters müssen nicht animiert werden. Ober-

körper, Schaufel und Kopf markieren Sie mit dem Auswahlwerkzeug Zauberstab. Vergessen Sie nicht: Mit der Umschalten-Taste können Sie mehrere Bereiche markieren. Mit Bearbeiten - Ausschneiden bzw. Strg+X schneiden Sie die Auswahl aus und halten sie in der Zwischenablage.

2   Legen Sie eine neue Ebene an. In diese Ebene legen Sie über Bearbeiten - Einfügen bzw. Strg+V die Auswahl ab. Sie haben nun eine Ebene mit dem statischen Hintergrund und eine zweite Ebene mit dem zu animierenden Oberkörper. Wenn Sie jetzt beide Ebenen sichtbar haben, sollte Ihr Bild so aussehen wie das Ursprungsbild.

3   Legen Sie wiederum eine neue Ebene an und fügen Sie den Oberkörper ein. Achten Sie darauf, dass der Oberkörper korrekt platziert ist. Nun nehmen Sie die gewünschten Modifikationen vor. Wählen Sie beispielsweise die Figur mit dem Zauberstab und wechseln Sie anschließend auf das Verschieben-Werkzeug. An den Außenecken des markierten Feldes können Sie nun die Auswahl drehen. Mit einer leichten Drehung hebt der Arbeiter die Schaufel. Vergessen Sie nicht ihm ein wenig Erde auf die Schippe zu zeichnen.

4   Wiederholen Sie den letzten Schritt solange, bis Sie eine komplette Bildfolge erstellt haben, in der der Arbeiter eine Ladung Erde mit der Schaufel aufnimmt und nach hinten wirft.

Das Ergebnis sollte ungefähr so aussehen wie in Abb. 2.8-1. Links sehen Sie die nicht animierten Teile des Bildes. Sie sind auf der Hintergrundebene gezeichnet. Im Ebenenfenster rechts sehen Sie verschiedene Schritte der Animation. Jeder Schritt ist auf einer eigenen Ebene angelegt. Sie sehen Schritt für Schritt, wie der Arbeiter langsam die Schaufel hebt. Wenn Sie nun den Hintergrund und jeweils eine Ebene sichtbar halten, erscheinen die vollständigen Abbildungen.

Ergebnis

Öffnen Sie nun das Animationsfenster. Das Animationsfenster enthält zwei Laschen. Hiervon interessiert uns die Linke Animation (Frames). Eventuell steht bei Ihnen Animation (Zeitleiste). Dann klicken Sie rechts unten auf den Button In Frame-Animation konvertieren, um in die gewünschte Ansicht zu gelangen. Im Animationsfenster sehen Sie nun jedes Einzelbild, das Ihre Animation enthält. Momentan ist es nur ein

Menüeintrag Fenster - Animation

Button In Frame- Animation konvertieren

Abb. 2.8-1: Erstellen eines *Animated GIF*.

einzelnes Bild bestehend aus den Ebenen, die Sie sichtbar halten. In diesem Fall sollte es sich dabei um die Hintergrundebene und Ebene 1 handeln.

Anzahl der Durchläufe

Button
Dupliziert ausgewähle Frames

In der Fußzeile des Fensters sehen Sie eine Auswahlbox, über die Sie bestimmen können, wie oft die Animation ablaufen soll: einmal, unbegrenzt oder eine bestimmte Anzahl von Durchläufen. Daneben sehen Sie verschiedene Buttons über die Sie den Ablauf der Animation zu Testzwecken steuern können, wie ein Videorekorder. Interessant ist hier der Button zum Einfügen neuer Einzelbilder *(frame)*. Dies geschieht, indem der gerade aktive Frame dupliziert wird.

Klicken Sie auf diesen Button. Modifizieren Sie nun die Sichtbarkeit Ihrer Ebenen. Nun sollte die Hintergrundebene und Ebene 2 sichtbar sein. Fügen Sie erneut ein Einzelbild ein und modifizieren Sie die Sichtbarkeit der Ebenen von Ebene 2 auf Ebene 3. Fahren Sie so weiter fort, bis Sie alle Einzelbilder erstellt haben. Abb. 2.8-2 zeigt den Bildschirm nach der Bearbeitung des sechsten Einzelbildes.

Im Animationsfenster können Sie unter den Einzelbildern *Dropdown*-Listen erkennen, über die sie die Dauer verändern können, die die Bilder angezeigt werden. Je kürzer die hier angegebene Zeit, desto schneller wechseln die Bil-

Abb. 2.8-2: Aufbau eines *Animated GIF*.

der. Bedenken Sie, dass ein Kinofilm beispielsweise von 24 Bildern pro Sekunde ausgeht, ein einzelnes Bild also nur ca. 0,04 Sekunden zu sehen ist. Eine solche Frequenz ist bei animierten GIFs eher unüblich, aber bei einer Dauer von 0,1 Sekunden beginnt das Bild schon sehr zu hoppeln.

3 Audio *

Während das Bild sich vor allem mit räumlichen Dimensionen beschäftigt, ist beim Audio die Dimension Zeit von besonderer Bedeutung. Die Probleme sind ähnlich: Auch hier muss ein Kompromiss zwischen Qualität und Datenmenge gefunden werden. Mit Hilfe des Werkzeugs Adobe Soundbooth wird in die physikalischen Grundlagen von Schallereignissen und ihrer Verarbeitung eingeführt. Soundbooth ist der kleine Bruder von Adobe Audition und eignet sich für die unkomplizierte Bearbeitung von Audioströmen für Video- und Animationsdaten.

Wenn Sie nicht über Photoshop verfügen, können Sie über die Download-Seite von Adobe (http://www.adobe.com/de/downloads/) eine sogenannte Try-Out-Version herunterladen, die 30 Tage kostenlos getestet werden kann.

Zunächst wird erläutert, was ein Ton eigentlich konkret ist:

▓ »Erste Schritte: Die Welle macht den Ton«, S. 64

Auf die physikalischen Eigenschaften von Schallwellen wird näher eingegangen:

▓ »Schallwellen: Physikalisches«, S. 67

Die physikalischen Eigenschaften bilden die Grundlage der Digitalisierung:

▓ »Digitalisierung«, S. 70

Bislang wurden nur einfache Töne besprochen. Solche reinen Töne existieren in Wirklichkeit gar nicht, vielmehr haben Sie es mit den deutlich komplexeren Klängen zu tun:

▓ »Töne und Klänge«, S. 77

Dateiformate im Audiobereich sind genau auf den Verwendungszusammenhang zugeschnitten:

▓ »Dateiformate«, S. 80

Schließlich gilt es noch, ein geeignetes Speicherformat zu finden. Abgerundet wird das Kapitel mit Literaturhinweisen für die weitere Vertiefung:

▓ »Weitere Schritte«, S. 97

3.1 Erste Schritte: Die Welle macht den Ton *

Ein Schallereignis entsteht bei der Übertragung von periodischen Druckunterschieden. Diese können als Wellenform auch sichtbar gemacht werden. Mit dem Programm Adobe Soundbooth können die Wellen sichtbar gemacht und untersucht werden.

Definition Ton

Ein Ton ist zunächst einmal einfach eine Schallwelle. Diese entsteht, wenn ein Medium, wie beispielsweise die Luft, in Schwingung versetzt wird. Diese Schwingungen wiederum sind kleinste Veränderungen im Luftdruck.

Vibration und Druckunterschiede

Die Quelle eines Tones ist immer ein mechanisch vibrierender Körper, sei es die Membran eines Lautsprechers, die Stimmbänder des menschlichen Kehlkopfes oder der Motor eines Automobils. Durch die Vibration des Körpers werden die dem Körper nächsten Luftmoleküle periodisch, also immer wieder, zusammengedrückt. Diese Moleküle geben den Druck weiter an die nächstliegenden Moleküle. So setzt sich der Schall als Druckunterschied weiter fort bis er beispielsweise unser Ohr erreicht.

Um die Wellenform eines einfachen Schallereignisses zu untersuchen, öffnen Sie zunächst in Soundbooth die Datei Audio 01.wav.

Adobe Soundbooth

Abb. 3.1-1 zeigt das Werkzeug Adobe Soundbooth mit der geöffneten Datei Audio 01. Rechts sehen Sie ein Fenster mit der Überschrift Editor: Audio 01.wav. Hierbei handelt es sich um den Editor, in dem Sie Ihre Audiodateien bearbeiten können. Zur Vereinfachung der Handhabung werden die Audiodateien visualisiert, also grafisch dargestellt. Die geladene Datei enthält einen lang gezogenen lauter werdenden Pfiff. Die Visualisierung zeigt die Wellenform der Daten. Sie können gut erkennen, wie die Wellenausschläge mit zunehmender Lautstärke größer werden. Unter der Visualisierung sehen Sie mittig eine Reihe von Schaltknöpfen. Die Symbolik der Knöpfe ist Ihnen von jedem CD-Spielgerät her bekannt: Vor, Zurück, Stopp, Abspielen, Endlosschleife, Aufnahme. Starten Sie die Datei und beobachten Sie, wie die Lautstärke des gespielten Tons mit dem Ausschlag der visualisierten Welle korrespondiert.

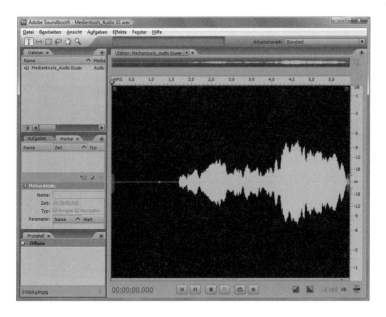

Abb. 3.1-1: Ansicht einer einfachen Welle in Adobe Soundbooth.

Um den Ton einmal genauer unter die Lupe zu nehmen, wählen Sie die Lupe. Unter dem Menü finden Sie die Werkzeugleiste mit verschiedenen Buttons. Wenn Sie diese Leiste nicht sehen, können Sie sie über Fenster – Werkzeuge aktivieren. Wählen Sie die Lupe an. Nun können Sie mit einfachen Klicks in der Visualisierung sukzessive detailliertere Ansichten anwählen. Abb. 3.1-2 zeigt die Detailansicht.

Beobachten Sie die kleine Visualisierung oberhalb der Darstellung, die Sie gerade verändern: Hier befindet sich die Überblicksdarstellung, die Ihnen den in der Detailansicht gezeigten Ausschnitt der Gesamtdatei anzeigt. Abb. 3.1-3 zeigt den Überblick genauer. Die gezeigten Elemente sind:

- **Reiter** Editor: Der Reiter gibt an, welche Datei Sie aktuell bearbeiten. Er gehört nicht zur Übersicht, sondern zum gesamten Fenster. Momentan erscheint nur ein Reiter. Wenn Sie mehrere Dateien geöffnet haben, können Sie hier zwischen ihnen hin- und herschalten.
- **Türkis**: Die Wellenform der gesamten Datei.
- **Blau**: Blau markiert den Teil der Audiodatei, der in der Detailansicht gerade gezeigt wird. Sie können die Größe

Die Welle

Der Überblick

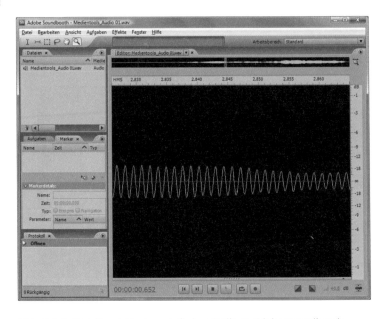

Abb. 3.1-2: Detailansicht einer einfachen Welle in Adobe Soundbooth.

des gezeigten Ausschnitts verändern, indem Sie die Seiten der blauen Markierung mit der Maus ziehen. Wenn Sie
mit der Maus in den blauen Bereich fassen, können Sie
ihn verschieben. Sie können mit der rechten Maustaste
auch einen völlig neuen Ausschnitt definieren.

■ **Rot**: Eine rote Linie markiert die Stelle in der Datei, die
gerade gespielt wird. Wenn Sie die Audiodatei gerade ge-
laden haben, ist die rote Linie kaum sichtbar am linken
Rand. Drücken Sie die Abspielen-Taste um die Bewegung
der Linie zu sehen.

■ **Button** `Voll verkleinern`: Rechts der Überblicksvisualisie-
rung sehen Sie einen Button mit einer Lupe und einem
Doppelpfeil. Drücken Sie auf diesen Button, um wieder
die komplette Datei anzuzeigen.

Abb. 3.1-3: Adobe Soundbooth: Übersichtsleiste.

3.2 Schallwellen: Physikalisches *

Die grundlegenden Eigenschaften von Wellen sind durch Größe und Häufigkeit ihres Ausschlags definiert. Bei Schallwellen wird die Größe des Ausschlags Amplitude genannt. Sie ist verantwortlich für die empfundene Lautstärke. Die Häufigkeit des Ausschlags wird Frequenz genannt und zeichnet für die Tonhöhe verantwortlich.

Sie haben inzwischen gesehen, dass Audiodateien Schallwellen kodieren und diese grafisch auch sichtbar gemacht werden können. Wie genau Schallwellen Töne transportieren wird nun betrachtet. Öffnen Sie nun die Datei Audio 02.wav. Sie hören zwei mit der Flöte gespielte Töne. Es handelt sich jeweils um das »C«, jedoch liegen die beiden Töne zwei Oktaven auseinander. Wenn Sie die Schallwelle untersuchen, werden Sie einen deutlichen Unterschied zwischen den beiden Tönen erkennen können.

Flötentöne

Betrachten Sie zunächst die gesamte Schallwelle: Sie erkennen drei Bereiche. In den ersten beiden Bereichen werden die beiden Töne mit einer kleinen Unterbrechung gespielt. Im dritten Bereich wird ohne Unterbrechung von einem Ton zum anderen übergegangen. Vergrößern Sie den Übergang (bei Sekunde 8.2–8.3) soweit wie in Abb. 3.2-1.

Aussehen einer Schallwelle

Sie können jetzt deutlich zwei Unterschiede erkennen, die den Wechsel der Töne markieren. Zum einen sind die Ausschläge der Wellen nach oben und unten nun deutlich größer: Der Ton ist lauter. Zum anderen sind es aber auch deutlich mehr Ausschläge: Der Ton erklingt höher. Sie können anhand der Visualisierung also klar Tonhöhe und Lautstärke eines Schallereignisses feststellen.

Tonhöhe und Lautstärke

Wie hängt das alles zusammen? Anhand der schematisierten Welle in Abb. 3.2-2 werden im Folgenden die einzelnen Bestandteile einer einfachen Schallwelle und ihre Wirkung betrachtet.

Eine **Schallwelle** ist eine Veränderung des Luftdrucks. Der normale Umgebungsluftdruck, in der Grafik als schwarze Nulllinie gekennzeichnet, wird abwechselnd erhöht und abgeschwächt. Dieser Wechsel wird als Ton wahrgenommen. Bei großen Wellen, wie sie z.B. bei tiefen Bässen auftreten, können Sie den Druckunterschied gar als Vibration spüren.

Luftdruck

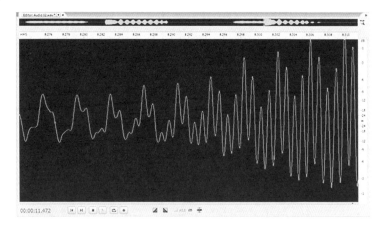

Abb. 3.2-1: Die Schallwellen einer Flöte.

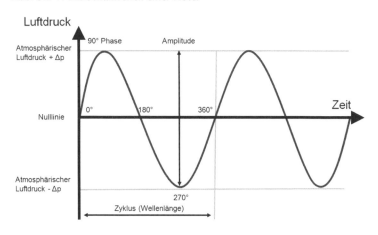

Abb. 3.2-2: Aufbau und Bezeichnungen einer Schallwelle.

Amplitude und Schalldruck

Die Ausschlaghöhe der Welle nach oben und unten wird **Amplitude** oder, da es sich ja eigentlich um Veränderungen des Luftdrucks handelt, Schalldruckpegel genannt. Sie beeinflusst die Wahrnehmung von Lautstärke. Je größer der Ausschlag ist, als desto lauter wird das Schallereignis empfunden. Der Schalldruckpegel wird in Dezibel (dB) gemessen. Dabei handelt es sich um ein logarithmisches Verhältnismaß. Das bedeutet in der Praxis, dass eine Erhöhung des

Schalldrucks um 10 dB eine Verdopplung der Lautstärke beschreibt.

Typische Schalldruckpegel sind:

Hörschwelle bei 2 kHz: 0 dB (Bei höheren Frequenzen kann die Hörschwelle bis auf -5 dB herunter gehen.)

Unterhaltung: 40–60 dB

PKW: 60–80 dB

Düsenjet: 120–150 dB

Rockkonzert: 120 dB

Gefährdung des Gehörs bei Dauerbelastung: ab 80–90 dB

Hörschädigung: 140 dB

Beispiel
Lautstärken

Zyklus bezeichnet eine komplette Folge von Druckänderungen beginnend bei der Nulllinie über eine Phase hohen Drucks und eine Phase niedrigen Drucks bis wieder hin zur Nulllinie. Unabhängig von der Messung an der Nulllinie können Sie auch von Wellenlänge sprechen. Diese beginnt an eine beliebigen Stelle der Welle, also zum Beispiel der Nulllinie oder dem Höhepunkt oder dem Tiefpunkt, und endet an eben dieser Stelle wieder. Die Wellenlänge wird in cm bzw. Meter gemessen.

Zyklus und
Wellenlänge

Je kürzer die Wellenlänge, desto höher die **Frequenz**. Sie bezeichnet die Häufigkeit der Zyklen und wird in **Hertz** gemessen. Hertz (Hz) gibt die Anzahl der Schwingungen pro Sekunde an. Ein Ton mit 440 Hz hat 440 Zyklen pro Sekunde. Je höher die Frequenz, als desto höher empfinden wir den entsprechenden Ton. 440 Hz entspricht übrigens dem Kammerton A.

Frequenz

Der Mensch nimmt Frequenzen von 20 Hz bis 20 kHz (= 20.000 Hz) wahr. Am besten hören wir Frequenzen im Bereich 300 Hz bis 4 kHz. Das ist der Bereich in dem sich auch die menschliche Sprache bewegt.

Hörbare
Frequenzen

Die Phase schließlich gibt die Position der Wellenform innerhalb eines Zyklus an. Sie wird in Grad gemessen. 0° entsprechen der Nulllinie als Ausgangspunkt, 90° dem Höhepunkt, 180° wieder der Nulllinie, 270° dem Tiefpunkt und 360° wieder der Nulllinie.

Phase

3.3   Digitalisierung *

Für die Arbeit am Computer werden Schallwellen digitalisiert. Dabei wird die kontinuierliche Wellenform in wert- und zeitdiskrete Signale transformiert. Die Genauigkeit der Diskretisierung hat Einfluss auf Qualität und Datenmenge.

Wenn Sie in Soundbooth die Welle mit der Lupe weit genug vergrößern, werden Sie einen seltsamen Effekt sehen. Wie in Abb. 3.3-1 deutlich wird, löst sich die Welle bei einer sehr detaillierten Darstellung auf, und es sind nur noch einzelne Punkte zu erkennen.

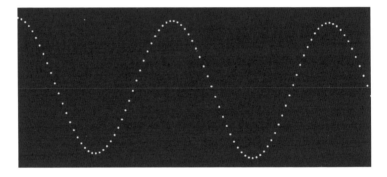

Abb. 3.3-1: Detailansicht einer digitalisierten Welle.

Abtastung   Diese Punkte sind die eigentlichen Daten der Audiodatei. Sie sind der Digitalisierung geschuldet. Im Unterschied zu analogen Datenträgern, wie der Schallplatte, können digitale Datenträger niemals die eigentliche Schallwelle erfassen, sondern immer nur zu bestimmten Zeitpunkten bestimmen, welche Ausprägung die Schallwelle gerade hat. Man spricht hier von abtasten. Die Punkte heißen **Abtastpunkte**. Die Art und Weise, wie das Signal abgetastet wird, ist ausschlaggebend für die Qualität der Audiodaten. Abb. 3.3-2 zeigt die prinzipielle Vorgehensweise bei der Digitalisierung.

Koninuier-   Bei der Digitalisierung wird ein analoges Signal, die Schall-
lichkeiten   welle, in ein digitales Signal umgewandelt. Analoge Signale werden auch als zeit- und wertkontinuierlich bezeichnet. Zeitkontinuierlich bezeichnet die Eigenschaft des Signals über den gesamten Zeitraum des Schallereignisses kontinuierlich vorhanden zu sein. Wertkontinuierlich bedeutet, dass

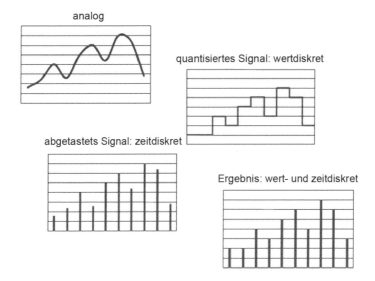

Abb. 3.3-2: Prozess der Digitalisierung.

die Ausschläge der Welle jede beliebige Größe annehmen können.

Bei der Digitalisierung geht es darum, diese beiden Kontinuitäten zu durchbrechen. Aus dem kontinuierlichen Signal wird ein diskretes: **Zeitdiskret** bedeutet, dass das Signal nur noch zu bestimmten Zeitpunkten abgetastet wird. **Wertdiskret** bedeutet, dass das Signal nur bestimmte vorgegebene Werte annehmen darf. Abb. 3.3-2 verdeutlicht die beiden Diskretisierungsschritte

Diskretisierung

Links oben sehen Sie das originale wert- und zeitkontinuierliche Ausgangssignal. Hierauf werden zwei Diskretisierungsschritte vorgenommen. Zunächst wird das Signal abgetastet, also zeitdiskretisiert. Unter dem Originalsignal sehen Sie das abgetastete wertkontinuierliche und zeitdiskrete Signal. Daneben wird die Anzahl der Werte reduziert, die ein Signal annehmen darf. Man spricht hier von Quantisierung. Aus der Wellenform wird eine Treppenform, es entsteht ein wertdiskretes und zeitkontinuierliches Signal. Generell gilt: Je weniger Treppenstufen ein Signal annehmen darf, desto kleiner wird seine Codierung. Allerdings verschlechtert sich auch die Qualität entsprechend.

Analogie
Bildverarbeitung

Sie kennen das Prinzip bereits aus der Bildverarbeitung. Dort können Sie die Datengrößen enorm reduzieren, indem Sie die Anzahl der möglichen Farben reduzieren. Die Codierung erfolgt über 1-Bit, 8-Bit, 16-Bit oder 24-Bit Farbtiefen. Genauso verhält es sich hier, nur dass Sie die möglichen Amplitudenwerte, also der Ausschläge der Welle, reduzieren. Analog zur Farbtiefe wird hier von Bittiefe gesprochen. Klassisch sind Tiefen von 8-Bit, mit denen Sie $2^8 = 256$ Werte, oder 16-Bit, mit denen Sie $2^{16} = 65.536$ Werte vergeben können.

Qualität

Werden beide Diskretisierungsschritte durchgeführt erhalten Sie ein wert- und zeitdiskretes digitales Signal. In Abb. 3.3-2 ist es unten rechts dargestellt. Dabei gilt für beide Formen der Diskretisierung: Je feiner, desto qualitativ hochwertiger und desto größer die entstehenden Daten.

Sampling-Theorem

Problem

Abb. 3.3-3 verdeutlicht ein Problem, das bei der Digitalisierung auftreten kann. In Bild a) sehen Sie eine klassische sehr einfache Welle. In Bild b) wird diese Welle in bestimmten Zeitintervallen abgetastet. Die Häufigkeit dieser Abtastungen nennt man Abtastrate. Gespeichert wird das digitale Abbild der Welle wie es in Bild c) zu sehen ist. Wenn Sie dieses Schallereignis nun wieder abspielen wollen, dann müssen Sie aus den digitalisierten Werten die Schallwelle wieder rekonstruieren. Eine solche Rekonstruktion könnte wie in Bild d) aussehen. Wie Sie leicht im Vergleich in Bild e) sehen können, hat das rekonstruierte Signal eine deutlich größere Wellenlänge als das Original. Es klingt tiefer. Die Rekonstruktion ist fehlerhaft.

Fehler

Wie aber kann verhindert werden, dass solch fehlerhafte Rekonstruktionen entstehen? Der Grund für die fehlerhafte Rekonstruktion liegt in einer mehrdeutigen Codierung. Sie entsteht aufgrund der zu geringen Abtastrate *(sampling-rate)*. Diese bewirkt, dass mit den digitalisierten Werten verschiedene Wellen rekonstruiert werden können.

Lösung

Diese Problematik zu verhindern ist sehr einfach: Die Abtastrate muss mehr als das Doppelte der abgetasteten Frequenz betragen. Bei einer Frequenz von 500 Hz muss die Abtastrate also mindestens 1001 Hz betragen. Da Sie in klas-

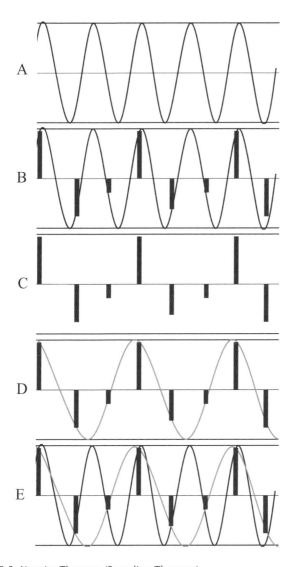

Abb. 3.3-3: Nyquist-Theorem (Sampling-Theorem).

sischen Schallereignissen verschiedene Frequenzen vorfin-
den, nehmen Sie immer die maximal erreichte Frequenz als
Ausgangspunkt. Hier wird vom **Sampling-Theorem** bzw.
Nyquist-Theoremgesprochen, benannt nach dem Physiker
Harry Nyquist (1889–1976):

$$f_a > 2 \cdot f_{max}$$

mit

f_a Abtastrate (auch: Abtastfrequenz)

f_{max} höchste im Signal enthaltene Frequenz

Beispiel Mensch

Der Mensch hört Töne zwischen 20 Hz und 20 kHz. Wie groß muss die Abtastrate sein, damit alle wahrnehmbaren Töne codiert werden können?

Die Antwort berechnet sich sehr einfach: Sie nehmen die höchste Frequenz und multiplizieren diese mit zwei. Die Abtastrate muss also größer als 40 kHz sein. Doch Vorsicht: die Angabe »mindestens 40 kHz« reicht noch nicht aus, die Frequenz muss **größer als** 40 kHz sein. Übrigens: Audio-CDs haben eine Abtastrate on 44.1 kHz.

Beispiel Telefon

Für das Telefon ist eine Abtastrate von nur 8 kHz üblich. Können Sie sich vorstellen, warum keine höhere Rate verwendet werden muss?

Die Antwort ist hier sehr pragmatisch: Die menschliche Sprache liegt zwischen 300 Hz und 4 kHz. Da ist eine Abtastrate von 8 kHz völlig ausreichend.

Datenmengen

Kanäle

Bei der Digitalisierung von Audio gilt es also zwei Parameter zu berücksichtigen: Die Häufigkeit der Abtastung, genannt Abtastrate, und die Genauigkeit der Abtastung, die Bitrate. Eine bislang vernachlässigte Größe ist die Anzahl der verwendeten Kanäle. Diese geben an, wie oft das Signal parallel aufgenommen wird. Klassische Einstellungen sind 1-Kanal für Monoaufnahmen und 2-Kanal für Stereoaufnahmen. Es können aber durchaus noch mehr Kanäle für qualitativ hochwertige Soundsysteme aufgenommen werden.

Klassische Beispiele für Audioqualitäten sind in Tab. 3.3-1 dargestellt.

Die Berechnung der Dateigröße F erfolgt einfach über die Multiplikation dieser Parameter.

$$F = s \cdot b \cdot t \cdot c$$

Bezeichnung	Abtastrate	Bittiefe	Kanäle
Telefon	8 kHz	8 Bit	1
LQ – Audio	11 kHz	8 Bit	1
Audio CD	44.1 kHz	16 Bit	2
Audio DVD	96 kHz	24 Bit	2
Audio HD DVD	192 kHz	24 Bit	2
Audio HD DVD	96 kHz	24 Bit	8

Tab. 3.3-1: Typische Parameter zur Digitalisierung.

mit
F Dateigröße *(file size)*
s Abtastrate *(sampling rate)* in Hz
b Bittiefe in Bit
t Zeit in Sekunden (da auch die Abtastrate auf Sekunden basiert)
c Anzahl der Kanäle (Mono: c=1; Stereo: c=2)

Ein 3:30 minütiges Schallereignis wird für eine Audio-CD digitalisiert. Wie aus Tab. 3.3-1 ersichtlich, beträgt die Abtastrate 44.1 kHz, die Bitttiefe 16 Bit, und zwei Kanäle stehen zur Verfügung. Die Berechnung lautet also:

$$F = 44.100\,Hz \cdot 16\,Bit \cdot 210sek \cdot 2 = 296.352.000\,Bit$$

Die Dateigröße beträgt also 296.352.000 Bit bzw. 35,33 MB.

Beispiel

Auf eine klassische Audio-CD passen 747 MB Daten. (Üblich ist hier die Angabe 650 MB. Dies entspricht den verfügbaren Daten einer Daten-CD gleichen Kalibers. Hier sind allerdings in der Datenspeicherung Redundanzen wie Prüfsummen eingebaut, die bei Audio-CDs entfallen.) Wie lange darf eine Aufnahme maximal sein, um auf einer CD unterzukommen?

Beispiel
Audio-CD

Zunächst muss die obige Formel zum Zeitpunkt t hin aufgelöst werden. Dazu werden s, b und c durch Division auf die andere Seite des Gleichheitszeichens gebracht:

$$t = \frac{F}{s \cdot b \cdot c}$$

Nun können Sie die bekannten Parameter einsetzen:

$$t = \frac{747\,MB}{44.100\,Hz \cdot 16\,Bit \cdot 2}$$

Hier muss man nicht nur den Nenner ausrechnen, sondern auch die MB und Bit-Angaben vereinheitlichen. Dazu muss man wissen, dass ein MB aus 1024 KB besteht und ein KB aus 1024 Byte und ein Byte aus 8 Bit. 747 MB sind also 747*1024*1024*8 Bit. Dann sieht die Rechnung wie folgt aus:

$$t = \frac{6.266.290.176\,Bit}{1.411.200\,Bit/sek}$$

$$t = 4.440\,sek$$

Das entspricht ca. 74 Minuten. Übrigens: Die Legende berichtet, dass der Vizepräsident von Sony, Norio Ohga, diese Länge festgelegt haben soll, damit die neunte Sinfonie von Ludwig van Beethoven vollständig auf die CD passt.

Aufnehmen mit Adobe Soundbooth

Adobe Soundbooth erlaubt es Ihnen, eigene Daten zu digitalisieren. Klicken Sie dazu auf Datei - Aufnehmen... Es erscheint eine Dialogbox, in der Sie Einstellungen vornehmen können. Abb. 3.3-4 verdeutlicht die Möglichkeiten.

Einstellungen   Zunächst einmal können Sie in der Rubrik Eingang die eigentliche Digitalisierung genauer bestimmen. Die Eigenschaften Gerät und Anschluss zeigen die Konfiguration Ihres Rechners. Bei Standard-PCs werden Sie hier keine Wahlmöglichkeit haben. Sie können allerdings die Abtastrate zwischen 11025 Hz und 96 kHz selbst bestimmen. Die Bitrate entspricht den Vorgaben Ihrer Soundkarte. In der Regel werden das 16 Bit sein.

Speichern   Soundbooth speichert die Datei automatisch im Wave-Format. Was das genau bedeutet, erfahren Sie im Kapitel »Dateiformate«, S. 80. An dieser Stelle müssen Sie den Dateinamen angeben und die Art wie er für die automatische Aufnahme individualisiert werden soll. Hier ist als Name Klangbeispiel_ und als Individualisierungstyp die Nummernerhöhung definiert. Die entstehenden Dateinamen lauten also: Klangbeispiel_1, Klangbeispiel_2, Klangbeispiel_3, etc. Als Speicherort ist hier C:\Users\Public ausgewählt. Sie können über den Button Durchsuchen... einen eigenen Speicherort bestimmen.

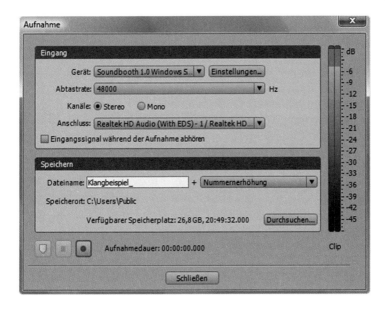

Abb. 3.3-4: Aufnehmen mit Adobe Soundbooth.

Auf der rechten Seite sehen Sie den Pegel der **Aussteue-** Aussteuerung
rung. Hier können Sie feststellen, ob Ihr Audiosignal zu laut
oder zu leise für eine geeignete Aufnahme ist. Ideal sind Signale mit einem Spitzenausschlag knapp im gelben Bereich.
Im roten Bereich beginnt die Aufnahme zu dröhnen und im
unteren grünen Bereich wird die Aufnahme zu leise. Über
den Aufnahme-Button starten Sie die Aufnahme. Sobald Sie
die Aufnahme mit dem Stopp-Button beenden, wird sie gespeichert und steht Ihnen gleichzeitig zur Bearbeitung in
Soundbooth zu Verfügung.

3.4 Töne und Klänge **

**Einfache Töne sind eher synthetische Schallereignisse. In
realen Umgebungen kommen komplexe Klänge vor. Sie
ermöglichen beispielsweise die Unterscheidung einzelner
Musikinstrumente, die den gleichen Ton spielen.**

Bislang wurde von Tönen gesprochen. Im Beispiel waren ein-   Komplexe
fache Sinuswellen zu sehen, die digitalisiert wurden. Die   Schall-
Realität sieht etwas komplexer aus: Hier gibt es keine Tö-   ereignissen

ne in Form von Sinuswellen. Da Schall immer von Körpern emittiert wird, wird das Schallereignis bereits beim Entstehen durch die Eigenschwingungen des Körpers überlagert. Es treten immer komplexe Wellen auf, die verschiedene Frequenzen transportieren. Diese werden Klang genannt. Der Klang unterscheidet das Klavier von der Flöte. Auch wenn beide Instrumente den gleichen Ton spielen, hören Sie einen deutlichen Unterschied.

Beispiel

Sie können diese Unterschiede sichtbar machen. Öffnen Sie die Datei Audio 03.wav in Soundbooth und hören Sie sie an. Es wird fünfmal der Ton C^1 gespielt. Dieser entspricht einer Frequenz von 528 Hz. Dennoch klingt der Ton jedesmal anders, denn er wird von unterschiedlichen Instrumenten gespielt, und zwar als synthetischer Klang *(Keyboard Voice Square Lead)*, von einer Querflöte, von einer Trompete, von einer Kirchenorgel und von einem Klavier. Um die Unterschiede der Klänge sehen zu können, öffnen Sie im Menüpunkt Ansicht die Spektralfrequenzanzeige wie in Abb. 3.4-1.

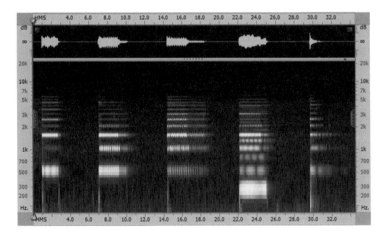

Abb. 3.4-1: Spektralanalyse eines Tones mit verschiedenen Klängen: synthetischer Klang, Querflöte, Trompete, Kirchenorgel und Klavier.

Die Spektralfrequenzanzeige visualisiert die tatsächlich gespielten Frequenzen. Wie bereits bei der Wellenform bleibt die Darstellung der Zeit entlang der X-Achse. Entlang der

Y-Achse sehen Sie die Einteilung der Frequenzen bis zu 20 khz, also im für Menschen wahrnehmbaren Bereich. Sie sehen deutlich, dass keines der Instrumente einen reinen Ton, also exakt eine Frequenz von 528 Hz spielt.

Tatsächlich entsteht ein Muster: In regelmäßigen Abständen scheint sich die eigentliche Frequenz zu wiederholen. In der Tat schwingt jeder Klangkörper ein Vielfaches der gespielten Frequenz mit. In diesem Fall entstehen daher neben der Grundschwingung von 528 Hz zusätzliche Schwingungen bei 1056 Hz, 1584 Hz, 2112 Hz, 2640 Hz und so weiter.

Zusätzlicher Schall

In der Musik spricht man von Grundton und **Obertönen**. Es ist leicht zu sehen, dass die Schwingungsverhältnisse von Instrument zu Instrument stark variieren. Unterschiede in den Schwingungen, die den Klang konstituieren, sind:

Obertöne und Klangfarbe

- **Anzahl der Obertöne**: Stimmgabeln sind die Klangkörper, die der reinen Sinuswelle am nächsten kommen und fast keine Obertöne produzieren. Streichinstrumente hingegen haben eine sehr reichhaltige Obertonreihe.
- **Verhältnis der Obertöne**: Es gibt starke Intensitätsunterschiede zwischen den einzelnen Obertönen.
- **Dauer**: Es ist in der Darstellung deutlich zu erkennen, dass manche Obertöne solange erklingen, wie der Grundton schwingt. Andere Obertöne verhallen schneller.
- **Ein- und Ausschwingzeiten**: Die Obertöne sind nicht zeitgleich mit dem Grundton da und verschwinden gleichzeitig wieder mit ihm. Jeder einzelne Oberton muss erst aufgebaut werden. Die Dauer dieses Aufbaus wird als Einschwingzeit bezeichnet. Schwingungen hören auch nicht abrupt auf, sondern müssen wieder abklingen. Diese Dauer wird mit Ausschwingzeit bezeichnet. Die Zeiten liegen jeweils im Millisekundenbereich.

Wie stark die Obertöne den Klang beeinflussen können Sie leicht feststellen, wenn Sie die Obertöne einfach entfernen. Dazu aktivieren Sie in der Werkzeugleiste das Frequenz-Auswahlwerkzeug. Klicken Sie nun direkt in den Editor und ziehen Sie wie in Abb. 3.4-2 eine Auswahl auf, die alle Frequenzen oberhalb von 600 Hz umfasst. Nun gibt es zwei Möglichkeiten, die Obertöne zu entfernen: Löschen Sie die Auswahl einfach über Bearbeiten - Löschen oder die Taste Entf bzw. Del.

Einfluss der Obertöne

Auswahlwerkzeug

Popup-Blase

Der etwas elegantere Weg geht über die Popup-Blase, die zur Einstellung der Lautstärke verwendet werden kann. Klicken Sie einfach mit der Maus auf die blauen Ziffern und ziehen Sie die Blase nach links, um die Laustärke zu senken. Die blauen Ziffern geben an, wie stark der Schalldruckpegel gegenüber dem Ausgangssignal gesenkt wird.

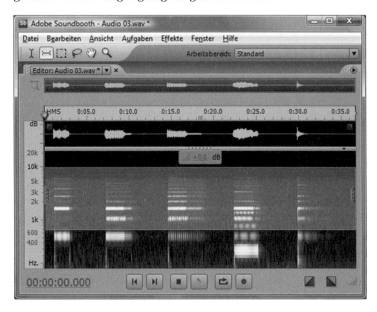

Abb. 3.4-2: Manuell reduzierte Klangspektren.

Wenn Sie die Obertöne gelöscht haben, lassen Sie die Töne nochmals abspielen. Zum Vergleich können Sie die Löschung über Strg + z leicht wieder rückgängig machen. Sie werden erkennen, dass die Klangvielfallt der fünf Instrumente jetzt einem nahezu identischen Ton gewichen ist.

3.5 Dateiformate **

Für unterschiedliche Anwendungszwecke existieren auch unterschiedliche Dateiformate, die in Qualität und Streamingfähigkeit auf den jeweiligen Anwendungszusammenhang hin optimiert sind. MP3 und WAV bilden dabei die wohl bekanntesten und gleichzeitig zeigen sie auch deutlich, wie unterschiedlich die Codierung vorgenommen werden kann.

Es gibt für Audiodaten zahlreiche Dateiformate. Dies liegt zum einen an den zahlreichen Möglichkeiten der Digitalisierung, zum anderen aber auch daran, dass die verschiedenen Einsatzbereiche und Anforderungen völlig unterschiedliche Dateiformate erzwingen. Die Menge ist definitiv zu groß als dass hier eine vollständige Übersicht gegeben werden könnte. In diesem Kapitel werden daher zwei Formate, die Sie wahrscheinlich bereits vom Namen her kennen, vorgestellt: Wave und MP3.

Beide Formate unterscheiden sich sehr stark voneinander. Wave ist als Austauschformat konzipiert, d. h. das Audiosignal wird vollständig rekonstruierbar codiert. Die Dateien werden immer als Ganzes weitergegeben und können zur Weiterverarbeitung genutzt werden. MP3 geht einen ganz anderen Weg: Es legt höchsten Wert auf eine große Kompression. Dafür verzichtet es auf große Anteile des Ausgangssignals. Sie werden einfach weggeworfen. Aufgrund der resultierenden hohen Kompression und auch der Dateistruktur eignet es sich zum Streaming im Internet. Eine Weiterverarbeitung einer MP3-Datei ist aber aus Qualitätsgründen wenig sinnvoll. Was diese Unterschiede im Einzelnen bedeuten, soll im Folgenden dargestellt werden.

Ein klassisches Format mit sehr guter Qualität ist Wave:

▨ »Wave (.wav)«, S. 81

MP3 ist deutlich kleiner:

▨ »MP3«, S. 85

3.5.1 Wave (.wav) **

Das Dateiformat für Wave-Dateien codiert die Schallwellen nach der *Pulse Code Modulation*. So kann fast die vollständige Information erhalten bleiben. Das Dateiformat eignet sich nicht für das Streaming und führt auch zu sehr großen Dateien.

Wave-Dateien mit der Extension .wav wurden bereits in den 1980er Jahren von Microsoft gemeinsam mit IBM definiert. Gespeichert wird die digitale Kopie des Schalldrucks wie sie bereits im Kapitel »Digitalisierung«, S. 70, besprochen wurden. Die Daten werden dabei verlustfrei digitalisiert. Entsprechend sind die entstehenden Dateien sehr groß und qualitativ sehr hochwertig. Das vollständige Verfahren zur Digitalisierung nennt sich *Pulse Code Modulation* (PCM). Da es auch in anderen Einsatzbereichen verwendet wird, soll hier etwas genauer darauf eingegangen werden.

Codierung: *Pulse Code Modulation* (PCM)

Pulse Code Modulation (PCM)

Die **PCM (Pulse Code Modulation)** (PCM) ist das klassische Verfahren zur Digitalisierung von Audiodaten. Die PCM basiert auf den oben beschriebenen Schritten der Digitalisierung und wandelt das Ergebnis in ein Signal aus Einsen und Nullen um. Abb. 3.5-1 zeigt, wie die Amplitudenwerte in ein 3-Bit-Signal umgewandelt werden. In diesem Beispiel wird jeder Quantisierungsstufe eine 3-Bit-Folge zugewiesen. Die Abtastung erhält den Wert der Quantisierungsstufe, die der Amplitude entspricht. Die erste Abtastung in Abb. 3.5-1 erreicht die zweite Stufe. Diese weist der Abtastung den Wert 001 zu. Die zweite Abtastung erreicht die dritte Stufe und erhält den Wert 010. Der entstandene Code aus Nullen und Einsen lässt sich anschließend einfach als digitales Signal weiterverarbeiten und transportieren.

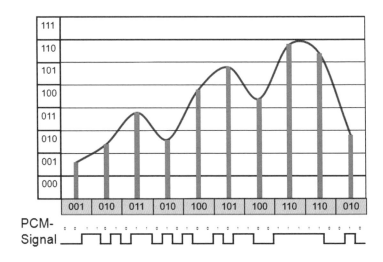

Abb. 3.5-1: Schematische Darstellung der PCM: *Pulse Code Modulation.*

Die PCM ist die grundlegende Methode für Techniken zur Audioübertragung in digitalen Netzen. PCM gibt es inzwischen in verschiedenen Varianten. Die bisher besprochene Variante wird auch lineare PCM genannt. Sie zeichnet sich durch gleiche (lineare) Quantisierungsschritte aus. Sie wird zur Fernsehübertragung bei der europäischen Fernsehnorm PAL und dem amerikanischen Pendant NTSC eingesetzt. Als PCM 1630 ist sie der Standard für Audio-CDs. Als Standard G.711 legte die Internationale Fernmeldeunion **ITU (International Telecommunication Union)** 1988 die Parameter für die Digitalisierung von Sprache für die Festnetztelefonie fest. Einsatzbeispiel ist ISDN, aber auch einige *Voice-over-IP*-Lösungen. G.711 digitalisiert mit einer Samplerate von 8 kHz und einer Bittiefe von 8 Bit Sprachfrequenzen von 300 bis 3.400 Hz.

Lineare PCM: TV-Übertragungen

Eine fortgeschrittenere Variante ist die *Differential Pulse Code Modulation* (DPCM). Sie macht sich zunutze, dass es meist nur geringe Änderungen zwischen den Abtastwerten einer Welle gibt. Geringfügige Änderungen lassen sich gut mit weniger Speicheraufwand codieren. Die DPCM verzichtet daher auf die Codierung der eigentlichen Abtastwerte und codiert nur die Veränderung eines Abtastwertes zu seinem Vorgänger.

DPCM

Die ADPCM *(Adaptive DPCM)* ist eine vorausschauende Variante der DPCM. Sie schätzt auf der Basis der bisherigen Abtastwerte den aktuellen Wert und codiert den eigenen Irrtum, d. h. den Unterschied zwischen der Schätzung und dem tatsächlichen Wert. Ferner nutzt sie unterschiedlich viele Bits zur Codierung in Abhängigkeit von der Größe des Unterschieds. Die ADPCM ist eine deutlich bessere Codierung als die DPCM.

ADPCM

Dateistruktur

Eine Wave-Datei besteht im Wesentlichen aus zwei Datenblöcken, sogenannten *Chunks*. Ein Block definiert die Codierung der Daten und der zweite Bock enthält die eigentlichen Daten. Zunächst jedoch muss sich eine Wave-Datei erst einmal als solche identifizieren. Dies geschieht im Dateikopf *(header)*. Dieser besteht aus insgesamt drei Einträgen, von denen zwei die Codewörter RIFF und WAVE als Text enthal-

Datenblöcke: Chunks

ten. RIFF *(resource interchange format)* ist ein allgemeines Format zur Speicherung von Multimedia-Daten für Windows. Wave setzt auf RIFF auf. Als drittes Element des *header* steht die Dateilänge. Tab. 3.5-1 verdeutlicht den Aufbau des Dateikopfes.

Länge	Inhalt
4 Byte	Codewort »RIFF«
4 Byte	Dateilänge in Byte
4 Byte	Codewort »WAVE«

Tab. 3.5-1: Datei-Kopf (*header*) einer Wave-Datei

Formatblock Der anschließende Formatblock wird in Tab. 3.5-2 gezeigt. Er beginnt mit dem Codewort »fmt«. Beachten Sie das Leerzeichen am Ende des Codeworts. Die Informationen werden immer mit zwei oder vier Byte gespeichert, was zwei bzw. vier Buchstaben entspricht. Daher muss dem Codewort hier das Leerzeichen als vierter Buchstabe hinzugefügt werden. Es folgt die Angabe über die Länge des Blocks. Wird die klassische lineare PCM verwendet, ist die Länge 16 Bit. Das Format der Digitalisierung ist hier mit 1 angegeben, was für eine lineare PCM steht. Eine andere Zahl würde auf irgendeine Form der Kompression schließen lassen. Anschließend stehen Informationen über die Digitalisierung: Kanäle und Samplerate. Es folgt eine Angabe für die in der Netzwerkübertragung benötigte minimale Bandbreite in Bytes pro Sekunde. Werden zwei Kanäle digitalisiert, dann entstehen an jedem Abtastpunkt zwei *Samples*. Diese werden gemeinsam in einen *Sample*-Block (manchmal auch *Sample Frame* genannt) verpackt. Die Größe dieses *Sample*-Blocks wird ebenfalls angegeben. Der Formatblock endet mit der Angabe der Abtastrate.

Länge	Inhalt
4 Byte	Codewort »fmt«
4 Byte	Länge des Format-Chunks (16 Bit bei PCM)
2 Byte	Format Tag »1« = PCM
2 Byte	Kanäle: »1« = Mono; »2« = Stereo

Länge	Inhalt
4 Byte	Samplerate in Hz
4 Byte	Bandbreite für Übertragung in Bytes / Sekunde
2 Byte	Sample-Block: Kanäle * Bits pro Sample / 8
2 Byte	Bits / Sample: 8, 16 etc.

Tab. 3.5-2: Formatblock (*format chunk*) einer Wave-Datei.

Der Datenblock ist deutlich einfacher, allerdings auch deutlich größer. Er beginnt mit dem Codewort data und einer Angabe zu seiner Länge. Anschließend folgt die Codierung des eigentlichen Audiostroms. Tab. 3.5-3 zeigt den Aufbau.

Datenblock

Länge	Inhalt
4 Byte	Codewort »data«
4 Byte	Länge des Datenblocks
? Byte	Sample-Daten

Tab. 3.5-3: Datenblock (*data chunk*) einer Wave-Datei.

Neben dem Formatblock und dem Datenblock kann eine Wave-Datei noch eine Reihe weiterer Blöcke beinhalten wie beispielsweise den *fact chunk*, der Informationen über eventuell verwendete Kompressionsverfahren enthält, oder den *list chunk*, der Informationen zum Copyright aufnimmt. Diese Blöcke sind hier außen vorgelassen.

Weitere Blöcke

3.5.2 MP3 **

MP3 nutzt ein verlustbehaftetes Kompressionsverfahren, um eine sehr hohe Datenreduktion zu realisieren. Damit die Verluste nicht hörbar sind, wird ein ausgefeiltes akustisches Modell eingesetzt.

Das heute wohl populärste Audioformat ist **MP3**. Es handelt sich dabei um ein Verfahren zur Audiokompression, welches von der *Moving Picture Experts Group* **MPEG** für audiovisuelle Medien definiert wurde. Es ist Teil der Videostandards MPEG-1 und MPEG-2. Die vollständige Bezeichnung ist MPEG

MP3 und MPEG

Audio Layer III. Ursprünglich wurde also für den ein Video begleitenden Audiostrom konzipiert, es hat sich aber längst verselbständigt.

MP3 Das Kürzel »MP« steht dabei für *Moving Picture*. Die »3« bezeichnet den sogenannten *Layer*. MPEG definiert drei *Layer*, die sich in Qualität und Kompression voneinander unterscheiden. *Layer III* ist den beiden anderen *Layer* hier deutlich überlegen, aber auch technisch aufwändiger. Eine vereinfachte Funktionsweise der MPEG-Audio-Kodierung zeigt Abb. 3.5-2.

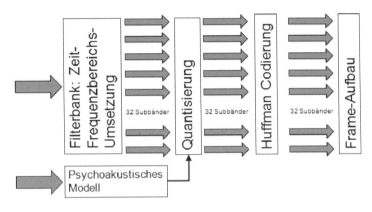

Abb. 3.5-2: Schematische Darstellung der Funktionsweise der MP3-Codierung.

32 Subbänder Das eingehende Audiosignal wird mit Hilfe einer Filterbank in 32 Subbänder unterteilt. Das komplette Frequenzspektrum wird also in 32 verschiedene Spektren unterteilt. Diese einzelnen Subbänder werden im Folgenden separat codiert. Der Vorteil dieser Vorgehensweise liegt darin, dass Subbänder in Frequenzbereichen, die sowieso nur schlecht gehört werden, qualitativ auch nur mäßig codiert werden müssen. Qualitativ schlechter heißt immer auch mit weniger Speicherplatz verbunden.

Kompression Welche Frequenzen weniger aufwändig codiert werden können, wird im psychoakustischen Modell beschrieben. Dabei handelt es sich um eine Beschreibung der menschlichen Audio-Wahrnehmung. Es nimmt direkten Einfluss auf die Quantisierung der einzelnen Subbänder. Anschließend werden die Subbänder entropiecodiert. Unter Entropiecodierung versteht man ein Verfahren, welches ein Signal so komprimiert, dass kein Informationsverlust entsteht, das ursprüngliche Signal also vollständig rekonstruiert werden kann. Hierbei handelt es sich um die Huffman-Codierung, welche auch im Grafikbereich im GIF-Format verwendet wird.

Im Fall von MPEG Audio erfolgt die verlustfreie Codierung nach dem verlustbehafteten Eingriff des psychoakustischen Modells. Es kann also nur das quantisierte Signal der 32 Teilbänder vollständig rekonstruiert werden, nicht aber das ursprüngliche Ausgangssignal. Das unterscheidet MP3 von Wave, welches das vollständige Ausgangssignal verlustfrei rekonstruieren kann. Den Abschluss bildet der Aufbau des Bitstreams in Form von *Frames*.

MP3 erreicht wesentlich kleinere Dateigrößen als Wave-Dateien, selbst wenn diese noch mit Kompressionen versehen werden. Der Clou liegt darin, dass MP3 nur das codiert, was für den Menschen wahrnehmbar ist. Frequenzen, die jenseits der bewussten Wahrnehmung liegen, werden einfach verworfen. Und das sind gar nicht so wenige. Das psychoakustische Modell liefert nach der Aufteilung des Ausgangssignals in die Subbänder dem Encoder Informationen, wie genau mit den einzelnen Subbändern zu verfahren ist. Doch welche Frequenzen sind eigentlich betroffen?

Vergleich mit Wave

Psychoakustik

Um die Phänomene der Psychoakustik genauer definieren zu können, müssen zunächst drei zentrale Begriffen und ihr Zusammenspiel erläutert werden: Reiz *(stimulus)* – Empfindung *(sensation)* – Wahrnehmung *(perception)*.

Mit Reiz wird die physikalische Erregung eines Sinnesorganes bezeichnet. Diese Erregung ist spezifisch auf die einzelnen Sinnesorgane ausgerichtet. So reagiert das Auge auf Lichtreize und das Ohr auf Schall. Die Haut wiederum reagiert auf Berührung mit anderen Körpern. In jedem Fall muss der Reiz eine gewisse Stärke haben, um eine Reaktion auszulösen. Man spricht hier von der Reizschwelle *(stimulus threshold)*, die überschritten werden muss.

Reiz

Die Empfindung ist der Prozess, der durch den Reiz ausgelöst wird. Die Sensoren des Körpers wandeln den Reiz in

Empfindung

elektrische Signale um, die über die Nerven an das Gehirn weitergeleitet werden.

Wahrnehmung Am Ende steht die Wahrnehmung, d. h. dass bewusste Erkennen der realen Umwelt. Wahrnehmung ist immer auch bereits Interpretation des Signals.

Beispiel Empfindung und Wahrnehmung Stellen Sie sich einmal vor, Sie betrachten eine grüne Wiese in der Mittagssonne im Sommer. Es wird hier ein starker Reiz durch eine bestimmte Wellenlänge des Lichtes ausgeübt. Um Mitternacht wäre dieser Reiz nicht ganz verschwunden, aber so schwach, dass er Ihr Auge nicht mehr stimulieren kann: Sie sehen schwarz wo eigentlich eine grüne Wiese ist. Mittags aber empfängt das Auge einen starken Reiz und wandelt ihn in ein klares Signal um.

In der Mittagssonne ist der Reiz sehr stark und ähnlich stark ist auch das Empfinden des Reizes: Das Auge wird geblendet und schmerzt. Um der Blendung zu entgehen schließt sich die Pupille des Auges und lässt weniger Licht durch. Der Reiz und seine Empfindung werden abgemildert. Bis hierher reicht die Empfindung aus. Erreichen die Signale das Gehirn beginnt der interpretatorische Teil: Die Lichtwellen, die das Auge erreichen, werden analysiert und einer Farbe zugeordnet. Die Farbe gilt als Wahrnehmung. Mehr als Interpretation ist sie auch nicht, denn in der Natur existieren keine Farben, sondern nur unterschiedliche Wellenlängen.

Hören Ähnlich funktioniert es nicht nur beim Sehen, sondern auch beim Hören. Auch hier existiert eine Reizschwelle, die überschritten werden muss, bevor das Ohr die Signale empfindet. Und auch hier existiert eine Schwelle, jenseits der Schmerzen empfunden werden. Abb. 3.5-3 zeigt, wo diese beiden Schwellen liegen. Die untere Linie gibt die Ruhehörschwelle an. Jedes Schallereignis, das leiser ist als diese Schwelle, wird vom menschlichen Gehör nicht registriert. Interessant an der Linie ist ihre Formgebung: offensichtlich ist die Wahrnehmung im mittleren Frequenzbereich von 0.5 bis 5 kHz besonders gut. Die Erklärung dafür finden Sie im blauen Bereich in der Mitte der Abbildung. Besonders gut wird in dem Frequenzbereich gehört, in dem auch die menschliche Sprache liegt. Die Evolution lässt grüßen.

Im Bereich von 120 bis 130 dB befindet sich die Schmerz-
grenze. Hier werden die Rezeptoren des Ohres so stark beansprucht, dass sie uns schmerzen und Gefahr laufen, dauerhaft geschädigt zu werden.

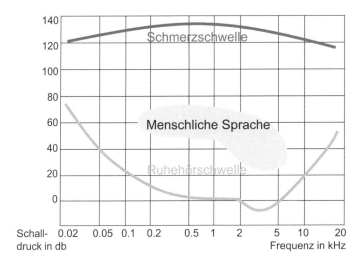

Abb. 3.5-3: Bereich der Warnehmung akustischer Informationen.

Nun wissen Sie, welche Frequenzen und ihre Lautstärke vom
menschlichen Hörsinn besser und welche schlechter bis gar
nicht wahrgenommen werden. Mit diesem Wissen können
Sie nun bei der Codierung darauf achten, dass die gut wahrnehmbaren Frequenzen genauer codiert werden als die übrigen.

Diesen Umstand machen sich auch die Hersteller von Ste-
reoanlagen zunutze. Sehr tiefe Bassfrequenzen beispielsweise werden vom Menschen sehr schlecht gehört. Sie
sind vom menschlichen Gehör nicht zu lokalisieren. Weshalb auch aufwändige *Surround*-Systeme für die Bässe
einen einzigen *Subwoofer* verwenden, der in irgendeiner
Ecke des Raums untergebracht werden kann.

Aber selbst in den gut hörbaren Bereichen gibt es häufig
Frequenzen, die bei der Codierung vernachlässigt werden
können. Ein Beispiel dafür bildet das Phänomen der **Maskierung**, wie es in Abb. 3.5-4 dargestellt ist. Entlang der X-

Achse sind die zu einem bestimmten Zeitpunkt abgetasteten Frequenzen gezeigt. Entlang der Z-Achse sind die Werte weiterer Abtastzeitpunkte angezeigt. Die senkrechten durchgezogenen und gepunkteten Linien zeigen die Amplitude, also die Lautstärke der jeweiligen Frequenz an. Das Phänomen der Maskierung ist anhand der gewellten Linien veranschaulicht: Sie spannen ein Art akustisches Zeltdach auf. Alle Frequenzen, die es nicht schaffen, dieses Dach zu durchbrechen, werden nicht wahrgenommen.

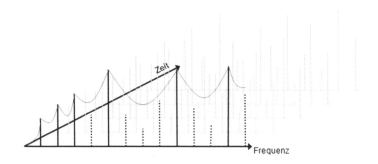

Abb. 3.5-4: Schematische Darstellung des Maskierungseffekts.

Beispiel
Düsenjäger
Sie können sich das leicht veranschaulichen, wenn Sie an den Überflug eines Düsenjägers denken. Dieser ist so laut, dass sie kein Gespräch mehr führen können, egal wie laut Sie selbst auch schreien. Das Schallereignis des Düsentriebwerkes spannt ein akustisches Dach über die gesamte Breite unserer Wahrnehmung auf.

Arten von
Maskierung
Es gibt verschiedene Sorten der Maskierung:

1   **Frequenzmaskierung**: Hierbei handelt es sich um die oben beschriebene Maskierung. Laute Frequenzen überlagern benachbarte leisere Frequenzen.

2   **Zeitliche Vorwärtsmaskierung**: Der Effekt der Maskierung ist nicht auf die Dimensionen Frequenz und Schalldruck beschränkt, sondern wird auch von der zeitlichen Dimension beeinflusst. Laute Frequenzen wirken sich nicht nur zum Zeitpunkt ihres Auftretens auf die benachbarten Frequenzen aus, sondern auch noch verzö-

gert. Bis zu 200 Millisekunden später kann diese Maskierung nachfolgende Schallereignisse übertönen.

3 **Zeitliche Rückwärtsmaskierung**: Der Effekt funktioniert auch umgekehrt, was zunächst merkwürdig erscheinen mag. Plötzlich auftretende starke Reize werden vom Menschen schneller verarbeitet als gleichförmige unspektakuläre Reize. Der Wahrnehmungsapparat schaltet auf Alarm um und räumt den plötzlichen Reizen eine Art Überholspur ein. So kann es vorkommen, dass ein starker Reiz bis zu 20 Millisekunden schneller verarbeitet ist, als ein schwacher Reiz. Im zeitlichen Ablauf überholt der starke Reiz den schwachen. Für die Maskierung bedeutet das, dass bestimmte Schallereignisse andere maskieren können, auch wenn diese bis zu 20 Millisekunden vorher stattgefunden haben.

MP3, also MPEG Audio Layer III, nutzt übrigens alle drei Varianten der Maskierung, während Layer I & II nur die Frequenzmaskierung verwenden.

MP3

Mit der zeitlichen Dimension beschäftigt sich auch das Weber'sche Gesetz. Ernst Heinrich Weber (1795- 1878) erforschte 1834 den eben merklichen Unterschied **EMU** (*just noticeable difference* – JND) zwischen zwei Reizen, d. h. die Frage wie stark sich ein Reiz verändern muss, damit der Unterschied vom Menschen wahrgenommen wird.

E. H. Weber

Betrachten Sie einmal verschieden lange Linien: Um wie viel muss die eine Linie länger sein als die andere, damit man sieht, dass sie unterschiedlich lang sind? Das Ergebnis dieser Frage ist verblüffend, wie Abb. 3.5-5 veranschaulicht.

Beispiel

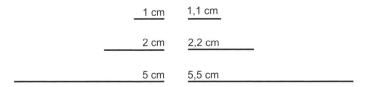

1 cm   1,1 cm

2 cm   2,2 cm

5 cm   5,5 cm

Abb. 3.5-5: Beispielgrafik zum Weber'schen Gesetz.

Links sind verschieden lange Linien dargestellt. Rechts sieht man etwas längere Linien. Sie sind genau um so viel länger, dass ein Unterschied zu den linken Linien gerade noch erkennbar ist. Interessant ist, dass die Veränderung absolut gesehen größer sein muss, je länger die Linien sind. Relativ gesehen bleibt die mindestens notwendige Veränderung konstant bei 10 Prozent.

Webers Experimente

Weber führte verschiedene Experimente zur Wahrnehmung von Unterschieden durch: Längen, Flächen, Gewichte etc. Immer kam er empirisch auf einen konstanten Wert, der den eben merklichen Unterschied beschreibt: die Weber'sche Konstante. Sie lässt sich im Weber'schen Gesetz wie folgt fassen: Das Verhältnis von EMU zur Intensität der Reizes ist konstant bzw.:

Weber'sches Gesetz

$$\frac{\Delta S}{S} = k$$

mit

S = Stimulusintensität

ΔS = EMU in der Stimulusintensität

k = Weber'sche Konstante

Weber'sche Konstante

Das Weber'sche Gesetz gilt in allen Bereichen der Wahrnehmung. Allerdings ist die Weber'sche Konstante abhängig von der Art des Stimulus. Welche Größe die Konstante jeweils hat, muss empirisch ermittelt werden. Tab. 3.5-4 zeigt einige Beispiele für Stimuli und die geltende Konstante.

Reiz	Konstante
Audio-Frequenz	0,003 (0,3 %)
Lautstärke	0,009 (0,9 %)
Video-Helligkeit	0,016 (1,6 %)
Geruchskonzentration	0,07 (7 %)
Gewicht	0,02 (2 %)
Druckintensität	0,14 (14 %)
Geschmackskonzentration	0,2 (2 %)

Tab. 3.5-4: Stimuli.

Beispiel

Angenommen Sie halten in der einen Hand ein Gewicht von 5 Kg. Welches Gewicht müssen Sie in der anderen Hand mindestens halten, um einen Unterschied zu spüren?

Sie müssen in der anderen Hand ein Gewicht halten, welches mindestens 2 Prozent schwerer ist, also mindestens 5,1 Kg wiegt.

Gustav Theodor Fechner (1801–1887) erweiterte das Weber'sche Gesetz 1860. Er sah eine Parallele zwischen der Steigerung der Reizintensität und einer Steigerung der entstehenden Empfindungsintensität. Er macht dabei eine interessante Entdeckung: Offensichtlich steigert sich die Empfindungsintensität nur logarithmisch zur Reizintensität wie das Fechner'sche Gesetz festhält:

G. T. Fechner

$$E = k * \ln(S)$$

mit

E = Empfindungsintensität
S = Stimulusintensität
k = Weber'sche Konstante

Fechner'sches Gesetz

Um eine doppelt so starke Empfindung hervorzurufen, muss der Reiz also auf das Zehnfache verstärkt werden. Das Fechner'sche Gesetz ist allerdings nur in mittleren Reizintensitäten gültig. Der amerikanische Psychologe Stanley Smith Stevens (1906–1973) beschrieb 1957 das Steven'sche Gesetz als Potenzfunktion:

Steven'sches Gesetz

$$E = I^n$$

mit E = Empfindungsintensität
n = rezeptorspezifischer Exponent

Der Exponent n ist abhängig vom angesprochenen Sinn und nimmt einen Wert zwischen 0,33 und 7 an. Ist n>1, so nimmt die Empfindungsstärke rascher zu als die Reizstärke. Ist n<1 nimmt die Reizstärke rascher zu als die Empfindungsstärke. Typische Werte zeigt die Tab. 3.5-5.

Reiz	Exponent n
Gewicht	1,45
Temperatur	1,4

Reiz	Exponent n
Helligkeit	0,33
Schalldruck	0,3
Länge	1
Fläche	0,7
Geruch	0,6
Elektrischer Schlag	3,5

Tab. 3.5-5: Beispielwerte für Exponenten zur Steven'schen Potenzfunktion.

Dateistruktur

Streaming Das Wave-Format eignet sich nicht zu *Streaming* im Internet, da es einen Dateikopf hat, der gelesen werden muss, bevor der Rest der Datei interpretiert werden kann. Streamingfähige Formate benötigen diese Informationen auch, können sie aber nicht nur einmal am Anfang der Datei senden, sondern müssen sie regelmäßig verschicken. Hörer eines Internetradios könnten sich sonst niemals in einen laufenden Stream einschalten.

Frames MP3 löst dieses Problem durch sogenannte *Frames*. Das sind einzelne Abschnitte, aus denen die MP3-Datei zusammengesetzt wird. Jeder Frame kennt die notwendigen Informationen und führt einen Teil der digitalisierten Daten mit sich.

Aufbau *Frame* Wie Abb. 3.5-6 verdeutlicht besteht ein *Frame* aus einem 32 Bit (4 Byte) großen Kopf *(Header)* und insgesamt 1152 Audio *Samples*. Wenn Sie den Kopf eines *Frames* allein schon in Bezug zur Größe mit dem Kopf einer Wave-Datei vergleichen, sehen Sie den Unterschied.

32 Bit   1152 Samples

Abb. 3.5-6: Schematische Darstellung der *Frames* in MP3.

Sie können sich den Unterschied in der Struktur einer Wave-Datei und einer MP3-Datei recht einfach anhand des Vergleichs von Zügen und Lastwagen verdeutlichen. Bei einem Zug haben Sie eine Lokomotive und eine Reihe von Waggons. Fällt die Lokomotive aus, bleibt der Zug stehen und Sie können nichts mehr mit ihm anfangen. Haben Sie aber eine Kolonne von Lastwagen mit Ihrer Ladung bestückt, dann können die ersten drei Laster ausfallen, die übrigen bringen ihre Ladung dennoch ans Ziel. Die Ladung dieses Vergleichs sind die Audiodaten, das Ziel ist Ihr Ohr.

Merkhilfe

Der Kopf eines *Frames* beinhaltet die in Tab. 3.5-6 aufgelisteten Einträge.

Der Kopf beginnt mit dem *Sync*-Signal welches aus 11 Bits besteht, die allesamt auf 1 geschaltet sind. Es folgt die Identifizierung der zugrundeliegenden MPEG-Version und *Layer*. Um die Integrität der Daten zu gewährleisten kann nach dem Kopf eine Prüfsumme *(cyclic redundancy check – CRC)* gesetzt werden. Dies muss aber im Kopf mit dem *Protection*-Bit angekündigt werden. Es folgen *Bitrate* (8–448 Kilobits pro Sekunde) und Samplingfrequenz (8–48 kHz). Da die Bitrate mitunter codierungstechnisch nur theoretisch getroffen werden kann, gibt ein *Padding*-Bit den eventuell auftretenden Versatz an. Das anschließende *Private*-Bit kann für eigene Zwecke verwendet werden. MP3 kann unterschiedliche Kanalkombinationen codieren.

Kopf

- **■** **Stereo Coding**: Hierbei handelt es sich um den klassischen 2-Kanal-Stereoton. Beide Kanäle werden separat codiert. Das bedeutet die doppelte Menge an Audiodaten gegenüber einem einfachen Monosignal.

Kanäle

- **■** **Joint Stereo Coding**: Hier wird die Datenredundanz beider Kanäle ausgenutzt. Nur einer der Stereokanäle wird voll codiert. Vom zweiten Kanal wird nur die Differenz zum ersten Kanal codiert. Die Werte der Differenz zwischen zwei Signalen sind meistens deutlich kleiner und weniger variabel als die Werte eines Originalsignals, so dass diese Methode zu einer deutlich stärkeren Kompression führt.

- **■** **Dual Channel Coding**: Hier werden zwei völlig unabhängige Kanäle codiert, die im Unterschied zu Stereoton

Größe	Eintrag
11 Bit	Sync: alle Bits sind auf 1 gesetzt
2 Bit	ID: MPEG-Version 00 – MPEG-Version 2.5 (kein offizieller Standard) 01 – reserviert 10 – MPEG-Version 2 (ISO/IEC 13818–3) 11 – MPEG-Version 1 (ISO/IEC 11172–3)
2 Bit	*Layer*: 01 = *Layer* III 10 = *Layer* II 11 = *Layer* I
1 Bit	*Protection*: 0 = 16-Bit CRC nach dem Header 1 = keine CRC
4 Bit	Bitrate
2 Bit	Samplingfrequenz
1 Bit	*Padding* 0 = *Frame* wird nicht aufgefüllt 1 = *Frame* mit Extraslot gefüllt
1 Bit	*Private*
2 Bit	Kanalmodus: 00 = Stereo 01 = *Joint Stereo* 10 = 2 Mono Kanäle 11 = ein Kanal (Mono)
2 Bit	*Mode-Extension* (nur für *Joint Stereo*)
1 Bit	Copyright: 0 = ohne Copyright 1 = mit Copyright
1 Bit	Original: 0 = Kopie 1 = Original
2 Bit	*Emphasis*

Tab. 3.5-6: Aufbau MP3-*Header*

auch unabhängig voneinander abgespielt werden können. Genutzt wird dies beispielsweise beim Zweikanal-
ton um verschiedene Sprachen anzubieten.

▪ **Single Coding**: Das einfachste Verfahren schließlich bietet die Möglichkeit, Monosignale aufzunehmen.

Die *Mode Extension* wird beim *Joint Stereo* zur Optimierung
des Kompression genutzt und vom *Encoder* automatisch

eingestellt. Am Ende des Kopfes können noch Angaben gemacht werden, ob die Audiodatei durch *Copyright* geschützt ist und ob es sich um ein *Original* handelt. Die *Emphasis* ist ein Relikt aus der Frühzeit der Audio-CD und diente damals der Rauschunterdrückung. Inzwischen ist das Verfahren obsolet.

3.6 Weitere Schritte *

Eine Audiodatei wird in der Regel auf ihren Anwendungszusammenhang hin optimiert abgespeichert. Adobe Soundbooth erlaubt hier eine Reihe von Einstellungen wie Abtastrate, Bittiefe oder Kompressionsverfahren.

Dateien speichern mit Adobe Soundbooth

Um eigene Einstellungen beim Speichern einer Datei vornehmen zu können, wählen Sie Datei – Speichern unter ... Sie können auch einen Teil Ihrer Audiodaten auswählen und diesen mit Datei – Auswahl speichern ... ablegen. Wie Abb. 3.6-1 zeigt, stehen Ihnen verschiedene Dateiformate zur Verfügung. Die Formate Windows Waveform (*.wav) und MP3 Audio (*.mp3) werden in diesem Kapitel ausführlich besprochen. Auf sie wird auch im Folgenden näher eingegangen. Informationen zu den übrigen Dateiformaten finden Sie in der Soundbooth-Hilfe.

Abb. 3.6-2 zeigt die Einstellungsmöglichkeiten von Wave-Dateien. Sie können Wave-Dateien völlig ohne Kompression abspeichern. Es gibt aber auch eine Reihe von Kompressionsverfahren, die hier genutzt werden können. Welche das im Einzelnen sind, hängt von Ihrem Computersystem ab. Bei Windows-Rechnern sind standardmäßig folgende Kompressionsverfahren möglich:

Wave-Datei

- **IMA ADPCM**: Die Kompression reduziert die Bittiefe auf 4 Bit. Die Decodierung ist recht schnell.

Kompressions-verfahren

- **Microsoft ADPCM**: Auch hier nutzt die Kompression 4 Bit aus. Die Methode ist aber etwas langsamer als IMA ADPCM.

- **CCITT A-Law**: Hierbei handelt es sich um das Kompressionsverfahren europäischer Telefonsysteme. Die Codierung nutzt 8 Bit.

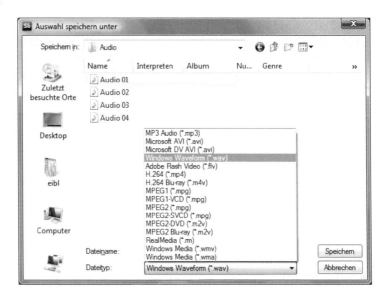

Abb. 3.6-1: Dialog Speichern unter... in Adobe Soundbooth.

Abb. 3.6-2: Speicheroptionen für Wave-Dateien in Adobe Soundbooth.

- **CCITT u-Law**: Hierbei handelt es sich um das Kompressionsverfahren japanischer und nordamerikanischer Telefonsysteme. Es ist ähnlich dem A-Law, jedoch etwas langsamer.
- **GSM 6.1**: Hierbei handelt es sich um den Standard für Mobiltelefone.

Sie können hier auch die Abtastrate verändern. Die Auswahl reicht von 8 kHz bis 96 kHz. Wie Sie wissen hat eine CD 44.1 kHz, was für die menschliche Wahrnehmung völlig ausreicht. Höhere Abtastraten benötigen Sie nur für eine aufwändige Postproduktion.

Abtastrate

Die Bittiefe legen Sie im Feld Sample-Typ fest. Sie ist dann interessant, wenn Sie kein Kompressionsverfahren nutzen, da dieses die Bittiefe sowieso überschreiben würde. Hier können Sie zwischen 8, 16, 24 und 32 Bit wählen. Schließlich können Sie sich noch zwischen Mono und Stereo entscheiden.

Bittiefe

Das Dialogfeld für MP3-Dateien ist deutlich einfacher gehalten wie Abb. 3.6-3 zeigt. Hier legen Sie nur die Bitrate fest. Diese berechnet sich aus Bittiefe, Abtastrate und der daraus resultierenden Kompression. Da die Kompression stark von der Art des Signals abhängig ist, lassen sich keine genauen Rückschlüsse auf Bittiefe und Abtastrate machen. Als Bitrate bietet Soundbooth hier den Bereich von 16 bis 320 Kbit/s an. Modus bezieht sich auf die Qualität der Kompression. Beste Qualität sollte bei kleineren Bitraten gewählt werden, da hier die Qualität durch die niedrige Bitrate bereits stark reduziert ist. Hohe Bitraten können auch mit dem Modus Schnellste noch gute Ergebnisse bringen.

MP3-Datei

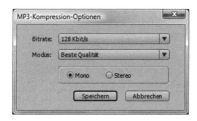

Abb. 3.6-3: Speicheroptionen für MP3-Dateien in Adobe Soundbooth.

Nehmen Sie eine Audiodatei mit Soundbooth auf oder verwenden Sie eine Datei aus Ihrer eigenen Musiksammlung. Speichern Sie die Datei mit verschiedenen Dateiformaten und Parametern ab. Überprüfen Sie im Datei-Explorer die entstandenen Dateigrößen und hören Sie sich die Dateien an. Vergleichen Sie auch die Spektralanzeigen in Soundbooth.

Experimentieren Sie

Literatur

Buch   Es gibt recht wenig Literatur speziell zu Adobe Soundbooth. In der Regel wird Soundbooth mit in der Literatur zu Adobe Premiere beschrieben, wie zum Beispiel in [Klaß07]. Das Adobe Creative Team selbst hat das Buch [Adob07] zum Thema herausgegeben. Das Buch ist auch als E-Book erhältlich.

Web   Aus dem Buch hat Adobe zwei interessante Kapitel online gestellt: Kapitel 4: Reparieren und Anpassen von Audioclips (http://www.adobe.com/de/designcenter/soundbooth/articles/ sbcs3it_ciblesson4.html) und Kapitel 6: Erstellen von Hintergrundmusik (http://www.adobe.com/de/designcenter/ soundbooth/articles/sbcs3it_ciblesson6.html). Leider nicht viel informativer als die Hilfeseiten ist das Nutzerhandbuch [Adob07].

4 Video *

Beim digitalen Video werden digitale Bilder als Bildfolge um eine zeitliche Dimension bereichert und mit Audio unterlegt. Waren schon Bilder und Audio problematisch im Datenaufkommen, so verschärft sich die Fragestellung nach geeigneten Kompressionsverfahren bei Video zusätzlich.

Dieses Kapitel beginnt zunächst mit einem Überblick über die technischen Grundlagen von Video und widmet sich im zweiten Schritt der Bearbeitung durch Adobe Premiere. Wenn Sie nicht über Premiere verfügen, können Sie über die Download-Seite von Adobe (http://www.adobe.com/de/ downloads/) eine sogenannte Try-Out-Version herunterladen, die 30 Tage kostenlos getestet werden kann.

Zunächst erfolgt eine Einführung in das Thema. Besprochen wird die Frage, was eigentlich ein Video ist:

- »Erste Schritte: Was ist ein Video?«, S. 102

Die Probleme übergroßer Datenmengen werden beim Video besonders eklatant. Die Grundlage für die Kodierung und Komprimierung von Videodaten bildet der Codec:

- »Kompression: Codec«, S. 104

Ein gängiges Werkzeug zur Verarbeitung von Video ist Adobe Premiere:

- »Arbeiten mit Premiere«, S. 110

Eine besondere Herausforderung bei der Erstellung von Videos ist der Einsatz von Ton:

- »Ton einbinden«, S. 123

Abgerundet wird ein Video durch einen Vorspann und einen Abspann:

- »Titel einbinden«, S. 132

Schließlich gilt es noch, das Video zu exportieren. Abgerundet wird das Kapitel mit Literaturhinweisen für die weitere Vertiefung:

- »Weitere Schritte«, S. 135

4.1 Erste Schritte: Was ist ein Video? *

Ein Video gilt zwar als kontinuierliches Medium, in Wirklichkeit aber besteht es nur aus einer Reihe von einzelnen Bildern, die mit einer bestimmten Geschwindigkeit nacheinander abgespielt werden. Entsprechend kommen zu den Kodierungsproblemen des digitalen Bildes noch zeitliche Aspekte hinzu.

Wahrnehmung Video beruht auf einer Täuschung des menschlichen Auges. Dabei wird die Trägheit des Wahrnehmung ausgenutzt: Schnell aufeinander folgende Sinnesreize verschwimmen miteinander und können nicht mehr unterschieden werden. Beim Video werden in schneller Folge einzelne Bilder präsentiert. Veränderungen in diesen Bildern werden als Bewegung wahrgenommen. Das Prinzip ist das des Daumenkinos. Je mehr Bilder pro Sekunde gezeigt werden, desto weicher erscheinen die Bewegungen. Einigermaßen gleichförmige Bewegungen entstehen bereits bei 16 Bildern pro Sekunde, klassische Kinofilme verwenden 24 Bilder pro Sekunde.

Kodierung Für die Kodierung von Video gelten die Eigenschaften von Bild und Ton natürlich weiter – vor allem in Bezug zum Verhältnis von Qualität und Speicheraufwand. Für den Bildbereich kommt aber noch die zeitliche Dimension hinzu: Nun wird nicht mehr ein einzelnes Bild, sondern eine ganze Sequenz von Bildern kodiert. Abb. 4.1-1 zeigt schematisiert den Aufbau einer Videosequenz.

Kodierung Einzelbild Ein Video ist aufgeteilt in eine Folge von Einzelbildern *(frame)*. Der Speicherbedarf für die Einzelbilder berechnet sich zunächst ganz klassisch nach der räumlichen Ausdehnung und möglichen Farbvielfalt, also der Anzahl der verwendeten Pixel und der genutzten Farbtiefe. Wie bei Bildern gilt natürlich auch hier: Je mehr Pixel verwendet werden und je größer die Farbtiefe, desto besser die Qualität aber auch desto größer der Speicheraufwand.

Kodierung Bildfolge Es kommt die zeitliche Dimension hinzu. Damit ist zum einen natürlich die Gesamtlänge des Videos gemeint. Zum anderen bedeutet es die Bildwiederholfrequenz oder Bildwiederholrate, also wie viele Bilder pro Sekunde gezeigt werden. Auch hier gilt: Je mehr Bilder pro Sekunde gezeigt wer-

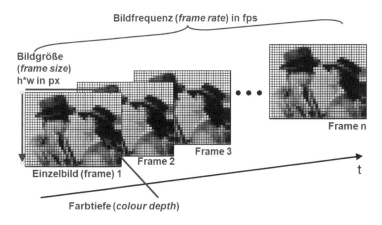

Abb. 4.1-1: Video als Folge von Einzelbildern.

den, umso besser die Qualität, aber auch desto größer der Speicherbedarf. Dieser lässt sich wie folgt berechnen:

$$F_s = (f \cdot r \cdot c \cdot t) + A_s$$ Speicherbedarf

mit:

f Bildgröße *(frame size)* (Breite*Höhe) in Pixel (px)
r Bildwiederholrate (auch Bildwiederholfrequenz) *(frame rate)* in fps *(frames per second)*
c Farbtiefe *(colour depth)* in bit
t Zeit *(time)* in Sekunden
A_s Größe der Audiodatei *(audio stream)*

Eine Minute Analogvideo soll mit VGA-Auflösung (640 *   Beispiel
480 px) digitalisiert werden. Die anvisierte Farbtiefe beträgt 8 bit, die Bildwiederholrate 25 fps. Der Audioanteil ist mit einer Größe von 10 MB gegeben. Wie groß ist die entstehende Datei?

$$F_s = ((640 * 480px) \cdot 25\,fps \cdot 1\,Byte \cdot 60\,s) + 10\,MB$$

$$F_s = 414.720.000\,Byte + 10\,MB$$

$$F_s \approx 425\,MB$$

Eine Minute VGA-Video benötigt also ca. 425 MB Speicherplatz.

Es ist ziemlich offensichtlich, dass man bei Videos vor der   Problem
gleichen Problematik steht wie bei Bildern und Audiodatei-

en: Das Rohmaterial ist einfach zu datenintensiv, als dass eine sinnvolle Arbeit damit möglich wäre. Speichern von Videos und Transport über Netzwerke kann nur sinnvoll geschehen, wenn entsprechende Kompressionsverfahren verwendet werden.

4.2 Kompression: Codec *

Für die Kodierung von Videos kann man sich zu Nutze machen, dass sich die meisten Bildanteile kaum verändern. Die Aufnahme eines Nachrichtensprechers beispielsweise hat vor allem im Bereich des Mundes Veränderungen, im Hintergrund aber gar nicht. Kodierungserfahren wie H.261 oder MPEG nutzen dieses Phänomen aus und beschränken sich bei der Kodierung auf die veränderlichen Teile des Bildes.

Begriff Codec | Das zentrale Konzept im Umgang mit Videos ist das des Codec. Hierbei handelt es sich um ein Verfahren zu Kompression und Dekompression von Videodaten. Der Begriff *Codec* selbst ist ein Kunstwort und setzt sich aus dem englischen *compression / decompression* zusammen. Codecs können als Software realisiert werden, wie es in der Regel bei Abspielgeräten (z. B. Windows Media Player) der Fall ist. Für zeitkritische Anwendungen, beispielsweise bei Kameras oder Editierwerkzeugen, werden sie auch als Hardware realisiert, da sie dann leistungsfähiger sind.

Asymmetrisch | Codecs arbeiten asymmetrisch: Der Kompressionsvorgang, der ja in der Regel nur einmal vorgenommen wird, dauert länger als der Dekompressionsvorgang, welcher ja bei jedem Abspielen eines Videos durchgeführt wird. Ziel der Kompression ist eine Datei, die klein und leicht zu transportieren ist, aber auch schnell wieder dekomprimiert werden kann.

Bekannte Codecs | Es gibt zahlreiche Codecs. Die Codecs H.261, H.263 und der MPEG-Codec werden hier genauer betrachtet. Andere gängige Codecs sind:

▪ **Cinepak**: Hierbei handelt es sich um einen Klassiker für die Kompression von Videos für CD-ROMs. Die Videoqualität ist eher mäßig, aber der Codec funktioniert auch mit alten Computersystemen.

▨ **Indeo**: Dieser Codec ist ebenfalls gut für ältere Systeme und CD-ROMs geeignet. Er wurde bereits in den 1980er Jahren von der Firma Intel entwickelt.

▨ **Motion JPEG**: Hierbei wird jedes Einzelbild vollständig als JPEG kodiert. Dies ist eine vergleichsweise speicherintensive Verfahrensweise und eignet sich nur für spezielle Bedürfnisse, wie zum Beispiel Editieren.

H.261

Der Standard **H.261** gilt als zentraler Meilenstein in der Entwicklung der Videocodecs. Er wurde durch die *International Telecommunication Union* (ITU) von 1984 bis 1990 entwickelt. Als Anwendungsgebiet sind Videokonferenzen und Videotelefonie über die damals aufkommenden ISDN-Leitungen definiert. Entsprechend durfte die genutzte Bandbreite nur 64 kBit/s bzw. ein Vielfaches davon betragen. Das entspricht der Leistung eines B-Kanals herkömmlicher ISDN-Anschlüsse. ISDN erlaubt die Kopplung von bis zu 30 solcher Kanäle.

Ursprung

Um eine möglichst reibungslose Kommunikation zu ermöglichen, darf die durch die Kodierung und Dekodierung entstehende Verzögerung des Video- und Audiosignals maximal 150 ms betragen. Die Bildwiederholfrequenz muss 29,97 fps erreichen, was dem amerikanischen Fernsehstandard entspricht. Die Auflösung beträgt entweder 352 * 288 Pixel im **Common Intermediate Formate (CIF)** oder 176 * 144 Pixel im **Quarter CIF (QCIF)**. CIF ist ein Austauschformat für verschiedene Fernsehstandards, so dass mit einem Videokonferenzsystem beispielsweise sowohl amerikanische als auch europäische Teilnehmer bedient werden können. QCIF liefert ein Viertel *(quarter)* der Auflösung.

Parameter

Der Clou des H.261-Standards liegt aber nicht in Auflösung und Bildrate sondern in der unterschiedlichen Behandlung der Einzelbilder: Nicht alle Bilder werden vollständig kodiert. Abb. 4.2-1 demonstriert das Prinzip dieses Verfahrens. Es wird zwischen zwei Typen von Einzelbildern unterschieden: Die **Intraframes (I-Frame)** werden vollständig kodiert. Das Verfahren entspricht dem der JPEG-Kodierung. Die Qualität ist entsprechend hoch. Daneben existieren *Interframes*, die beispielsweise als **Predicted Frames (P-Frame)**, die

I-Frames
P-Frames

nur die Veränderungen zu einem vorhergehenden Einzelbild festhalten. Das Prinzip gilt auch für die Bild- und Audioko- dierung: Veränderungen im Signal sind in der Regel klein und daher sparsamer in der Kodierung. Wie in Abb. 4.2-1 gezeigt, folgt auf einen vollkodierten *I-Frame* eine Reihe von *P-Frames*.

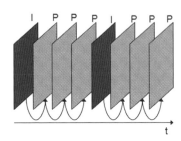

Abb. 4.2-1: H 261-Codec: Vorhersage von *Frames*.

Fehler   Wenn ein *P-Frame* so viel weniger an Datenvolumen benö- tigt als ein *I-Frame*, warum wird dann nicht einfach ein *I- Frame* am Anfang der Datei gesetzt und dann das restliche Video vollständig mit *P-Frames* kodiert? Dafür gibt es zwei Gründe: Zunächst einmal ist der Codec in erster Linie für den Transport von Videodaten konstruiert. Transportkanäle sind aber immer anfällig für Fehler. Wenn nun ein Einzel- bild bei der Übertragung ausfällt, fehlen dessen Information für die korrekte Dekodierung aller folgenden Bilder. Daher muss für den Transport in bestimmten Abständen ein voll- ständiges Bild eingebaut werden. Davon abgesehen ist aber die Kodierung nie zu 100 % korrekt, sondern unterliegt wie- derum Quantisierungsfehlern. Die Funktionsweise der Bild- vorhersage *(prediction)* ist in Abb. 4.2-2 dargestellt.

Vorhersage   Für die Bildvorhersage werden auf der Basis eines Referenz- *Frames*, also des letzten *I-Frames*, Aussagen getroffen über Veränderungen hin zum aktuellen *Frame*, dem gerade abzu- spielenden oder zu kodierenden *P-Frame*. Dazu wird bei der Kodierung das aktuelle Bild in 16*16 Pixel große sogenannte Makroblöcke zerlegt. Im aktuellen Ziel-*Frame* wird anschlie- ßend ein Makroblock nach dem anderen betrachtet und es werden im Referenz-*Frame* Regionen gesucht, die diesem Makroblock möglichst ähnlich sind. In Abb. 4.2-2 wird ge- rade der dritte Block in der zweiten Reihe untersucht. Im

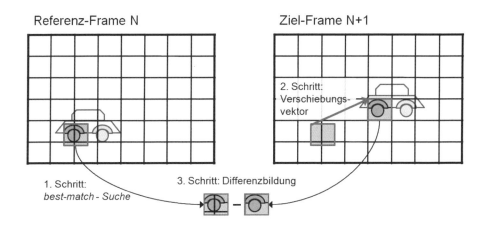

Abb. 4.2-2: Berechnung der P-Frames.

Referenz-*Frame* befindet sich eine zu ihm ähnliche Region in der letzten Reihe zwischen dem ersten und zweiten Block. Anschließend wird der Verschiebungsvektor festgehalten. Dieser bezeichnet, wie weit die im Referenz-*Frame* gefundene Region von der Position des aktuell bearbeiteten Makroblocks entfernt ist.

Hier könnte das Verfahren beendet werden, wenn der untersuchte Makroblock und die gefundene Region im Referenz-*Frame* identisch sind. In der Regel gibt es aber kleine Unterschiede, die im letzten Schritt, der Differenzbildung beschrieben werden. Die Standards H.263 und H.264 sind Weiterentwicklungen von H.261. Sie bieten eine deutlich stärkere Kompression sowie zusätzliche Auflösungen. Kern ist eine bidirektionale Vorhersage, wie sie auch von MPEG verwendet wird.

MPEG – *Moving Picture Experts Group*

Die *Moving Pictures Experts Group* wurde 1988 gegründet mit dem Ziel, Video- und Audiokodierung zu standardisieren. Seitdem sind verschiedene Standards veröffentlicht worden. Für die direkte Kodierung von Videomaterial sind zunächst einmal die Standards MPEG-1, MPEG-2 und MPEG-4 wichtig:

▓ **MPEG-1 (ISO 11172):** *Coding of moving pictures and Audio up to 1,5 Mbit/s* wurde 1992 vorgestellt. Es definiert einen Software-Decoder von niedriger Qualität. Die Bandbreite ist auf 1,5 MBit/s beschränkt. Davon sind 1,25 MBit/s für Video reserviert, der Rest wird für zwei Audiokanäle benötigt. Es werden zahlreiche Auflösungen unterstützt, die von den amerikanischen und europäischen Fernsehnormen benötigt werden. Eine typische Auflösung wäre beispielsweise 352*288 Pixel, was der halben TV-Auflösung unserer Fernsehgeräte entspricht. MPEG-1 wird gerne für die Videokompression von Spielfilmen auf CD-ROMs verwendet.

▓ **MPEG-2 (ISO 13818):** *Generic coding of moving pictures and associated Audio* ist in der Funktionalität ähnlich wie MPEG-1, wobei einige zusätzliche Auflösungen und auch *Interlacing* ermöglicht wird. Audio kann in CD-Qualität abgespeichert werden. Der Codec ist für eine Implementierung als Software und auch als Hardware definiert.

▓ **MPEG-4 (ISO 14496):** *Coding of audio-visual objects* ist ein Standard für Multimedia-Applikationen. Der Aufbau von MPEG-4 ist grundsätzlich anders als bei den beiden Vorgängern. Hier werden sogenannte Audiovisuelle Objekte (AVO) beschrieben. Diese können natürlich klassische Videoströme sei. Für sie bietet MPEG-4 eine Weiterentwicklung des Kompressionsverfahrens, welche eine qualitativ hochwertige und dennoch sehr stark komprimierte Kodierung beschreibt. Der Standard geht aber weiter in Richtung Multimedialität. So kann es sich bei den AVOs auch um ganz andere Objekte, wie zum Beispiel virtuelle Welten, handeln. Diese AVOs können in MPEG-4 beliebig miteinander kombiniert werden. So können komplexe interaktive Szenen entstehen.

Kodierung   Grundlage der MPEG-Kodierung bildet wieder das Prinzip, nur die Veränderungen zu kodieren und nicht die vollständige Bildinformation. Gegenüber H.261 gehen die MPEG-Standards aber noch weiter: Ziel ist, die Spannbreite zwischen den vollständig kodierten *I-Frames* möglichst weit zu vergrößern. Dazu werden zusätzlich zu den *P-Frames* noch sogenannte **Bidirectionaly Predicted Frames (B-Frames)** eingebunden. Das Ergebnis stellt Abb. 4.2-3 dar.

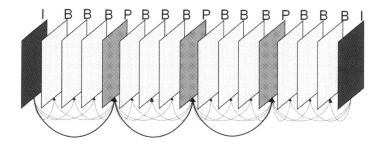

Abb. 4.2-3: Aufbau eines MPEG-kodierten Videostroms.

Wie bei H.261 enthalten *I-Frames* die vollständigen Bildda-   *I-Frames*
ten in JPEG kodiert. Bei MPEG werden diese Bildtypen meist   *P-Frames*
alle 16 Bilder eingebaut. Jedes vierte Bild dazwischen wird
als *P-Frame* kodiert. Zwischen zwei *I-Frames* liegen also typischerweise drei *P-Frames*. Da die Qualität der *P-Frames* mit
zunehmender Zahl sinkt, ist dies eine sinnvolle Strategie,
um den Qualitätsverlust zu verringern. Würden alle 15 Bilder zwischen zwei *I-Frames* als *P-Frame* kodiert würde die
Qualität sichtbar verschlechtert.

Zusätzlich müssen nun aber noch die verbleibenden Bil-   *B-Frames*
der zwischen den *P-Frames* kodiert werden. Hierfür wurde
ein neuer Bildtypus geschaffen: der *Bidirectionally Predicted Frame (B-Frame)*. Wie bei den *P-Frames* wird auch hier
die Veränderung durch Bewegungsvorhersage kodiert. Allerdings bezieht diese ihre Informationen aus zwei Richtungen:
dem vorhergehenden und nachfolgenden *P-* oder *I-Frame*.
Typischerweise sind zwei bis drei *B-Frames* zwischen zwei
P- / I-Frames verankert.

In Abb. 4.2-3 nicht dargestellt ist ein zusätzlicher Bildtyp,   *D-Frame*
der für das eigentliche Video nicht von Bedeutung ist. Der
D-Frame (DC: *direct coded picture*) ist ein Index-Bild für den
Suchlauf. Es handelt sich um eine sehr grobe JPEG-Kodierung, die verwendet wird, um den Suchvor- und -rücklauf
darzustellen. Ein Suchrücklauf wäre aufgrund der verwendeten Kodierungstechnik ohne solche zusätzlichen Bilder gar
nicht möglich.

4.3   Arbeiten mit Premiere *

Adobe Premiere ist ein klassisches Videoschnittprogramm mit dem umfangreiche Bearbeitungsschritte für die Postproduktion von Videos durchgeführt werden können. Die hier verwendeten Konzepte zum Schneiden von Videomaterial sind weitgehend auch in alternativen Programmen zu finden.

Adobe Premiere   Adobe Premiere ist ein sehr mächtiges Programm zur Verarbeitung von Videos. Es eignet sich für Amateure ebenso wie für Profis. Im Folgenden werden Sie ein kleines Projekt mit Premiere erstellen, in dem Sie die wichtigsten Konzepte zum Videoschnitt kennenlernen.

Beispielmaterial   Das Beispielmaterial besteht aus drei kurzen Videofilmen und einer Grafik. Die Videofilme haben eine Auflösung von 320*240 Pixeln und sind nach dem Standard MPEG-1 kodiert.

Bei der Arbeit mit Premiere oder einem anderen Schnittprogramm sollten Sie immer darauf achten, die höchstmögliche Qualität für ein Video beizubehalten. Wenn Sie bei der späteren Anwendung nur eine mindere Qualität benötigen (beispielsweise eine geringe Auflösung bei mobilen Geräten) können Sie diese immer noch bei der Finalisierung des Videofilm erreichen – eine höhere Qualität werden Sie aber niemals erzielen können.

Erste Schritte   Öffnen Sie nun Adobe Premiere. Sie werden zunächst gefragt, ob Sie ein neues Projekt beginnen oder ein altes öffnen

möchten. Beginnen Sie ein neues Projekt. Es erscheint eine Auswahl verschiedener Vorgaben für das Projekt wie in Abb. 4.3-1 gezeigt.

Vorgaben   Hier können Sie die möglichen Parameter für die Video- und Audioqualität eingeben. Es gibt eine umfangreiche Vorgabenliste für Standardanwendungen. Wenn Sie auf die Vorgaben klicken, können Sie sich zunächst die einzelnen Parameter ansehen. Die eigentliche Auswahl wird erst nach Drücken von OK durchgeführt. Vier Vorgaben werden hier vorgestellt:

▪ **DV-PAL: PAL (Phase Alternating Line)** ist die in Europa verbreitetste Fernsehnorm. Nur Frankreich und Polen verwenden SECAM. DV-PAL ist eine Abwandlung für den Videobereich. Die Bildgröße für DV-PAL liegt etwas höher als in der eigentlichen Fernsehnorm bei 720 * 576

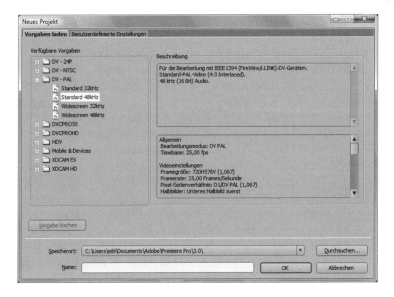

Abb. 4.3-1: Adobe Premiere: Start eines neuen Projekts.

Pixeln, die Bildrate bei 25 fps. Das Bild wird im *inter-laced*-Verfahren aufgebaut. Dabei wird beim Bildwechsel nicht das vollständige Bild gewechselt, sondern immer nur jede zweite Zeile. So erreicht DV-PAL eine Bildfolge von 50 Halbbildern pro Sekunde. DV-PAL kann im klassischen Fernsehbildformat 4:3 oder auch im moderneren *Widescreen*-Format 16:9 eingesetzt werden. Beachten Sie, dass sich die Anzahl der Bildpunkte nicht ändert. Allerdings ändert sich die Form der Pixel. Pixel sind in der Praxis nämlich nicht ausnahmslos quadratisch, vielmehr können sie auch eine rechteckige Form einnehmen. Das ist im Videobereich in der Regel der Fall. Bei DV-PAL ist das Seitenverhältnis eines Pixels 1:1,067 und in der *Widescreen*-Version 1:1,422, es wird also deutlich breiter angelegt. So wird das Bild breiter, ohne dass sich die Auflösung wirklich ändert.

■ **DV-NTSC**: **NTSC (National Television Systems Committee)** ist der amerikanische TV-Standard. DV-NTSC hat mit 720 * 480 Pixeln eine höhere Auflösung als NTSC und eine etwas geringere Auflösung als DV-PAL und mit 23,976 fps die eher ungewöhnliche Bildfrequenz von

NTSC. Auch die Ausdehnung der Pixel ist mit 1:0,9 bzw. 1:1,2 der anderen Auflösung bei gleichen Seitenverhältnissen des Gesamtbildes geschuldet.

▪ **HDV**: Mit dem *High Definition Video* (HDV) erreichen Sie moderne Fernsehqualität in HDTV *(High Definition Television)*. Die Auflösung liegt hier bei 1280 * 720 Pixeln bzw. bei 1440 * 1080 Pixeln. Sie können wählen ob der *interlaced*-Modus (i) verwendet werden soll oder nicht (p). Auch bei der Bildwiederholfrequenz haben Sie die Wahlmöglichkeit. Der momentan hochwertigste TV-Standard entspricht 1080p *(Full HD)*.

▪ *Mobile & Devices*: Hier finden Sie Vorgaben, die für den Einsatz mit mobilen Geräten optimiert wurden. Wie Sie gesehen haben, sind die Formate PAL und NTSC doch recht verschieden voneinander. So bereitet der Austausch von Videos zwischen den beiden Formaten einige Schwierigkeiten. Um diesen Schwierigkeiten zu begegnen wurde ein Austauschformat definiert, welches von beiden Standards aus gut zu konvertieren ist: Das Format CIF *(Common Intermediate Format)* hat eine Auflösung von 352 * 288 Pixeln und eine Bildwiederholrate von 30 fps, wobei die Version bei Adobe Premiere nur 15 fps nutzt. QCIF und QQCIF beschreiben Viertelungen *(quarter)* des Formats: 176 * 144 Pixel und 88 * 72 Pixel. Die Qualität ist hier schon sehr niedrig und so erfolgt die Bearbeitung eines Videos für mobile Geräte in Adobe Premiere in CIF. Erst bei der Ausgabe wird das Video in QCIF oder QQCIF konvertiert.

Projekt anlegen

Für das Beispiel wählen Sie DV-PAL mit 32 kHz Audiocodierung. Benennen Sie anschließend einen Speicherort und den Namen Ihres Projektes (zum Beispiel einfach BeispielVideo). Nun geschehen zwei Dinge: Für Sie sichtbar wird die Arbeitsumgebung von Adobe Premiere geöffnet. Für Sie unsichtbar werden verschiedene Ordner angelegt, in denen Premiere die Projektdaten abspeichert. Ein Projekt in Premiere ist im Prinzip eine Sammlung von Rohmaterial wie Videodateien, aber auch normale Bilddaten oder Audiodateien sowie die im Projekt zusammengestellte geschnittene Version Ihres Videos. Abb. 4.3-2 zeigt die neu angelegten Ordner.

Es wird Ihnen auffallen, dass Premiere zwar eine Reihe von Ordnern für Dateien anlegt, diese aber sehr spezielle Aufgaben übernehmen. Einen Ordner für die Rohfilme, aus denen Sie ein geschnittenes Video zusammenstellen können, finden Sie nicht. Tatsächlich wird dieses Rohmaterial, obwohl es in Premiere importiert wird, von Premiere nicht gesondert abgelegt, sondern verbleibt am Ursprungsort.

Rohmaterial

Hier ist Vorsicht angesagt: Wenn Sie also einen Ordner, in dem Sie Ihren Rohfilm ablegen, löschen, weil Sie alle notwendigen Filme bereits in Ihr Projekt importiert haben, dann sind Ihre Daten verloren. Der Import eines Films in Premiere bedeutet nicht mehr, als dass Premiere einen Verweis auf die entsprechende Datei erstellt. Diese Verweise werden in der Projektdatei BeispielVideo.prproj abgelegt. Wenn Sie die Originaldateien löschen, verschieben oder umbenennen, kann Premiere sie nicht mehr finden.

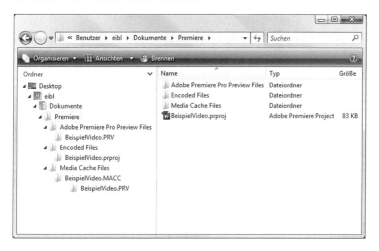

Abb. 4.3-2: Ordnerstruktur, die von Adobe Premiere bei der Erstellung eines neuen Projekts neu angelegt wird.

Die Arbeitsumgebung besteht aus einer Reihe von Fenstern, die für Ihre jeweilige Aufgabe individuell zusammengestellt werden können. Abb. 4.3-3 zeigt die Arbeitsumgebung für eine Videoproduktion. Wenn Sie auf den Menüeintrag Fenster – Arbeitsbereich – ... gehen, können Sie zum einen weitere vorgegebene Arbeitsumgebungen aufrufen, zum Beispiel für die Bearbeitung von Effekten oder Audiodaten. Zum anderen

Arbeits-
umgebung

können Sie aber auch alle Fenster, die Sie für wichtig halten, selbst aktivieren und einen derart individuell zusammengestellten Arbeitsbereich auch abspeichern.

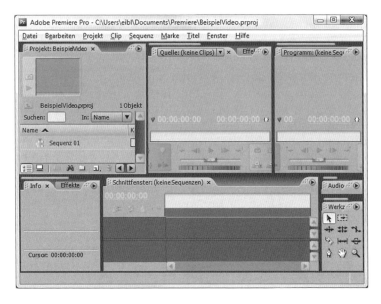

Abb. 4.3-3: Die Arbeitsumgebung zur Videobearbeitung in Adobe Premiere.

Die Arbeitsumgebung besteht auf folgenden Fenstern:

- **Projekt**: In diesem Fenster können Sie alle notwendigen Projektdaten importieren. In der Regel wird es sich dabei um Videos oder Töne handeln. Sie können aber auch Standbilder importieren. Das Fenster listet alle Dateien auf und bietet eine Vorschau.

- **Quelle**: Hier können Sie sich eine im Projektfenster ausgewählte Quelle genauer ansehen und für den Schnitt vorbereiten.

- **Programm**: Im Programmfenster sehen Sie das Ergebnis Ihres Projekts.

- **Schnitt**: Im Schnittfenster wird ein Großteil der Arbeit durchgeführt: Hier stellen Sie die importierten Daten zusammen.

- **Werkzeuge**: Die Werkzeuge werden Sie beim Schnitt benötigen.

Abb. 4.3-4 zeigt, wie Sie die Arbeitsumgebung sehr individuell einstellen können. Die Fenster werden halbautoma-
tisch platziert. Wenn Sie ein Fenster verschieben möchten,
dann greifen Sie es mit der Maus an der Titellasche und ziehen es über ein anderes Fenster. Dort erscheinen nun fünf
Bereiche *(drop zones)*, in denen Sie das gezogene Fenster
ablegen können. In Abb. 4.3-4 erscheint der untere Bereich
des Schnittfensters markiert. Wird das Werkzeugfenster hier
abgelegt, dann platziert es sich automatisch unter dem
Schnittfenster. Ziehen Sie das Werkzeugfenster in die Mitte
des Schnittfensters, dann erscheint dort eine zweite Lasche
mit den Werkzeugen: beide Fenster werden gruppiert.

Arbeits-
umgebung
anpassen

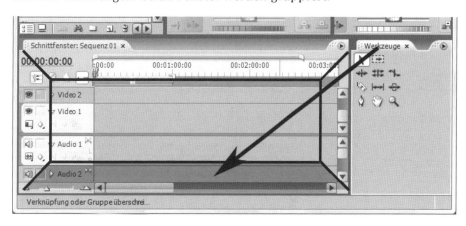

Abb. 4.3-4: Einrichten der Arbeitsumgebung in Premiere: Platzieren der
Fenster.

Wenn Sie auf den Pfeil am Fenster oben rechts klicken, er-
schein ein Popup-Menü. Hier können Sie ein Fenster völlig
abdocken. Dadurch wird es frei beweglich. Das macht Sinn,
wenn Sie beispielsweise mit mehreren Monitoren arbeiten.
Wenn Sie das Fenster anschließend wieder andocken, also
in die Arbeitsumgebung integrieren wollen, dann gehen Sie
wie eben beschrieben vor: Greifen Sie die Titellasche mit der
Maus und ziehen Sie sie in die Arbeitsumgebung.

Abdocken

Wenn Sie beim Verschieben, Öffnen, Schließen und Abdocken der Fenster ein Durcheinander angerichtet haben,
dann gehen Sie im Menü auf Fenster - Arbeitsbereich -
Aktuellen Arbeitsbereich zurücksetzen ...

Tipp

Vorhandenes Material in Premiere einbinden

Import   Speichern Sie zunächst die Dateien Rohvideo_1.mpg, Rohvideo_2.mpg und Rohvideo_3.mpg in einem Verzeichnis Ihrer Wahl. Am besten ist es, wenn Sie zusätzlich zu den von Premiere angelegten Verzeichnissen ein weiteres mit dem Titel Rohmaterial anlegen und die Dateien dort ablegen. Klicken Sie nun im Projektfenster mit der rechten Maustaste in den Bereich unter der Vorschau. In Abb. 4.3-3 steht dort Sequenz 01. Ein Menü erscheint, aus dem Sie Importieren auswählen. Alternativ können Sie auch über den Menüeintrag Datei - Importieren... gehen. Wählen Sie die drei Dateien Rohvideo_1.mpg, Rohvideo_2.mpg und Rohvideo_3.mpg. Dabei handelt es sich um drei Videos mit kurzen Meeresszenarien, die Sie miteinander verbinden werden. Diese werden nun importiert und stehen Ihnen für die weitere Verarbeitung als sogenannte Clips zur Verfügung.

Abb. 4.3-5: Videoquelle.

Quelle-Fenster   Im Quelle-Fenster (Abb. 4.3-5) können Sie nun einen der drei Clips ansehen und manipulieren. Aktivieren Sie dazu beispielsweise im Projektfenster das Video Rohvideo_3.MPG durch einen Doppelklick oder indem Sie es mit *drag&drop* ins rechte Quelle-Fenster ziehen. Es erscheint nun im Quelle-Fenster.

Im Quelle-Fenster sehen Sie den Clip in einem Vorschaubereich und darunter eine Zeitleiste, welche der Länge des Rohmaterials, hier also gut 15 Sekunden entspricht. Es stehen verschiedene Werkzeuge zur Verfügung, um den Bildlauf der Vorschau zu regeln. So können Sie sekunden- oder sogar bildgenau den Ausschnitt des Videos wählen, der für das Endprodukt am besten ist. Die Möglichkeiten umfassen:

Vorschau

- **Positionsanzeiger**: Er gibt einerseits die aktuelle Position der Vorschau innerhalb des Clips an, andererseits können Sie ihn mit der Maus greifen und so die Vorschau manipulieren.

Positionsanzeiger

- Klassische *Play*-**Tasten**: Mit der *Play*-Tasten können Sie den Clip einfach abspielen. Links und rechts der Play-Tasten finden Sie Tasten, um den Film Bild für Bild vor- und zurücklaufen zu lassen.

Play

- *Shuttle*: Der Schieber ist nur aktiv, wenn die Vorschau gerade abgespielt wird. Mit ihm verändern Sie Richtung und Geschwindigkeit stufenlos.

Shuttle

- *Jog*-Rad: Mit Hilfe dieses Rades können Sie den Clip ebenfalls vor und zurück laufen lassen. Die Interaktion entspricht dem händischen Drehen an einer Filmspule.

Jog

All diese Interaktionsmöglichkeiten haben nur ein Ziel: den idealen Beginn und das ideale Ende eines verwendbaren Ausschnitts im Clip zu definieren. Wenn Sie diese beiden Stellen bestimmen wollen, setzen Sie einen sogenannten *In-Point* bzw. *Out-Point*. Alles zwischen diesen beiden Punkten wird für das Projekt verwendet. Alles Material außerhalb dieser Punkte wird zwar nicht weggeworfen, aber in der weiteren Verarbeitung ignoriert.

In-Point und Out-Point

Laden Sie nun nacheinander die beiden Videos `Rohvideo_1.MPG` und `Rohvideo_2.MPG` in das Quelle-Fenster. Beide Videos zeigen eine Welle, die auf eine Steilküste schlägt, beginnen aber mit dem Rückzug der Vorgängerwelle. Diesen Rückzug benötigen Sie für das endgültige Video *nicht*. Stellen Sie den *In-Point* so ein, dass die Sequenz mit dem Herannahen der eigentlichen Welle beginnt. Bei `Rohvideo_1.MPG` ist das etwa bei Sekunde 4 und bei `Rohvideo_2.MPG` bei Sekunde 2.

Import der Beispiele

Schnitt

Schnittfenster Wenn Sie die drei Beispielvideos vorbereitet haben, können Sie mit dem eigentlichen Schnitt beginnen. Ziehen Sie dazu die drei Clips aus dem Projektfenster in das Schnittfenster. Gehen Sie dazu in dieser Reihenfolge vor:

1 Ziehen Sie Rohvideo_3.MPG in die Spur Video 1.
2 Ziehen Sie Rohvideo_1.MPG in die Spur Video 2.
3 Ziehen Sie Rohvideo_2.MPG in die Spur Video 1.

Zoomwerkzeug Vergrößern Sie nun die Ansicht mit dem Zoomwerkzeug, bis Sie die Ansicht aus Abb. 4.3-6 haben.

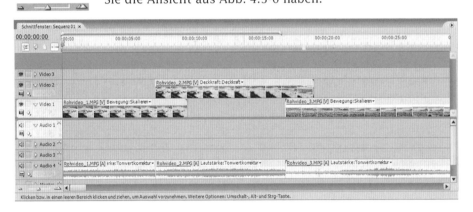

Abb. 4.3-6: Schnittfenster.

Erstes Video Nun haben Sie aus den drei Clips ein erstes geschnittenes Video erzeugt. Sie können es sich im Programmfenster ansehen (Abb. 4.3-7). Klicken Sie dazu im Programmfenster auf den *Play*-Button, und das vollständige Video wird abgespielt.

Es gibt noch einige Dinge, die hier stören. So sind die Schnitte noch sehr hart, der Ton ist wenig ansprechend und das Bild ist viel kleiner als das Vorschaufenster. Sie werden im Folgenden zunächst die harten Schnitte angehen und durch Überblendungseffekte abmildern.

Effekte

Spur Ziehen Sie dazu zunächst mit der Maus im Schnittfenster Rohvideo_1.MPG auf der Spur Video 2 ein Stück nach links. Es soll sich ein paar Sekunden mit der ersten Sequenz Rohvideo_3.MPG überscheiden. Anschließend machen Sie das

Abb. 4.3-7: Programmfenster.

gleiche mit Rohvideo_2.MPG. Auch dieses muss sich mit der mittleren Videosequenz überschneiden. Wenn Sie das Ergebnis nun im Programmfenster abspielen werden Sie zwei Effekte erkennen: Zunächst einmal ist das Gesamtvideo natürlich kürzer geworden, da jetzt mehrere Videos parallel gezeigt werden. Daneben sieht man aber dennoch immer nur ein Video, selbst an den Stellen, an denen sich zwei eigentlich überlagern müssten. Das liegt daran, dass Premiere die einzelnen Videospuren so interpretiert wie Photoshop die Ebenen: man sieht immer nur die Ebene / Spur, die weiter oben liegt. Hier ist das Spur 2.

Zu dieser Spur werden nun zwei Blendeneffekte eingeführt. Der erste Effekt soll die Sequenz einführen, muss also an seinem Anfang stehen, der zweite führt zur nächsten Sequenz, steht also am Ende. Gehen Sie dazu in das Effektefenster (Abb. 4.3-8). Hier stehen Ihnen eine ganze Reihe von Effekten für die Bild- und Tonbearbeitung zur Verfügung. Uns interessiert die Rubrik Videoüberblendungen und hier die Kategorie Überblenden. Hier finden Sie die Aktion Weiche Blende.

Blendeneffekte

Sie dient dazu, einen weichen Übergang von einer Sequenz zur nächsten zu definieren.

Abb. 4.3-8: Fenster Effekte.

Ziehen Sie mit der Maus den Effekt Weiche Blende zunächst an den Anfang und anschließend an das Ende der Sequenz Rohvideo_1.MPG auf Videospur 2. Ihr Schnittfenster sollte danach aussehen wie in Abb. 4.3-9. Betrachten Sie das Ergebnis wieder im Programmfenster.

Spuren Das geschnittene Video ist noch recht einfach und schon zeigt das Schnittfenster in Abb. 4.3-9 ein ziemliches Durcheinander: Eine Reihe von Audio- und Videospuren werden gar nicht genutzt. Hier hilft aufräumen. Wenn Sie mit der rechten Maustaste in den Bereich klicken, in dem die Titel der Spuren angezeigt werden, erscheint dort ein Popup-Menü. Über dieses Menü können Sie die betreffende Spur nicht nur umbenennen, sondern Sie können auch alle nicht genutzten Spuren löschen. Das Beispielprojekt ist recht klein, aber wenn Sie ein großes und komplexes Projekt

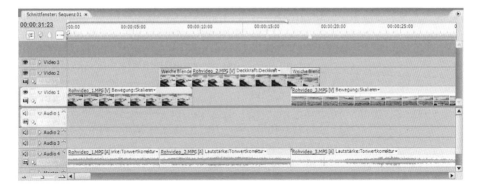

Abb. 4.3-9: Schnittfenster mit Einsatz von Überblendungen.

durchführen, dann geht häufig der Überblick verloren, welche Spuren eigentlich noch Inhalte anbieten. Hier hilft diese Funktion. Abb. 4.3-10 zeigt den Dialog zum Löschen von Audio- und Videospuren. Abb. 4.3-10 zeigt ebenfalls den Dialog, wenn Sie neue Spuren hinzufügen wollen. Sie aktivieren die Dialoge wie den Lösch-Dialog.

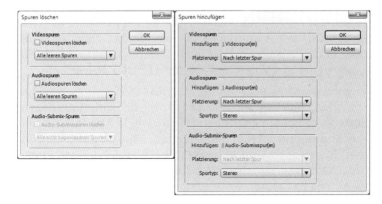

Abb. 4.3-10: Anlegen und Entfernen von Video- und Audiospuren in Adobe Premiere.

Bildgröße

Das zu kleine Bild im Vorschaufenster liegt daran, dass als technische Grundlage für das Projekt die Norm DV-PAL mit einer Auflösung von 720 * 576 Pixeln gewählt wurde. Im Projektfenster in Abb. 4.3-11 sehen Sie die technische Beschreibung des aktuell gewählten Rohfilms. Wie Sie sehen, haben die Beispielvideos eine Auflösung von nur 320 * 240 Pixel. Das Ausgangsmaterial ist also deutlich kleiner als das angestrebte Video. Hier gibt es zwei Möglichkeiten: Entweder Sie gehen mit der Projektauflösung herunter, oder Sie skalieren das Ausgangsmaterial. Wie Sie im Folgenden sehen werden ist das nachträgliche Vergrößern eines Videos eine qualitativ sehr unschöne Methode.

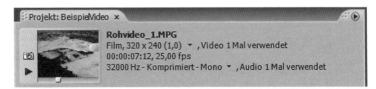

Abb. 4.3-11: Beschreibung der technischen Parameter eines Videos im Premiere Projektfenster.

Größe manipulieren

Wenn Sie in der Vorschau des Programmfensters einen Doppelkick auf das Video machen, wird es aktiviert. Sie erkennen es daran, dass kleine Vierecke an den Ecken und an den Seiten erscheinen. An diesen Vierecken können Sie die Größe des Videos manipulieren. Ziehen Sie das Video so groß, dass es den gesamten Vorschaubereich ausfüllt. Lassen Sie dann wieder das Video im Programmfenster abspielen.

Bild in Bild

So ganz passt es noch nicht: Sie müssen für jedes einzelne Rohvideo, welches Sie verwenden, diese Skalierung durchführen. Ansonsten entstehen Effekte wie in Abb. 4.3-12. Solche Bild-in-Bild-Effekte mögen vielleicht mitunter gewollt sein, hier jedoch sind ja bereits die Überblendungen eingebaut. Skalieren Sie also die beiden anderen Rohvideos genauso wie das erste.

Tipp

Das entstandene Video ist nun so groß, wie Sie es beim Anlegen des Projekts gewünscht hatten. Schön ist es dadurch nicht geworden: Sie erkennen deutlich die Pixel. Um solche Situationen zu vermeiden, sollten Sie bereits bei der Aufnahme darauf achten, dass das Rohmaterial im selben Format vorliegt wie das spätere geschnittene Video. Im Zweifelsfall ist eine zu hohe Auflösung bei der Aufnahme besser als eine zu niedrige. Besonders proble-

Abb. 4.3-12: Programmfenster mit Bild-in-Bild-Effekt.

matisch wird es, wenn Sie verschiedene Quellen haben, also Kameras, die unterschiedliche Auflösungen liefern. Auch wenn Sie für unterschiedliche Auflösungen produzieren, wie zum Beispiel für ein HD-Video und ein mobiles Gerät, sollten Sie sich bereits vor Drehbeginn genau überlegen, welche Qualität Ihr Ausgangsmaterial und Ihr angelegtes Projekt benötigen.

4.4 Ton einbinden *

Der Ton macht die Musik. Das gilt sehr stark auch bei Videos. Mit Schnittprogrammen wie Adobe Premiere lassen sich auch zusätzliche Tonspuren anlegen, importieren und genau auf das Video abstimmen.

Noch klingt das Rauschen des Meeres nicht wirklich aufregend. Die Qualität des Aufnahmegerätes war ganz offenbar so schlecht, dass der Ton eigentlich nicht sinnvoll genutzt werden kann. Ein einfacher Trick, um dieses Problem zu beheben, ist Musik. Je nachdem welche Musik dazu verwendet wird, kann das Video eine völlig andere Anmutung hervorrufen, von sanft und romantisch bis hin zu gefährlich und wild.

Musik ist neben der Ästhetik auch ein Problem der Legalität. Sicher haben Sie schon eine Vorstellung, welche Musik zu dem Video passen könnte, aber dürfen Sie die Musik auch legal in einem veröffentlichten Video verwenden? Um Musik legal öffentlich einzusetzen, haben Sie folgende Möglichkeiten:

▪ **Kauf**: Sie kaufen ein Musikstück für Ihre Videoproduktion. Üblicherweise kommen hier Kosten für die Lizensierung sowie GEMA-Kosten auf. Die **GEMA (Gesellschaft für musikalische Aufführungs- und mechanische Vervielfältigungsrechte)** wahrt die Rechte Musikschaffender an ihren Werken. Das erfolgt in einer pauschalen Vergütung. Wenn Sie Musik veröffentlichen, müssen Sie GEMA-Gebühren für jede Art der Veröffentlichung (TV, Web, Aufführungen etc.) entrichten.

▪ **GEMA-freie Musik**: Portale wie GEMAfreie Welten (http://www.gemafreie-welten.de), SoundTaxi (http://www.soundtaxi.net/), Proud Music Library (http://www.proudmusiclibrary.com), Blue Valley Filmmusik (http://www.bluevalley-filmmusik.de) oder Tonarchiv (http://www.tonarchiv.de) bieten GEMA-freie Musik zum Download an. Doch vorsichtig: GEMA-frei *(royalty free)* bedeutet nicht kostenlos *(license free)*. Meist kommen anstelle der GEMA-Gebühren Lizenzgebühren auf Sie zu. Einige Portale wie Master Tracks (http://www.mastertracks.de) bieten sogar GEMA- und lizenzfreie Musik an.

▪ **Eigenkomposition**: Die wenigsten Menschen sind allerdings musikalisch genug, um aufwändige Filmmusik zu komponieren und kaum einer hat ein Filmorchester an der Hand. Eine Alternative bietet hier Adobe Soundbooth, mit dem Sie schnell auch als Amateur brauchbare Hintergrundmusik erstellen können.

Musik erstellen mit Adobe Soundbooth

Mit dem Programm Adobe Soundbooth können Sie eigene Musik komponieren (siehe Kapitel »Audio«, S. 63). Öffnen Sie dazu wieder das Programm Soundbooth. Soundbooth stellt Ihnen eine ganze Reihe von Musikdaten im *scores*-Format zur Verfügung. Dieses Format hat die Eigenschaft, dass Sie die Dateien vergleichsweise einfach bearbeiten können. Öffnen Sie in Soundbooth das Fenster Aufgaben wie in Abb. 4.4-1. Hier finden Sie die Rubrik AutoCompose Score. In dieser Rubrik können Sie verschiedene Manipulationen an einer Musikdatei vornehmen. Zunächst einmal aber brauchen Sie eine Musikdatei. Klicken Sie auf den Button Score durchsuchen.

Soundbooth

Anhand des Icons oben links in der Titelleiste des Fensters können Sie erkennen, dass Sie nun gar nicht mehr in Soundbooth sind, sondern in Adobe Bridge. Hierbei handelt es sich um ein Werkzeug, mit dem Sie die Multimedia-Daten auf Ihrem Rechner organisieren können. Wie in Abb. 4.4-2 sind Sie gleich im Unterverzeichnis Adobe Soundbooth Scores gelandet. Hier finden Sie eine Sammlung frei einsetzbarer Musik nach Genres geordnet.

Adobe Bridge

Navigieren Sie durch die Ordner. Sie können sich die Musik anhören wenn Sie auf eine Score-Datei (.sbst) klicken. In Abb. 4.4-3 wurde die Datei Bedtime Story.sbst aktiviert. Mit einem Doppelklick wird die Datei in Soundbooth übernommen.

Sie können nun verschiedene Anpassungen vornehmen. Audio bereinigen macht in diesem Fall keinen Sinn, da die Score-Datei von sehr guter klanglicher Qualität ist. Sie können aber auch Videos, die Sie selbst beispielsweise bei Außenaufnahmen gedreht haben, mit Soundbooth optimieren. Dazu wählen Sie keine Score-Datei aus, sondern importieren einen Film über das Fenster Video. Hier macht die Option Audio bereinigen ebenso wie Frequenzbereich entfernen absolut Sinn, da die Tonqualität doch oft Wünsche offen lässt. Für das Beispielvideo sinnvoll ist allerdings die Erstellung einer Schleife wie in Abb. 4.4-4 gezeigt. Wird der Ton später wiederholt abgespielt, so ist das nicht zu erkennen. Das Ende der Datei ist genau auf den Anfang abgestimmt.

Anpassen

Sie können die Musik natürlich nach Belieben weiter bearbeiten. Bevor Sie sie für Ihr Video nutzen können, müssen Sie sie abspeichern (Abb. 4.4-5). Speichern Sie die Datei am Bes-

Speichern in Soundbooth

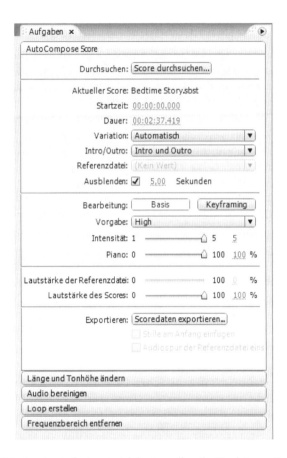

Abb. 4.4-1: Fenster Aufgaben in Adobe Soundbooth: Hier können Sie eigene Kompositionen anlegen.

ten in dem Ordner Rohmaterial, den Sie bereits angelegt haben. So bleiben alle relevanten Dateien zusammen. Achten Sie beim Speichern-Dialog darauf, dass Sie die Eigenschaften der Audiodatei auf die Eigenschaften abstimmen, die Sie für Ihr Video benötigen.

Einbinden in Adobe Premiere

Import in Premiere

Nun müssen Sie die erstellte Audiodatei in Premiere importieren. Klicken Sie dazu mit der rechten Maustaste auf das Projekt-Fenster und wählen Sie anschließend im Popup-

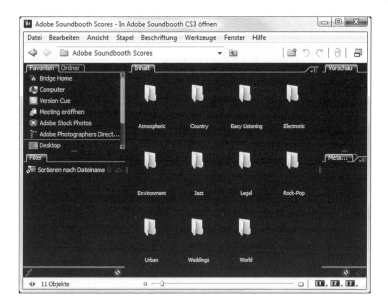

Abb. 4.4-2: Adobe Bridge: Soundbooth Scores.

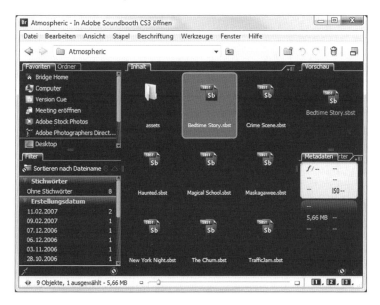

Abb. 4.4-3: Adobe Bridge: Auswahl eines Scores.

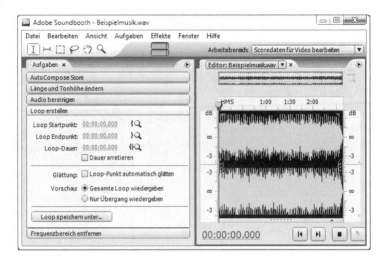

Abb. 4.4-4: Erstellen eines *Loop* mit Soundbooth.

Abb. 4.4-5: Adobe Soundbooth: Speichern.

Menü Importieren. Alternativ können Sie auch über das Menü Datei - Importieren gehen. Premiere macht keinen Unterschied, ob Sie ein Video oder ein reines Audio importieren, beides wird als Clip weiterbehandelt.

Ziehen Sie nun den Audioclip aus dem Projektfenster in die Spur Audio 1 des Schnittfensters. Sie werden feststellen, dass Ihr geschnittenes Video deutlich kürzer ist als die eben importierte Audiodatei. Scrollen Sie das Schnittfenster nach rechts bis zum Ende der Audiodatei und kürzen Sie diese indem Sie mit der Maus das Ende der Audiodatei greifen und nach links ziehen. Ihr Schnittfenster müsste nun in etwa wie in Abb. 4.4-6 aussehen.

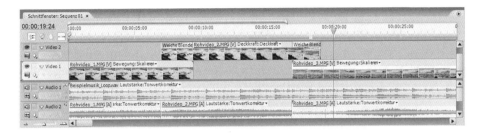

Abb. 4.4-6: Schnittfenster in Adobe Premiere.

Die Audiospuren Audio 1 und Audio 2 in Abb. 4.4-6 sehen **Spuranzeige**
unterschiedlich aus. Die Spur Audio 1 zeigt nicht nur einfach den Titel an, sondern auch die Wellenform der Audiodatei. Sie können zwischen beiden Ansichten wechseln, indem Sie auf das kleine Dreieck vor dem Spurnamen klicken.
Das funktioniert übrigens auch bei den Videospuren: Hier
können Sie die Anzeige auf den Namen reduzieren und die
Anzeige der Schlüsselbilder unterbinden. Sowohl Video- als
auch Audiospuren bieten zudem einige Einstellmöglichkeiten zur Anzeige, die Sie über die das quadratische Icon links
neben der Spur auswählen können.

Spielen Sie jetzt im Programm-Fenster das Video ab. Sie wer- **Lautstärke**
den feststellen, dass die Musik am Anfang zwar gut hör-
bar ist, am Ende jedoch von den Wellengeräuschen übertönt
wird. Die Wellengeräusche sollen aber allenfalls atmosphä-
rische Zugabe sein. Der eigentliche hörbare Fokus muss auf
der Musik liegen. Dazu stellen Sie die Audiospur der Clips
etwas leiser als die Audiospur der Musik. Auf welcher Spur
welcher Ton liegt, sehen Sie im Schnittfenster. In Abb. 4.4-6
liegt der Ton der Videos auf Spur 2 und der Ton der Musik
auf Spur 1.

Öffnen Sie nun Das Fenster Audiomixer wie in Abb. 4.4-7. Hier **Audiomixer**
sehen Sie die Einstellmöglichkeiten für die einzelnen Tonspuren. Der Audiomixer passt sich automatisch an die verwendete Anzahl der Tonspuren an. Für das bisher erstellte
Beispiel reichen zwei Einstellbereiche für die beiden Tonspuren und ein mit Master bezeichneter Einstellbereich für
das Gesamtvideo aus. Ob die hier vorgenommenen Einstellungen Auswirkungen auf das Video haben, definieren Sie in

der Auswahlliste Automatischer Modus unter dem Spurtitel. Zu Auswahl stehen hier:

- **Aus:** Sie können die Regler und Einstellungen des Mixers beliebig verändern während das Video abläuft. Das Video selbst wird dadurch nicht modifiziert. Dieser Modus eignet sich gut zum Experimentieren.

- **Lesen:** Wenn Sie Veränderungen vorgenommen haben, dann werden diese im Modus Lesen aus dem Video eingelesen und beim Abspielen berücksichtigt.

- **Schreiben:** Wenn Sie Veränderungen in der Audioeinstellung vornehmen, dann werden diese in das Video geschrieben und stehen später im Lesen-Modus wieder zur Verfügung. Probieren Sie Folgendes: Starten Sie das Video im Programmfenster. Während das Video abläuft schieben Sie den Aussteuerungsregler einer Tonspur abwechselnd nach oben und nach unten. Stellen Sie anschließend den Mixer dieser Tonspur auf Lesen und starten Sie das Video erneut. Wie von Geisterhand geht nun der Regler wieder hoch und runter, gerade so wie Sie es vorher vorgegeben haben. So können Sie die einzelnen Audiospuren über den Verlauf des Videos hinweg dynamisch einstellen.

- *Latch:* Während die Einstellung Schreiben dazu führt, dass die gesamte Tonspur von Beginn an mit neuen Einstellungen beschrieben wird, wartet Latch mit dem Schreiben, bis Sie beginnen, manuell die Einstellungen zu ändern. Bis zum Zeitpunkt Ihres Eingreifens bleiben die alten Einstellungen erhalten.

- *Touch:* Wie schon Latch startet auch Touch erst ab dem Zeitpunkt Ihres ersten manuellen Eingreifens mit dem Schreiben neuer Einstellungen. Jedoch hört es damit auch wieder auf, wenn Sie nicht mehr manuell eingreifen. Dann werden wieder die alten Werte genommen.

Unter der Auswahlliste für den Automatisierungsmodus befindet sich ein Drehregler. Er bietet die Möglichkeit, Tonspuren auf beiden Stereoausgänge zu verteilen. Sie könnten also beispielsweise die Wellengeräusche auf dem linken und die Musik auf dem rechten Lautsprecher hören. Unter dem Drehregler wiederum befinden sich drei kleine Icons. Über das Lautsprecher-Icon stellen Sie die Spur stumm. Über das Trompete-Icon stellen Sie alle anderen Spuren stumm und

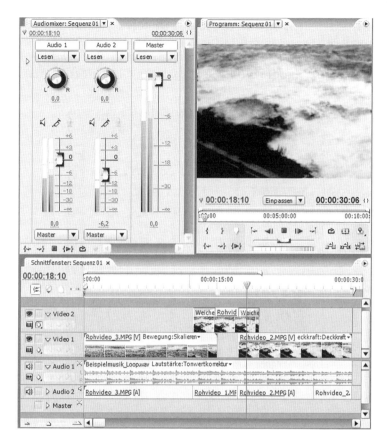

Abb. 4.4-7: Zusammenspiel von Audiomixer mit Programm- und Schnittfenster in Adobe Premiere.

über das Mikrofon-Icon können Sie die Spur für Aufnahmen nutzen.

Für das hier besprochene Problem ist die Aussteuerung interessant. Diese wird über einen Schieberegler justiert, mit dem Sie die Intensität der einzelnen Audiospuren einstellen können. Dabei gibt es einen Aussteuerungsregler für jede Spur und zusätzlich einen mit Master bezeichneten für das Gesamtvideo. Probieren Sie, mit welcher Aussteuerung Ihr Video am besten klingt.

Aussteuerung

Sehr unscheinbar finden Sie am linken Fensterrand des Audiomixers ein kleines Dreieck. Tatsächlich steckt hier weit

Effekte

mehr dahinter, als die Größe des Dreiecks vermuten lässt: Wenn Sie es anklicken, öffnet sich im Audiomixer ein neuer Bereich. Nun steht Ihnen eine ganze Reihe von Tonfiltern zur Verfügung, die durchaus anspruchsvolle Effekte bereitstellen.

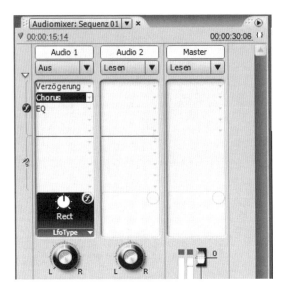

Abb. 4.4-8: Effektfilter im Audiomixer von Adobe Premiere.

4.5 Titel einbinden *

Videos beginnen und enden in der Regel mit Texteinblendungen: Titel und Abspann. Mit dem Titeleditor von Adobe Premiere lassen sich solche Texte gestalten und einbinden.

Zu einem richtigen Video gehören natürlich auch Titel und Abspann. Adobe Premiere stellt hierfür das Werkzeug des Titeleditors zur Verfügung. Gehen Sie im Premiere-Menü auf Titel - Neuer Titel. Im Untermenü können Sie nun wie in Abb. 4.5-1 zwischen Standard-Standbild, Standard-Rollen und Standard-Kriechen wählen. Dabei handelt es sich um drei unterschiedliche Varianten für die Titelgestaltung. Grundsätzlich besteht ein Titel aus Text. Über die Varianten entscheiden Sie, was mit dem Text geschehen soll:

▓ **Standard-Standbild**: Der Text erscheint im Vordergrund des Videos als einfacher Text ohne jede Bewegung

▓ **Standard-Rollen**: Der Text rollt von unten nach oben, wie Sie es in Kinofilmen vom Abspann her kennen.

▓ **Standard-Kriechen**: Der Text kriecht von rechts nach links über den Bildschirm wie bei Laufleisten.

Titelarten

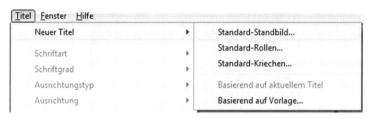

Abb. 4.5-1: Menü zum Titeleditor in Adobe Premiere.

Wählen Sie eine der Varianten aus. Im folgenden Beispiel wird von der Variante Standard-Standbild ausgegangen. Sie werden zunächst nach einem Namen für den zu erstellenden Titel gefragt. Verwenden Sie hier möglichst einen sprechenden Namen. Er erscheint später im Projekt-Fenster neben den bereits importierten Clips. Es erscheint nun der Titeleditor wie in Abb. 4.5-2.

Der Titeleditor dient in erster Linie dazu, Text zu erstellen und zu formatieren. Daneben können aber auch einfache Formen genutzt werden. In der Mitte befindet sich die Vorschau. Hier sehen Sie im Hintergrund den Anfang Ihres Videos. Wenn Sie bereits mehrere Titel angelegt haben, können Sie in der Titelleiste des Vorschau-Fensters eine Drop-Down-Box öffnen und so zwischen den Titeln hin- und herspringen.

Titeleditor

Unter der Vorschau finden Sie das Titelstile-Fenster. Hier können sie ähnlich wie bei den Formatvorlagen in Office-Programmen bereits voreingestellte Stile auswählen. Sie werden feststellen, dass diese in der Regel sehr bunt und wenig überzeugend sind. Es lohnt sich also ein paar Minuten zu investieren, um die Einstellungsmöglichkeiten für einen eigenen Stil zu erkunden.

Titelstile

Auf der linken Seite finden Sie die Titelwerkzeuge. Da es vor allem um Schrift geht, stehen Ihnen hier verschiedene Textfelder zur Verfügung, die sich in ihrer Ausrichtung un-

Titelwerkzeuge

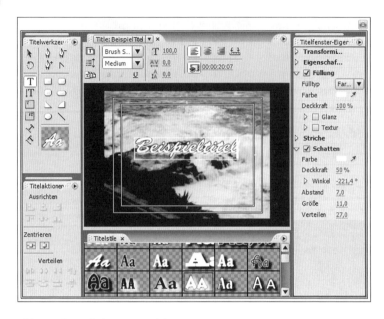

Abb. 4.5-2: Titeleditor von Adobe Premiere.

terscheiden. Zusätzlich gibt es einen Zeichenstift sowie verschiedene Formen.

Titelaktionen　Im Fenster Titelaktionen bietet es sich an, die Elemente, welche Sie bereits angelegt haben, automatisch zu positionieren. Wenn Sie beispielsweise einen Text haben, den Sie gerne im Zentrum positionieren möchten, dann markieren Sie zunächst das Textfeld. Das können Sie wie bei Photoshop mit dem Auswahlwerkzeug machen. Anschließend klicken Sie in der Kategorie Zentrieren auf beide Buttons: Das Textfeld wird in der Mitte des Bildschirms positioniert.

Eigenschaften　Auf der rechten Seite befindet sich das Eigenschaften-Fenster. Hier können Sie zu jedem angelegten Objekt die entsprechenden Eigenschaften definieren. Bei Textfeldern sind dies nicht nur Schriftart, -größe und Farbe, sondern die gesamte Bandbreite an typografischen Eigenschaften. Für bildliche Objekte gibt es ebenfalls eine große Anzahl von Einstellungsmöglichkeiten. Achten Sie bei der Arbeit mit dem Eigenschaften-Fenster immer darauf, dass Sie zunächst das zu bearbeitende Objekt auswählen müssen. Das Fenster passt sich immer automatisch dem aktuell ausgewählten Objekt an. Die Eigenschaften sind selbstsprechend, probieren Sie einfach ein wenig herum. Aber bedenken Sie: Bei der Typographie gilt ganz besonders die alte Weisheit: Weniger ist mehr!

Wenn Sie mit Ihrem Titel fertig sind und ihn abspeichern möchten, werden Sie feststellen, dass der Titeleditor weder einen Menüeintrag noch einen Button für eine solche Aktion hat. Es mag zunächst ungewohnt sein, aber es genügt das Titelfenster über das kleine Kreuz in der oberen rechten Ecke zu schließen. Das Ergebnis Ihrer Arbeit wird automatisch in das Projekt-Fenster übernommen. Dies geschieht übrigens bereits sobald Sie einen Namen für Ihren Titel angegeben haben. Beobachten Sie das Projekt-Fenster im Hintergrund beim Anlegen eines neuen Titels.

Titel
übernehmen

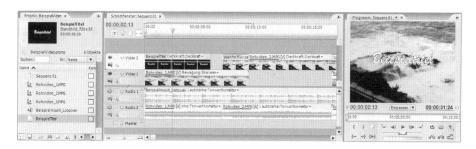

Abb. 4.5-3: Einbinden eines Titels in ein Video mit Adobe Premiere.

Nun befindet sich Ihr Titel im Projekt-Fenster. Wenn Sie Ihn weiterbearbeiten wollen, genügt ein Doppelklick mit der Maus. Wenn Sie ihn in Ihr Video integrieren wollen, ziehen Sie ihn per *drag&drop* mit der Maus in das Schnittfenster auf eine Videospur wie in Abb. 4.5-3 gezeigt. Sie können nun das Video im Programm-Fenster abspielen, um zu prüfen, wie es sich vor dem Hintergrund macht. Nun wird es Zeit, einen Effekt einzusetzen, um den Titel langsam auszublenden.

Titel einbinden

4.6 Weitere Schritte *

Nach dem erfolgreichen Schnitt muss das Video noch exportiert werden. Danach stehen eventuell noch verschiedene Arbeitsschritte der Postproduktion an wie zum Beispiel das Erstellen einer DVD oder der Einsatz von Spezialeffekten.

Export und weiteres Vorgehen

Premiere verwendet immer die Originalquellen und merkt sich die Änderungen, die Sie vorgenommen haben, um einen Film zu erstellen. Das bedeutet aber, dass nach wie vor eigentlich kein neuer Film entstanden ist. Um den Film also auch tatsächlich als Film zu verwenden, müssen Sie ihn erst erstellen. Hierfür steht Ihnen der Menüpunkt Datei - Exportieren - ... zur Verfügung.

Es gibt verschiedene Exportmöglichkeiten. Zunächst können Sie natürlich den gesamten Film, die Audiospur oder auch nur ein Einzelbild exportieren. Abb. 4.6-1 zeigt den Dialog zum Exportieren des gesamten Films. Sie können den Speicherort wählen. Der Film selbst wird als avi-Datei abgespeichert. In diesem Format ist er für die meisten Player ohne weitere Probleme lesbar.

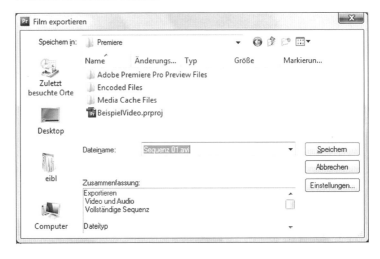

Abb. 4.6-1: Dialog Film exportieren in Adobe Premiere.

Tipp   Wenn Sie nicht exportieren können, weil der entsprechende Menüeintrag ausgegraut ist, dann wechseln Sie ins Projekt-, Schnitt- oder Programmfenster. Dann wird der Eintrag aktiv.

Adobe Media Encoder   Die Standardoption für den Filmexport wird Ihnen nicht immer das gewünschte Ergebnis liefern. Als Alternative bietet sich hier der Export über den Adobe Media Encoder an. Hier steht Ihnen die ganze Breite der möglichen Optionen zur Verfügung. So können Sie natürlich zunächst über Format einen anderen Codec auswählen. Daneben können Sie aber über Vorgabe auch die ursprüngliche Entscheidung für DV-PAL revidieren und nun jedes Ausgabeformat wählen – natürlich mit den eingangs angesprochenen qualitativen Problemen, die ein so später Wechsel mit sich bringen kann. Ferner haben Sie noch die Möglichkeit, die Ausgabeparameter sehr genau einzustellen und so die Bitrate niedrig zu halten. Schließlich können Sie noch den auszugebenden Bildausschnitt beschneiden.

Abb. 4.6-2: Export über den Adobe Media Encoder.

Mit dem fertig geschnittenen Film kann die Arbeit aufhören. Oder sie fängt erst richtig an. Adobe bietet zwei Programme an, die an dieser Stelle ansetzen. Wenn Sie Ihren Film oder vielleicht auch mehrere Filme auf eine DVD oder Blu-Ray brennen möchten, dann sieht es schöner aus, wenn die DVD im Player auch ein entsprechend ansprechendes Menü hat. Dieses lässt sich mit Adobe Encore erstellen.

Postproduktion

Mit Hilfe von Adobe After Effects lassen sich aufwändige Spezialeffekte realisieren. Die Möglichkeiten umfassen vor allem die Integration von zweidimensionalem und dreidimensionalem computergeneriertem Inhalt. After Effects arbeitet dabei mit einer Reihe weiterer Programme zusammen.

Literatur

Buch Die Literatur zu Premiere und allgemeiner zu Videoschnitt ist sehr umfangreich. Drei empfehlenswerte Werke sind von erfahrenen Autoren geschrieben und können empfohlen werden. Wenn Sie von hier aus allgemein zum Thema Videoschnitt weiterlesen möchten, empfiehlt sich das Buch [Rogg09]. Wenn Sie eher nah am Programm Premiere arbeiten möchten und hier noch weitere Möglichkeiten kennen lernen möchten, sei Ihnen [Klaß07] empfohlen. Für Wagemutige, die sich hier professionalisieren wollen, bietet das Buch [Font08] die notwendige Herausforderung.

Web Auf der Website digitalvideoschnitt.de (http:// digitalvideoschnitt.de/services/tutorials/adobe-premiere. html) finden Sie Hinweise zu einer Reihe von Tutorien, die weiter in die Thematik einführen. Adobe selbst bietet auf der Seite Adobe Video Workshop (http://www.adobe.com/designcenter/video_workshop/) eine Reihe von videobasierten Tutorien an.

5 2D-Animationen mit Flash *

Adobe Flash gilt heute als die Standardtechnik zweidimensionaler Animationen im Web. Dabei hat Flash den Begriff der Animation sicherlich weiter gedehnt als man es sich noch vor nicht allzu langer Zeit hätte vorstellen können: Längst werden mit Animationen nicht mehr bewegte Illustrationen assoziiert, die Vorgänge wie die Arbeitsweise des Viertaktmotors visualisieren, bei denen rein textliche Beschreibungen scheitern.

Vielmehr tauchen Animationen an vor kurzem noch undenkbarer Stelle auf: Spiele nutzen Flash als Basistechnik, Videoportale verwenden Flash als Präsentationsmedium, Werbung erscheint heute in aufwändig produzierten Bannern.

Hier scheint sich Geschichte zu wiederholen. In der Ersten großen Flashphase um die Jahrtausendwende mussten Anwender jeder großen Website einen sogenannten *Intro-Screen* passieren, der durchweg völlig unsinnig die Nutzung eines Angebots verzögerte – nicht zuletzt wegen der langen Wartezeiten beim Laden. Inzwischen sind diese Intros nahezu völlig aus dem Web verschwunden. Dafür expandieren Werbebanner plötzlich und legen sich über den gesamten Browser. Anwender suchen mühsam das kleine versteckte X zum Schließen der Werbung.

In Bezug zu Animationen im Allgemeinen und Flash insbesondere gilt: Etwas wird nicht automatisch besser, weil es sich bewegt. Wenn man mit dem Gedanken spielt, Flash einzusetzen, kann man viele Fehler machen. Damit sind weniger die technischen Fehler gemeint als die der Benutzerinteraktion. Eine falsch konzipierte Animation verwirrt und hält Anwender vom Gebrauch der Website ab.

Wenn Sie nicht über Adobe Flash verfügen, können Sie über die Download-Seite von Adobe (http://www.adobe.com/de/downloads/) eine sogenannte Try-Out-Version herunterladen, die 30 Tage kostenlos getestet werden kann.

Zunächst erfolgt eine Einführung in das Thema:

▦ »Hintergrund«, S. 140

Die Arbeitsumgebung von Flash wird vertieft behandelt:

▦ »Einführung in die Arbeitsumgebung«, S. 143

Danach wird das Thema Zeichnen vertieft:

Symbole werden eingehender betrachtet:

Das Thema Zeitleiste wird vertieft behandelt:

Flash übernimmt die die Modifikation von Formen für Sie: Beim Formtweening geben Sie Anfangs- und Endzustand einer Form an, die Zwischenschritte werden automatisch berechnet:

Analog zum Formtweening können Sie über das Bewegungstweening auch Bewegungen automatisieren:

Abschließend werden Flashanimationen veröffentlicht und in Webseiten eingebunden:

5.1   Hintergrund *

Unter verschiedenen Namen und von verschiedenen Firmen wurde Flash seit der Anfangszeit des Web kontinuierlich weiterentwickelt und 2005 von Adobe aufgekauft. Seine Marktstärke liegt zum einen in der Animation begründet, zum anderen in der Möglichkeit der Videoverarbeitung.

Adobe Flash hat eine bewegte Geschichte hinter sich. Obwohl es erst 2005 mit diesem Namen auftaucht, begleitet es die Entwicklung des Webs von Anfang an. Die Konzernstrategie sieht Flash aber längst nicht mehr als Webanwendung, sondern ermöglicht seinen Einsatz in völlig unterschiedlichen Umgebungen.

Grundelemente In der Welt des Internets hat sich Adobe Flash als führende Technik für Video, Animation und damit auch Werbung etabliert. Mit ActionScript erlaubt es Flash vergleichsweise einfach, komplexe Animationen durchzuführen. Auch lässt sich personalisierter Inhalt leicht erstellen. Inhalte, wie zum

Beispiel eingeblendete Texte und Bilder, werden dabei nicht direkt in das Video integriert, sondern sind in sogenannten Ebenen *(layer)* organisiert. Das Prinzip ist vergleichbar mit den vom Overheadprojektor bekannten Folien, die übereinander gelegt werden können. Ebenen können ein- und ausgeblendet werden und natürlich ihre Inhalte personalisiert organisiert werden.

Adobe Flash ist heute wohl am weitesten verbreitete Möglichkeit, 2D-Anmiationen für das Internet zu erstellen. Flash selbst hat dabei eine bewegte Geschichte hinter sich, die eng an die Entwicklung des Internet gebunden ist. Ein erster Vorläufer zu Flash wurde 1995 von der Firma FutureWave Splash (SPL) vorgestellt. Splash-Dateien konnten im Browser über das Plugin FutureSplash angezeigt werden.

Historie: Splash

1996 übernahm die Firma Macromedia FutureWave und vertrieb die Weiterentwicklungen von Splash 1997 als Flash Version 1 und Shockwave Flash Player. In Version 4 wurde 1999 die Programmiersprache ActionScript eingebunden. ActionScript basiert auf der standardisierten Programmiersprache ECMA, die unter dem Namen JavaScript in der Browsertechnik Einzug gefunden hat. Die 2002 unter dem Namen Flash MX eingeführte Version 6 enthielt erstmals einen Videocodec.

Historie: Macromedia

Nach einigen Verbesserungen, insbesondere des ActionScript, wird Macromedia 2005 von Adobe übernommen. In der Folge werden zahlreiche Optimierungen für Rastergrafiken und Videoverarbeitung integriert. Ab 2006 erscheint Flash dann auch unter dem Namen Adobe. 2008 schließlich legt Adobe die Spezifikation für Flash offen. Damit wurde ein bis dato immer eklatanter werdendes Problem gelöst: Jetzt können auch Suchmaschinen Flash-Dateien indexieren.

Historie: Adobe

Videostreaming wird im kommerziellen Bereich durch die Formate Quicktime, RealVideo, Windows Media Video und Flash Video unterstützt. Webbasierte Anwendungen stützen sich dabei mehr und mehr auf Flash Video. Der Grund liegt vor allem in der komfortablen Einbindung von Interaktionsmöglichkeiten. Flash ist ursprünglich Mitte der 1990er Jahren als Werkzeug zur Darstellung interaktiver Animationen gedacht und beinhaltete in den ersten Versionen keine Vi-

Video

deounterstützung. Seit 2002 wird auch Video unterstützt. Mit der Integration des MPEG-4 Codecs H.264 im Dezember 2007 ist Flash Video auf dem neuesten Stand der Technik. H.264 wird beispielsweise in Videokonferenzsystemen, HDTV oder auch portablen Geräten eingesetzt und dürfte sich auch in den nächsten Jahren als Standardkompressionsverfahren für qualitativ hochwertiges Video halten.

Jenseits des Browsers
Obwohl zunächst vor allem für den Einsatz in Web-Browsern konzipiert, spielt Flash heute auch in anderen Umgebungen eine zentrale Rolle. Die Sony Playstation beispielsweise unterstützt Flash ebenso wie die Nintendo Wii. 2009 hat Adobe eine Erweiterung der Flash-Plattform für den Heimbereich, insbesondere für TV-Geräte, vorgestellt. Damit ist es möglich, Flash-Videos direkt auf dem TV-Gerät zu betrachten. Eine ganze Reihe von Herstellern von TV-Geräten, Settop-Boxen und anderen Empfangsgeräten haben angekündigt, die Technik zu integrieren.

Selbst digitale Bilderrahmen sind inzwischen in der Lage Flash-Dateien über Flash Lite abzuspielen. Eine ganze Phalanx mobiler Geräte nutzt die Flash-Plattform: So unterstützen die Betriebssysteme für mobile Geräte Android, Symbian, WebOS und Windows-Mobile bereits Flash in Form des Flash-Players. Für sie wurde die Laufzeitumgebung Adobe AIR konzipiert. Damit ist es möglich, Flashanwendungen auch außerhalb des Browsers auf verschiedensten Geräten laufen zu lassen.

open screen project
Hintergrund dieser Entwicklung ist das *open screen project* (http://www.openscreenproject.org), welches Adobe ins Leben gerufen hat, um Flash möglichst vielen Plattformen zugänglich zu machen. Die Mitgliederliste liest sich wie ein Who is Who der IKT-Branche: Chiphersteller (AMD, Intel), Netzwerkspezialisten (CISCO), Handyhersteller (Motorola, HTC, Nokia, Sony Ericsson), Computerhersteller (LG, Toshiba), Grafikkartenhersteller (NVIDIA) und Inhalteproduzenten (Disney, BBC, Stern, Times) haben sich hier zusammengeschlossen. Die Durchsetzungskraft dieser Allianz ist so stark, dass Adobe offensichtlich in der Lage ist, konkurrierende Entwicklungen wie HTML 5 aufzuhalten.

5.2 Einführung in die Arbeitsumgebung *

Die Arbeitsumgebung von Flash ähnelt auf den ersten Blick zunächst der von Photoshop. Das ist durchaus gewollt. Adobe verfolgt seit einiger Zeit eine Integrationsstrategie für seine Oberflächen. Insbesondere die Interaktion mit der Oberfläche ist für alle Adobe-Produkte gleich gestaltet.

Nach dem Starten von Flash erscheint zunächst der Begrüßungsbildschirm. Hier werden häufig genutzte Programmfunktionen präsentiert, aus denen Sie eine auswählen können. Links erscheint eine Liste mit den zuletzt geöffneten Dateien. Beim ersten Öffnen wie in Abb. 5.2-1 ist die Liste noch leer und es besteht nur die Möglichkeit, eine Datei zu öffnen. Aber in Zukunft finden Sie hier die Dateien eingetragen, die Sie bereits bearbeitet haben.

Begrüßungs-bildschirm

Abb. 5.2-1: Flash Intro-Bildschirm.

Mittig erscheinen die Möglichkeiten, neue Dateien anzulegen. Die aufgelisteten Dateitypen sind:

Neu erstellen

▪ **Flash-Datei**: Hier können Sie ein neues Flashdokument (Dateiendung: *.fla) erstellen. Sie können zwischen

ActionScript Version 2.0 und 3.0 wählen. Beachten Sie, dass Adobe mit der Version 3 eine neue Architektur der Sprache eingeführt hat. Zwar wurden viele Begrifflichkeiten und Methoden übernommen, tatsächlich ist ActionScript aber deutlich stärker an der objektorientierten Programmierung orientiert. Der Vorteil in der Praxis liegt in einer deutlich schnelleren Ausführung der Skripte. Das Problem für viele Praktiker liegt darin, dass alte Skriptdateien nicht mit der neuen Version kombiniert werden können.

- **Flash-Datei für mobile Geräte**: Über die Gerätesammlung Device Central können Sie ein Zielgerät auswählen, für das Sie die Flash-Datei (Dateiendung: *.fla) erstellen möchten.

- **Flash-Folienpräsentation**: Ähnlich wie Sie es vielleicht von Microsoft Powerpoint oder OpenOffice Impress her kennen, können Sie auch mit Flash Folienpräsentationen erstellen.

- **Flash-Formularanwendung**: Formular-basierte Anwendungen sind nichtlinear gestaltet und erlauben Eingaben und ihre Verarbeitung.

- **ActionScript-Datei**: Sie können losgelöst von einer Flash-Anwendung eine externe ActionScript-Datei (Dateiendung: *.as) erstellen. Hierfür stellt Ihnen die Umgebung einen eigenen Editor zur Verfügung.

- **AS-Kommunikationsdatei**: Sie können ActionScript-Dateien auch für das Zusammenspiel mit dem Flash Communication Server definieren. Diese Möglichkeit wird nicht behandelt.

- **Flash-JavaScript-Datei**: ActionScript wird für die Steuerung von Flashanimationen im Flashplayer verwendet. Mit Flash-JavaScript-Dateien können Sie die Steuerung der Authoring-Umgebung, also des Flash-Programms beeinflussen.

- **Flash-Projekt**: Sie können die Verwaltung Ihrer Flashprogrammierung optimieren, indem Sie ein Projekt erstellen, in welchem alle notwenigen Dateien gemeinsam abgebildet werden

Vorlagen   In der rechten Spalte werden Ihnen ferner Möglichkeiten angeboten, Projekte aus Vorlagen zu erstellen. Die angebotenen Vorlagen sind:

- **Anzeigen**: Hier stehen Ihnen verschiedene vordefinierte typische Größen für Ihre Flashanwendung zur Verfügung, wie zum Beispiel klassische Bannergrößen.
- **BREW-Handsets**: BREW ist eine Plattform für Mobilfunkgeräte. Sie ermöglicht sehr komplexe Anwendungen und wird von der Firma QUALCOMM verwaltet, bei der Sie sich registrieren müssen, wenn Sie eine Anwendung für mobile Geräte schreiben wollen, die BREW unterstützen.
- **Empfängergeräte**: Hier stehen Ihnen Vorlagen zur Verfügung für mobile Empfängergeräte von MP3 Dateien aus dem Internet.
- **Fotopräsentationen**: Wenn Sie aus einer Sammlung von Fotografien eine Fotopräsentation erstellen wollen, sollten Sie die Bilder in gleicher Größe und Qualität in einem Verzeichnis ablegen. Idealerweise sind die Bilder durchnummeriert. Dann werden Sie automatisch in der richtigen Reihenfolge eingelesen.
- **Globale *Handsets***: Sie können für Mobilgeräte von Sony Ericsson, Nokia und die Windows Mobile-Plattform Animationen erstellen.
- **Weitere Optionen**: Zusätzliche mobile Geräte und weitere Anwendungen werden hier unterstützt.

Es wird Ihnen aufgefallen sein, dass viele Vorlagen explizit für *Handsets*, also mobile Geräte existieren. Der Hintergrund dieser Vorlagen ist, dass mobile Geräte eine gegenüber klassischen Computern deutlich geringere Speicher- und Rechen-Kapazität haben. Dafür hat Adobe eine hochgradig optimierte Version von Flash geschaffen:Flash Lite. Betriebssysteme für Mobilfunkgeräte wie Symbian oder Windows Mobile unterstützen Flash Lite inzwischen in Version 3. Ferner haben auch einige Home-Entertainment-Geräte Flash Lite integriert.

Handsets:
Flash Lite

Die besprochenen Listen Zuletzt geöffnete Dateien, Neu erstellen und Aus Vorlage erstellen stehen Ihnen auch im Menü der Entwicklungsumgebung zur Verfügung. Sie können also getrost das Häkchen Nicht mehr anzeigen setzen. Im unteren Bereich des Begrüßungsbildschirms können Sie sich über neue Funktionen von Flash CS3 informieren oder auch erste Schritte zum Erlernen durchführen.

Die Entwicklungsumgebung selbst ist standardmäßig in sechs Bereiche aufgeteilt. Abb. 5.2-2 verdeutlicht die Bereiche, wie sie von Adobe voreingestellt sind. Wenn Sie mit der Maus über die Bereiche fahren, werden Sie sehen, dass Sie, bis auf die Menüleiste, jeden Bereich beliebig vergrößern, verkleinern, ein- und ausblenden sowie verschieben können. Wenn Sie mit einer handelsüblichen Bildschirmkonfiguration arbeiten macht die Voreinstellung von Adobe allerdings Sinn.

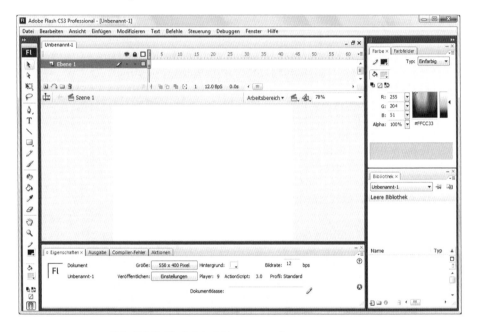

Abb. 5.2-2: Flash Entwicklungsumgebung.

Die sechs Bereiche sind:

- **Menü**: Über die Menüleiste erreichen Sie die wichtigsten Programmfunktionen. Die Arbeit mit Menüs kennen Sie von anderen Anwendungen.

- **Werkzeugleiste**: Auf der linken Seite finden Sie die Werkzeugleiste. Hier sind wie bei Photoshop die wichtigsten Werkzeuge zum Zeichnen aufgeführt. Verwandte Werkzeuge sind gruppiert. Über den Doppelpfeil am oberen Ende können Sie die Werkzeugleiste einspaltig oder Doppelspaltig anzeigen lassen.

▓ **Bedienfenster**: Auf der rechten Seite werden wie schon bei Photoshop in eigenen Fenstern spezielle Programmfunktionen angeboten. Über den Menüeintrag Fenster können Sie hier zusätzliche Fenster an- und abwählen. Über den Doppelpfeil am oberen Ende können Sie die Fenster in der vollen Breite oder in einer komprimierten Form darstellen lassen.

▓ **Zeitleiste**: In der mittleren Spalte der Entwicklungsumgebung finden Sie drei übereinander dargestellte Fenster. Oben befindet sich die Zeitleiste. Sie ermöglicht den direkten zeitabhängigen Zugriff auf Einzelbilder *(Frame)* und ihre Ebenen. Der Flashfilm läuft *Frame* für *Frame* ab, ähnlich wie Sie es von Videos kennen.

▓ **Dokument**: Mittig finden Sie den eigentlichen Arbeitsbereich. Hier erstellen Sie ihre Grafiken. Sie können neue Objekte innerhalb oder auch außerhalb des weißen Bereiches erstellen. Dieser Bereich ist die sogenannte Bühne. Was in der Bühne gezeichnet ist, wird im späteren Film zu sehen sein.

▓ **Eigenschaften**: Unten werden die Eigenschaften der Objekte gezeigt, die gerade bearbeitet werden. Sie können die Eigenschaften hier sehr genau modifizieren. Die Modifikation wird automatisch im Dokumentfenster übernommen.

5.3 Zeichnen mit Flash *

Flash gilt zwar als Animationsprogramm, aber auch Animationen müssen zunächst gezeichnet werden. Hier stehen Ihnen auf der Flashoberfläche verschiedene Möglichkeiten zur Verfügung, die an Photoshop erinnern, allerdings mitunter große und leider auch auf den ersten Blick nicht zu erkennende Unterschiede aufweisen.

Flash gilt zwar als Animationsprogramm, aber auch Animationen müssen zunächst gezeichnet werden. Hier stehen Ihnen auf der Flashoberfläche verschiedene Möglichkeiten zur Verfügung, die an Photoshop erinnern, allerdings mitunter große und leider auch auf den ersten Blick nicht zu erkennende Unterschiede aufweisen.

Um mit Flash zu zeichnen, können Sie einiges Vorwissen aus Photoshop wiederverwenden. Dennoch gibt es einige Be-   Von Photoshop zu Flash sonderheiten, an die man sich zunächst gewöhnen muss. Schließlich ist Photoshop ein Bildverarbeitungsprogramm und mit Flash zeichnen Sie Vektorgrafiken. Gerade die Ähnlichkeit zu Photoshop machen die Unterschiede beim intuitiven Erlernen zum Problem, weshalb hier etwas genauer auf die Technik des Zeichens eingegangen werden soll.

Werkzeugleiste   Die Werkzeugleiste zeigt bereits einige Spezifika gegenüber Photoshop auf. Getrennt durch waagerechte Linien ist Sie insgesamt in vier inhaltliche Gruppen sortiert. In der ersten Gruppe finden Werkzeuge zur Auswahl und zu Transformationen. In der zweiten Gruppe sind Werkzeuge zum Zeichnen von Objekten und zur Darstellung von Text zusammengefasst. In der dritten Gruppe finden Sie Werkzeuge zur Bearbeitung von Farben für Füllungen und Strichen. Der letzte Bereich schließlich fasst Werkzeuge zusammen, die zur Steuerung der Arbeitsfläche und Einstellungen des aktuell ausgewählten Objekts dienen.

Zunächst werden Formen gezeichnet. Hierfür stehen in Flash verschiedenen Formtypen, Strichstärken und -arten zur Verfügung:

▦ »Objekte zeichnen«, S. 148

Gezeichnete Objekte können beliebig in Größe, Positionierung und Ausrichtung transformiert werden:

▦ »Objekte transformieren«, S. 157

Farben und Farbverläufe werden vertieft behandelt in:

▦ »Arbeiten mit Farben«, S. 160

Die Zeichenmodelle Objektzeichnungsmodell und Zeichenverbindungsmodell bestimmen die Wirkung sich überlagernder Formen aufeinander:

▦ »Arbeiten mit Objekten«, S. 165

5.3.1   Objekte zeichnen *

Flash ermöglicht das einfache Zeichnen von Formen wie Kreis, Rechteck oder Polygon. Es können verschiedene Stricharten und -stärken verwendet werden. Mit der Hand gezeichnete Linien können nachträglich geglättet werden. Zum Modifizieren der Linienführung dienen Ankerpunkte.

Flash stellt Ihnen eine Reihe von Werkzeugen zur Verfügung, mit denen Sie geometrische Grundformen zeichnen können. Eine Grundform besteht dabei immer aus einer Linie, die die Form umgibt, sowie dem Inhalt. Einzige Ausnahme bildet dabei das Werkzeug Linie, welches natürlich nur aus einer Linie besteht.

Grundformen

Aktivieren Sie das Werkzeug Linie durch einen Klick mit der Maus. Sie können nun eine Linie zeichnen, indem Sie am Startpunkt der Linie die Maustaste drücken, sie gehalten lassen und am Endpunkt der Linie die Maustaste wieder loslassen. Wenn Sie an der gleichen Stelle die nächste Linie zeichnen, werden beide Linien automatisch miteinander verbunden. So können Sie komplexe Linienverläufe als ein Objekt zeichnen.

Linie

Unter dem Arbeitsbereich sehen Sie im Eigenschaften-Fenster Möglichkeiten, das Aussehen der Linie zu beeinflussen. Aus *Dropdown*-Listen können Sie Farbe, Strichstärke und Linienart auswählen. Interessant ist, dass manche Linienarten explizit darauf ausgerichtet sind, einen handgezeichneten Effekt zu vermitteln. Abb. 5.3-1 zeigt verschiedene Strichstärken, eine zusammengesetzte Linie und verschiedene Linienarten:

Die Grundformen Rechteck, Ellipse und Polygon werden analog zum Strich gezeichnet: Sie ziehen mit gedrückter Maustaste vom Start- zum Endpunkt. Noch während Sie die Maus ziehen wird Ihnen das Ergebnis im Voraus angezeigt. Wie Abb. 5.3-2 zeigt sind die Eigenschaften für die einzelnen Formen jedoch anders. Zunächst wird zwischen Rahmen, bzw. Strichfarbe und -art unterschieden. Daneben haben Sie aber auch die Möglichkeit eine Füllfarbe zu definieren. Bei den *Dropdown*-Listen Abschluss und Verbindung können Sie die Form der Enden der einzelnen Linien einstellen, und zwar am tatsächlichen Ende der Zeichnung oder aber auch an der Verbindung zu anderen Linien.

Grundformen

Für die einzelnen Grundformen gibt es zudem folgende Eigenschaften:

Spezielle Eigenschaften

▓ **Rechteck**: Sie können hier zusätzlich die Eckform angeben. Symbolisiert durch vier Viertelkreise sehen Sie im Eigenschaftenfenster die aktuellen Einstellungen für jede einzelne Ecke. Klicken Sie auf das kleine Vor-

Rechteck

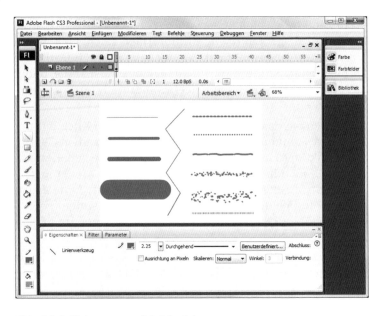

Abb. 5.3-1: Linienarten und Strichstärken.

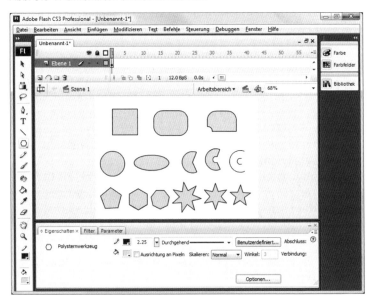

Abb. 5.3-2: Formen und ihre Eigenschaften.

hängeschloss und sie können die Eckformen einzeln
bestimmen. Ist das Vorhängeschloss geschlossen, verändern Sie die Eigenschaft für alle vier Ecken gleichzeitig.
Ecken können eckig oder gerundet sein. Sie können
sogar nach innen gewölbt werden.

- **Ellipse**: Sie können neben einer geschlossenen Ellipse
auch geöffnete Ellipsen zeichnen, die optisch wenig
Ähnlichkeit mit der klassischen Ellipse haben. So wählen
Sie Öffnungsgrade, um ein Tortensegement zu erhalten.
Öffnen Sie den inneren Radius, wird die Ellipse hohl.
Wenn der Pfad, also die umrahmende Kantenlinie nicht
geschlossen werden soll, erscheint gar keine Füllung, da
die Form offen bleibt.

Ellipse

- **Polygon**: Sie können die Anzahl der Ecken bestimmen
und die Größe der Segmente. Ferner können Sie zwischen klassischem Polygon und Stern wählen.

Polygon

Ab Version CS3 stellt Adobe für das Zeichnen von Rechtecken und Ellipsen ein intuitiveres Werkzeug zu Verfügung:
Rechteckgrundform und Ellipsengrundform.

**Rechteck-
grundform**

■ **Rechteckgrundform**: Beim Zeichnen einer Rechteckgrundform fällt zunächst wenig auf. Die Vorgehensweise
und das Ergebnis sind vom klassischen Rechteck her bekannt. Wenn Sie nun aber die Unterauswahl verwenden
und einen der Eckpunkte anfassen, wird der Unterschied
schnell deutlich: Wie in Abb. 5.3-3 gezeigt, werden nicht
etwa die anliegenden Kanten verschoben, vielmehr wird
die Rundung der Ecken modifiziert.

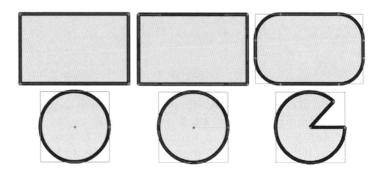

Abb. 5.3-3: Arbeiten mit Rechteckgrundform und Ellipsengrundform.

**Ellipsen-
grundform**

■ **Ellipsengrundform**: Ähnlich funktioniert auch die Ellipsengrundform. Hier erscheinen zwei Ankerpunkte.
Der Ankerpunkt auf der äußeren Kante dient dazu, den
Öffnungswinkel zu bestimmen. Mit dem Ankerpunkt in
der Mitte können Sie den inneren Radius einstellen. All
diese Modifikationen können Sie natürlich wie gewohnt
auch über das Eigenschaften-Fenster durchführen.

Freihand

■ **Freihandwerkzeug**: Das Freihandwerkzeug funktioniert analog zum Stift in der realen Welt. D.h. Sie ziehen mit der Maus völlig freie Linienverläufe. In der Werkzeugleiste steht Ihnen ganz unten ein Button zur Verfügung, der es erlaubt die gezogenen Linien anschließend
zu glätten oder zu begradigen. Das Ergebnis des Glät-
tens können Sie in Abb. 5.3-4 sehen: Die obere Linie ist
die tatsächlich gezeichnete. Die zittrige Strichführung
wird in der unteren Linie durch den Glättungsprozess
ausgeglichen.

**Einstellungen
Freihand-
zeichnen**

Sie können vor oder auch nach dem Zeichnen bestimmen,
ob die Zeichnung geglättet oder begradigt werden soll. Beide Varianten wirken dem Zittern der Linienführung entge-

Abb. 5.3-4: Freihandzeichnen mit Glättung.

gen. Glätten unterstreicht dabei die gezeichneten Kurven, mit Begradigen entstehen eher kantige Verläufe. Die Einstellungsmöglichkeiten liegen sowohl vor als auch nach dem Zeichnen in der Werkzeugleiste ganz unten:

▦ Hier stellen Sie von dem Zeichnen ein, dass alles Folgende geglättet dargestellt werden soll.

▦ Hier stellen Sie vor dem Zeichnen ein, dass alles Folgende begradigt dargestellt werden soll.

▦ Wenn Sie weder Glätten noch Begradigen wollen, sondern tatsächlich eine zittrige Linienführung benötigen, können Sie das hier einstellen.

▦ Wenn Ihre Linie einmal gezeichnet ist, können Sie dennoch den Glättungsprozess im Nachhinein durchführen.

▦ Auch den Begradigungsprozess können Sie nach dem Zeichnen der Linie durchführen. Beachten Sie, dass Sie beide Prozesse auch mehrmals nacheinander durchführen können.

Der Pinsel ähnelt dem Freihandzeichnen. Er entwickelt seine volle Kraft bei der Kombination mit anderen Objekten. Am unteren Ende der Werkzeugleiste können Sie Strichstärke und die Form des Pinsels angeben. Sie können den Pinsel auch glätten, die Funktion versteckt sich nun allerdings im Eigenschaften-Fenster.

Pinsel

Mit dem Stift können Sie Liniensegmente und Kurvensegmente zeichnen. Abb. 5.3-5 zeigt den Unterschied. Links sehen Sie eine Linie, die aus Liniensegmenten besteht. Dabei handelt es sich um einfache gerade Linien, die von einem gesetzten Punkt zum nächsten gezeichnet werden. Sie erstellen die Segmente einfach durch einen Mausklick. Das letzte Element Ihrer Linie setzen Sie mit einem doppelten Mausklick. Die rechte Linie besteht aus Kurvensegmenten. Beim Setzen eines Punktes halten Sie die Maustaste gedrückt und ziehen Sie die Maus ein wenig zu Seite: Es erscheinen

Stift

Anfasser einer Tangente, die die Kurvenführung beeinflusst. Dieses Werkzeug ist sehr mächtig und Sie werden es in Zukunft sicher oft einsetzen. Die Arbeit damit ist allerdings gewöhnungsbedürftig. Üben Sie ein wenig Kurven ziehen.

Abb. 5.3-5: Zeichnen mit dem Stift: Liniensegmente und Kurvensegmente.

Ankerpunkt
hinzufügen

Ankerpunkt
löschen

In Abb. 5.3-6 sehen Sie, dass die Punkte, die Sie beim Zeichnen gesetzt haben, hervorgehoben werden und in der Linie erhalten bleiben. Diese Punkte nennt man Ankerpunkte. Sie sind bestimmende Grundlage jeglicher mit Flash gezeichneter Formen. Selbst Kreise verfügen über Ankerpunkte. Wenn Sie in der Werkzeugleiste den Button für den Stift aufklappen erscheinen drei zusätzliche Icons. Zwei davon dienen dazu Ankerpunkte hinzuzufügen bzw. wieder zu löschen. Sie können die Komplexität Ihrer Linie also auch noch später erhöhen oder vereinfachen.

Abb. 5.3-6: Zeichnen mit dem Stift: Ankerpunkte.

Ankerpunkt
umwandeln

Nicht immer ist es sinnvoll eine ausschließlich aus Kurvensegmenten oder ausschließlich aus Liniensegmenten bestehende Linie zu zeichnen. Sie können natürlich auch Kurven- und Liniensegmente abwechselnd setzen – je nachdem ob Sie die Maustaste beim Setzen eines Punktes noch etwas halten oder nicht. Flash bietet Ihnen dazu sogar noch die Möglichkeit, spätere Korrekturen an den Segmenttypen vorzunehmen. Haben Sie also versehentlich ein Liniensegment gesetzt, wo ein Kurvensegment hätte stehen sollen, verwenden Sie einfach den Button Ankerpunkt umwandeln, um den Fehler zu beheben.

Zum Erstellen von Texten bietet Flash zwei grundlegende Möglichkeiten: **Punkttext** oder **Absatztext**. Ein Punkttext beginnt an der Stelle, die Sie mit Mausklick definieren und wächst in einer Zeile nach rechts. Um einen Absatztext zu erstellen, ziehen Sie mit der Maus ein Rechteck auf, innerhalb dessen der Text über mehrere Zeilen hinweg erscheint. Abb. 5.3-7 zeigt einen ausgewählten Absatztext.

Punkttext
Absatztext

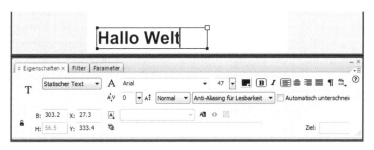

Abb. 5.3-7: Absatztext.

Wenn Sie den Text »Hallo Welt« erweitern, dann wird Flash automatisch am rechten Rand des Markierungsrahmens einen Zeilenumbruch durchführen. Sie erkennen einen Absatztext an dem kleinen Viereck in der oberen rechten Ecke des Markierungsrahmens. Ein Punkttext hat an dieser Stelle einen kleinen Kreis. Wenn Sie einen Punkttext erweitern, wächst er nur nach rechts. Ein Zeilenumbruch findet nicht statt.

Markierung

Es gibt zahlreiche Einstellungsmöglichkeiten für Texte. Die meisten werden Ihnen aus Textverarbeitungsprogrammen bekannt sein. Im einfachsten Fall verwenden Sie statischen Text. Das ist der Text, den Sie nun während der Erstellung Ihrer Animation schreiben und den Sie später zur Laufzeit nicht mehr verändern wollen. In der oberen Zeile des Eingabefensters stehen Ihnen hier die klassischen Eigenschaften von Text zur Verfügung: Schriftart, Schriftgröße, Schriftfarbe, Fettdruck, Kursivdruck und vier Buttons zur Textausrichtung wie Sie sie beispielsweise aus Microsoft Word auch kennen. Die letzten beiden Buttons sind erklärungsbedürftig. Das gespiegelte P beinhaltet ein Popup zur Formatierung eines Absatzes. Einzug, Zeilenabstand sowie linker und rechter Rand können hier eingestellt werden. Die anschließende mit Abcd gekennzeichnete *Dropdown*-Liste beinhaltet

Eigenschaften statischer Text

Varianten der Schriftrichtung: Sie können hier zwischen der voreingestellten horizontalen Ausrichtung und zweier vertikaler Ausrichtungen wählen.

Weitere Eigenschaften Die zweite Zeile des Eigenschaftenfensters beginnt mit der Definition des Buchstabenabstandes gefolgt von der Möglichkeit Buchstaben hoch- oder tiefgestellt darzustellen. Daneben können Sie die Einstellung zum Anti-Aliasing bestimmen. Anti-Aliasing beeinflusst die Darstellung von Kanten. Es wirkt dem Treppcheneffekt bei schrägen kanten entgegen, indem es einen weichen Übergang zwischen Objektkontur und Hintergrund bildet. Sie haben hier die Möglichkeit zwischen verschiedene Verfahren zu wählen, die für bestimmte Einsatzszenarien optimiert sind.

Verlinkung Es bleibt an Einstellungsmöglichkeit noch die Beeinflussung von Größe und Position. Dies geschieht auf der linken Seite des Eigenschaften-Fensters in vier Editierfeldern. In der untersten Zeile schließlich können Sie eine Web-Adresse eingeben. Markieren Sie dazu einen Textteil und schreiben Sie anschließend in das Eingabefeld die Web-Adresse, die aufgerufen werden soll, wenn der Anwender später den Text anklickt. Wenn Sie keine Webseite angeben wollen, sondern eine E-Mail, schreiben Sie hier: `mailto:Emailadresse`

Dynamischer Text Dynamische Textfelder erhalten ihren eigentlichen Inhalt nicht jetzt, sondern erst zur Laufzeit. Zusätzlich zu den Eigenschaften statischer Texte können Sie hier angeben, ob der Text ein- oder mehrzeilig abgebildet werden soll, ob er HTML-kodiert erscheint und ob er später markierbar sein wird.

Eingabetext Felder zur Texteingabe funktionieren genau anders herum: Hier können zur Laufzeit vom Anwender Texte eingegeben werden, die dann von der Flashanimation weiterverwendet werden. Verwendet werden solche Felder für Formulare oder Fragebögen. Sie können hier als zusätzliche Eigenschaft angeben, wie viele Buchstaben in dem Editierfeld eingegeben werden können.

5.3.2 Objekte transformieren *

Sie können Objekte jederzeit transformieren. Transformationen von Objekten beziehen sich auf Änderungen in Größe (Skalierung), Positionierung (Translation), Ausrichtung (Drehung) und Verzerrung. Sie können Objekte oder Objektteile sehr gezielt auswählen und transformieren.

Bevor Sie ein Objekt transformieren, müssen Sie es zunächst auswählen. Hierfür stehen Ihnen verschiedene Möglichkeiten zur Verfügung. Welche Sie verwenden hängt von der Art der Transformation ab, die Sie durchführen wollen. Für Translationen, also zum Verschieben von Objekten verwenden Sie das Auswahlwerkzeug. Sie werden dabei schnell feststellen, dass auch einfache Grundformen gar nicht so einfach sind, sondern vielmehr aus mehreren Elementen zusammengesetzt sind. Welche Elemente Sie tatsächlich auswählen hängt von der Art ab, wie Sie das Objekt anklicken.

Auswahlwerkzeug

Abb. 5.3-8: Vergleich Auswahlmöglichkeiten.

Abb. 5.3-8 zeigt die Möglichkeiten der Arbeit mit dem Auswahlwerkzeug: Das Rechteck oben links wurde durch einen Doppelklick in die Füllung angewählt. Das gesamte Rechteck einschließlich seiner Kanten ist ausgewählt und erscheint gerastert. Vom Rechteck oben rechts wurde durch einen einfachen Klick in das Rechteckinnere nur die Füllung ausgewählt. Ein Doppelklick auf eine der Kanten wählt, wie im

Auswahlarten

Rechteck unten links, den gesamten Rahmen aus. Mit einem einfachen Klick auf den Rahmen können schließlich auch einzelne Kanten ausgewählt werden. Im Rechteck unten rechts wurden zwei Kanten ausgewählt indem bei den einzelnen Klicks die ALT-Taste gedrückt wurde. Wenn Sie nun eine dieser Auswahlen mit der Maus bewegen, dann werden die ausgewählten Elemente verschoben.

Umformen mit Auswahlwerkzeug Das Auswahlwerkzeug dient nicht nur zum Verschieben von Objekten und Einzelelementen. In der Konzeption etwas inkonsistent lassen sich hier auch bereits Umformungen vornehmen. Abb. 5.3-9 zeigt die Vorgehensweise am Beispiel des Rechtecks. Wenn Sie mit der Maus über eine Kante fahren erscheint neben dem Mauszeiger ein Viertelbogen, der symbolisiert, dass Sie die Kante biegen können. Um die Kante zu biegen, greifen Sie sie mit der Maus und Ziehen Sie in eine Richtung. Eine dünne Linie zeigt das Ergebnis vorab an.

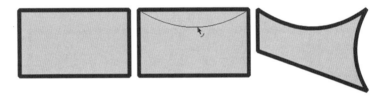

Abb. 5.3-9: Auswahl umformen.

Unterauswahl Während Sie mit dem Auswahlwerkzeug eine komplette Form auswählen, beschränken Sie sich mit dem Unterauswahlwerkzeug auf einen Ankerpunkt einer Form, z. B. einen Eckpunkt eines Rechtecks. Sie modifizieren nun nur noch diesen einen Ankerpunkt, während die übrigen Ankerpunkte nicht verändert werden. So können Sie eine Grundform in ihrer äußeren Erscheinung verändern. Abb. 5.3-10 zeigt Rechteck Polygon und Kreis. Von allen drei Formen wurde ein Ankerpunkt unten rechts herausgezogen. Eine Besonderheit zeigen die Ankerpunkte des Kreises: Sie zeigen zusätzlich die Tangente über welche die Krümmung des Kurvenverlaufs beeinflusst werden kann.

Unterauswahl und Stiftwerkzeug Die Unterauswahl entfaltet ihre ganze Mächtigkeit in Kombination mit dem Stiftwerkzeug. Dieses können Sie nutzen, um auch den Grundformen Rechteck, Ellipse und Polygon Ankerpunkte hinzuzufügen und Ankerpunkte zwischen Li-

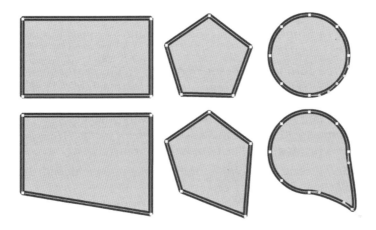

Abb. 5.3-10: Unterauswahl: Vergleich der Wirkungsweisen.

nien- und Kurvensegmenten umzuwandeln. In Abb. 5.3-11 wurden diese Techniken angewandt, um aus einem einfachen Rechteck einen Schmetterling zu bilden.

Abb. 5.3-11: Zeichnen: Umformen eines Rechtecks zu einem Schmetterling.

Die Vorgehensweise ist Folgende:

Vom Rechteck zum Schmetterling

1   Ausgangspunkt ist ein einfaches Rechteck.
2   Im ersten Schritt werden in Ober- und Unterkante mittig mit dem Stiftwerkzeug zusätzliche Ankerpunkte gesetzt und mit der Unterauswahl zum Zentrum hin verschoben.
3   Im zweiten Schritt werden mit der Unterauswahl die unteren Eckpunkte mittig verlagert.
4   Im nächsten Schritt werden mit dem Stiftwerkzeug die oberen Ecken bzw. ihre Ankerpunkte in Kurvensegmente umgewandelt und gebogen.
5   Schließlich werden im unteren Drittel mit dem Stiftwerkzeug neue Ankerpunkte gesetzt und mit der Unterauswahl zum Zentrum hin verschoben.

Jetzt müssen dem modifizierten Rechteck nur noch ein paar bunte Farbtupfer aufgetragen werden und es ist ein wunderschöner Schmetterling.

Frei
Transformieren

Frei transformieren: Dieses Werkzeug erlaubt es Ihnen, auf einem Objekt gleich mehrere Transformationen gleichzeitig durchzuführen. Wählen Sie ein Objekt mit diesem Werkzeug an und fahren Sie mit der Maus über verschiedene Bereiche des Objekts. Kleine Symbole zeigen Ihnen, welche Transformation Sie an dieser Position durchführen können:

- **Pfeilkreuz innerhalb des Objekts**: Verschieben des Rechtecks.

- **Doppelendige Pfeile auf Ankerpunkten**: An den Seiten können Sie das Rechteck in Richtung der entsprechenden Seite vergrößern oder verkleinern. Am Eckpunkt wirkt sich die Veränderung auf das gesamte Objekt aus.

- **Halbe Doppelpfeile an den Rändern**: Hier können Sie das Rechteck verzerren.

- **Kreispfeil in einer Ecke**: Hier können Sie das Objekt drehen. Drehpunkt ist der weiße Kreis in der Mitte des Objekts. Sie können den Drehpunkt auch verändern, wenn Sie den weißen Kreis verschieben.

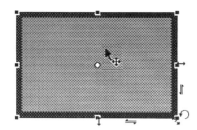

Abb. 5.3-12: Auswahl frei transformieren.

5.3.3 Arbeiten mit Farben *

Flash erlaubt die Arbeit mit Farben und Farbverläufen. Farbverläufe können sehr genau auf Objekte zugeschnitten werden. Mit bildlichen Füllungen aus Bitmaps lässt sich der Realismus erhöhen.

Wenn Sie Formen zeichnen, erscheinen in der Werkzeugleiste zwei kombinierte Icons. Ein Stift und ein Füllsymbol in Kombination mit einem Farbwahlbutton. Beide Kombinationsicons finden Sie auch im Eigenschaftenfenster. Hier können Sie die Rahmenfarbe und die Füllfarbe der Form bestimmen. Wenn Sie auf den Farbwahlbutton klicken, erscheint das Fenster zur schnellen Farbauswahl (siehe Abb. 5.3-13). Hier können Sie aus einer Reihe vordefinierter Farben eine gewünschte auswählen. Beachten Sie die Möglichkeit, am unteren Rand des Fensters radiale und lineare Farbverläufe auszuwählen. Im Kopf des Fensters sehen Sie die Hexadezimalzahl einer Farbe. Diese Angabe benötigen Sie beispielsweise, wenn Sie Farben an die Farbgebung einer Website anpassen wollen. Ferner können Sie den Wert des Alphakanals bestimmen. Der Alphakanal einer Farbe gibt an, ob und wie stark sie transparent erscheinen soll. Wollen Sie gar keine Farbe verwenden, klicken Sie auf das durchgestrichene Quadrat oben rechts. Wollen Sie die Systemfarben ihres Rechners verwenden, dann klicken Sie auf den Farbkreis daneben.

Farbe von Füllung und Stift

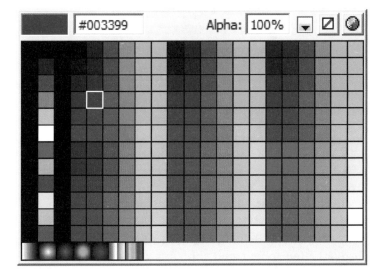

Abb. 5.3-13: Fenster Farbauswahl.

Drei kleine unscheinbare Buttons beinhalten wichtige Funktionen:

- **Farbe tauschen**: Die Stiftfarbe wird zur Füllfarbe und umgekehrt.
- **Schwarzweiß**: Der Stift wird auf Schwarz und die Füllung auf Weiß gesetzt.
- **Keine Farbe**: Stift oder Füllung wird ohne Farbe verwendet.

Farbfenster Sehr komfortabel arbeiten Sie mit Farben, wenn Sie das Fenster Farbe (siehe Abb. 5.3-14) über das Menü Fenster – Farbe öffnen, bei Windows alternativ über das Tastaturkürzel Umschalten + F9.

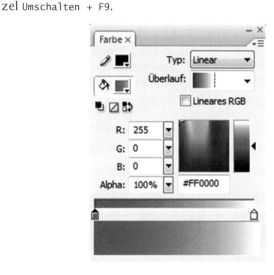

Abb. 5.3-14: Fenster Farbwahl.

Farbverläufe Im Farbfenster haben Sie auch die Möglichkeit, Farbverläufe zu erstellen. Flash unterscheidet hier zwischen linear und radial. Ein linearer Farbverlauf wechselt die Farbe sukzessive entlang einer geraden Achse. Ein radialer Farbverlauf wechselt die Farbe sukzessive kreisförmig von innen nach außen.

Abb. 5.3-15 zeigt den Einsatz der Farbauswahl von linearen Farbverläufen (oben) und ihre Auswirkung auf der Zeichnungsfläche (unten). Links sehen Sie die Ausgangsposition bei der Wahl eines linearen Farbverlaufs. Zwei Vierecke symbolisieren die zwei gewählten Farben. Wenn Sie eins der Vierecke anklicken, können Sie eine alternative Farbe wählen. Das gerade aktive Viereck wird durch das schwarz ausgefüllte Dreieck, das ein wenig wie ein Hütchen aussieht, symbolisiert. In der rechten Abbildung sehen Sie, was passiert, wenn Sie das Viereck mit der Maus verschieben.

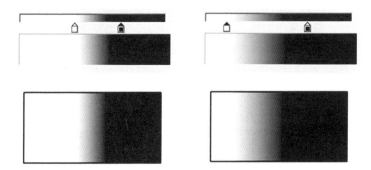

Abb. 5.3-15: Farbverlauf.

Sie können auch sehr komplexe Farbverläufe generieren. In Abb. 5.3-16 wurde durch einen Doppelklick an der entsprechenden Stelle eine weitere Farbmarkierung eingefügt (links). Die Markierung nimmt zunächst den Farbwert an, den es an dieser Stelle im Farbverlauf vorfindet. Anschließend wurde der Farbwert auf weiß geändert (rechts). Auf diese Weise können Sie einen Farbverlauf mit bis zu 15 Farbübergängen definieren. Wenn Sie eine Farbmarke wieder löschen wollen, ziehen Sie sie einfach mit der Maus weg.

Abb. 5.3-16: Farbverlauf.

Eine komfortable Möglichkeit, Farbverläufe direktmanipulativ zu verwalten bietet das Werkzeug für die Farbverlaufstransformation: Dieses Werkzeug ist normalerweise nicht zu sehen. Um zu ihm zu gelangen müssen Sie auf den Werkzeug Frei transformieren auf das kleine Dreieck in der rechten unteren Ecke klicken. Wählen Sie nun ein Objekt mit Farbverlauf aus, um den Verlauf direktmanipulativ anzupassen. Abb. 5.3-17 zeigt die Möglichkeiten der Manipulation:

Farbverlaufstransformation

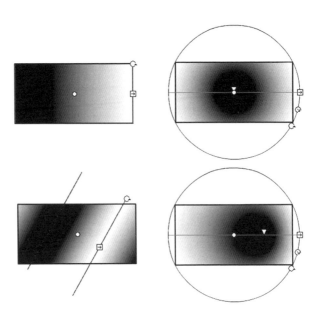

Abb. 5.3-17: Transformation des Farbverlaufs.

Mittelpunkt: Mit dem Mittelpunkt können Sie die Position der gesamten Farbverlaufs verschieben.

Drehen: Sie können den gesamten Farbverlauf auch drehen. Die linken Rechtecke zeigen die Wirkung bei einem linearen Verlauf. Um eine Wirkung bei einem radialen Verlauf zu sehen, müssen Sie weitere Veränderungen vornehmen.

Breite: Mit dem Pfeil können Sie die Breite des Farbverlaufs (nicht der Form!) verändern. Bei den linken Rechtecken wurde der Farbverlauf nicht nur gedreht, sondern auch verkleinert. Die zwei Geraden zeigen die Breite des Verlaufs an. Interessant an der Abbildung ist, dass der Verlauf nun kleiner ist als die eigentliche Form. Welches Verhalten der Verlauf nun annimmt, können Sie im Farbfenster im Feld Überlauf bestimmen: Entweder der Farbverlauf wird wiederholt, gespiegelt wiederholt (wie hier) oder die übrige Fläche wird mit den Anfangs- und Endfarben des Verlaufs gleichmäßig ausgefüllt.

Größe: Wenn Sie die Breite des radialen Farbverlaufs verändern, werden Sie feststellen, dass die Größe nur entlang der blauen Hilfslinie verändert wird. Das Ergebnis ist ein radialer Farbverlauf, der nicht mehr kreisförmig, sondern oval ist. Wollen Sie die Kreisform beibehalten und nicht nur die Breite, sondern die gesamte Größe ändern, nutzen Sie den Größentransformationsgriff. Dieser ist nur bei radialen Farbverläufen zu sehen, da er bei linearen keinen Sinn macht.

▪ **Brennpunkt**: Der Brennpunkt gibt das Zentrum des Anfangs bei radialen Verläufen an. Die rechten Rechtecke zeigen, wie der Brennpunkt verschoben wurde.

Sie können anstelle von Farben und Farbverläufen auch Bitmaps zur Füllung von Objekten nehmen. Das ist insbesondere dann sinnvoll, wenn Szenen durch den Einsatz von Fotografien realistischer erscheinen sollen. Abb. 5.3-18 zeigt beispielsweise ein typisches Hintergrundbild, welches aus einem Foto besteht, das als Füllmuster verwendet wurde. Beim Klick in die Füllung erscheint eine Auswahlbox, welche die Umrisse des Originalfotos umfasst. Deutlich zu sehen ist, dass das Original vervielfältigt werden, um in die Form zu passen. Sie können auch die Fotografie wie besprochen transformieren.

Bitmap

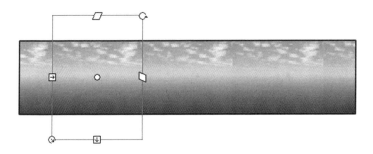

Abb. 5.3-18: Transformation des Farbverlaufs bei Bitmaps.

5.3.4   Arbeiten mit Objekten *

Für das Zusammenspiel von Formen beim Zeichnen stellt Flash zwei Modelle zur Verfügung. Das Objektzeichnungsmodell behandelt jede erstellte Form singulär. Formen können sich hier zwar überlagern, haben aber ansonsten keine Auswirkung aufeinander. Im Zeichenverbindungsmodell hingegen beschneidet die überlagernde Form die unter ihr liegende.

Anhand der Möglichkeiten der Auswahl haben Sie schon gesehen, dass ein Objekt durchaus nicht immer als Ganzes zu sehen ist: Rahmen und Füllung lassen sich beispielsweise getrennt auswählen und auch getrennt weiterverarbeiten (z. B. durch Verschieben). Aber selbst diese beiden bislang als elementar gehandhabten Teile lassen sich noch weiter unterteilen, mit weitreichenden Folgen für die gestalterische Mächtigkeit von Flash.

Lasso

Deutlich wird das, wenn Sie das Auswahlwerkzeug Lasso verwenden. Mit dem Lasso können Sie freihändig markieren, d. h. Sie sind nicht auf die Auswahl kompletter Objekte beschränkt, sondern können sie quasi auseinanderschneiden. Abb. 5.3-19 zeigt anhand eines Rechtecks, wie die Lassoauswahl eine Form zerschneidet. Zunächst ziehen Sie mit dem Lasso eine beliebig geformte Auswahl auf. Anschließend können Sie den ausgewählten Teil der Form von der Gesamtform trennen. Besteht Ihre Form aus mehreren Teilen, z. B. Rahmen und Füllung, so können Sie diese wie gewohnt getrennt weiter verarbeiten.

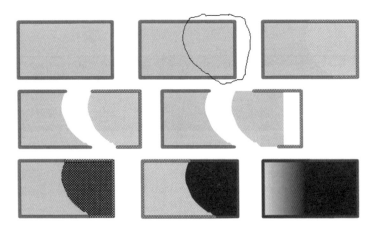

Abb. 5.3-19: Auswahl mit Lasso.

Farben

Die Form ist nun geteilt, auch wenn Sie sie nicht auseinanderziehen. So können Sie die nun entstandenen Bereiche getrennt mit Farben versehen. Klicken Sie einfach auf den entsprechenden Bereich und nutzen Sie das Farbfenster.

Dieser Effekt funktioniert übrigens nicht nur mit dem Lasso. In Abb. 5.3-19 wurde ein Rechteck durch eine diagonale Linie geteilt. Beachten Sie, dass die Linie über der Fläche aber unter dem Rahmen erscheint. Sie können nun die beiden entstandenen Flächen getrennt verarbeiten. In Abb. 5.3-19 wurden ihnen kontroverse Farbverläufe zugewiesen.

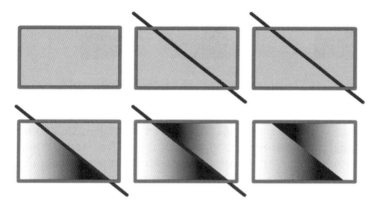

Abb. 5.3-20: Geteilte Füllung.

Sie werden inzwischen bemerkt haben, dass Flash etwas eigenwillig mit Objekten umgeht, wenn diese sich überlagern: Das Objekt im Vordergrund liegt nicht etwa nur vorne, sondern es beschneidet das Hintergrundobjekt regelrecht. Diese Funktionalität ist für das Zeichnen komplexer Formen sehr praktisch: Tatsächlich kann man so die Formen quasi ausstanzen. Allerdings ist diese Funktionalität nicht immer auch erwünscht. Daneben steht sie auch im Widerspruch zur Handhabung beispielsweise in Photoshop.

Zeichnungsmodelle

Der Hintergrund sind zwei verschiedene Zeichnungsmodelle, die mit Flash möglich sind. Das **Zeichnungsverbindungsmodell** ist dabei standardmäßig eingeschaltet. Es führt dazu, dass sich Objekte bei Überlagerung »anfressen«. Sie können auf Wunsch auch auf das **Objektzeichnungsmodell** umschalten. Die Objekte werden dann immer separat behandelt und beeinflussen sich nicht. Abb. 5.3-21 zeigt den Unterschied: Beide Reihen zeigen jeweils ein Quadrat, welches zeitweilig von einem Kreis überlagert wurde. In der oberen Reihe wurde mit dem Zeichnungsverbindungsmodell

Objekt zeichnen

gearbeitet in der unteren Reihe mit dem Objektzeichnungsmodell.

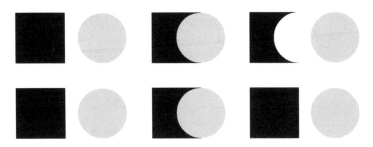

Abb. 5.3-21: Zeichenverbindungsmodell (obere Reihe) und Objektzeichnungsmodell (untere Reihe).

Anordnen und   Egal, welches Zeichnungsmodell Sie verwenden, Sie können
Gruppieren   immer auch mehrere Objekte gruppieren. Transformationen
werden dann immer auf die gesamte Gruppe angewendet.
Die Anordnung von Objekten lässt sich allerdings nur dann
ändern, wenn Sie den Objektzeichnungsmodus verwenden.
Hier können Sie die Überlagerung beeinflussen und Objekte
von hinten nach vorne holen. Beide Funktionen stehen Ihnen
im Menüpunkt Modifizieren zur Verfügung bzw. mit einem
Rechtsklick der Maus.

5.4   Arbeiten mit Symbolen *

Eine zentrale Rolle in einer ökonomischen Programmierung
besteht in der Wiederverwendung von Objekten. In Flash
spricht man hier von Symbolen. Es wird unterschieden zwischen Movieclip-Symbolen, Grafiksymbolen, Schaltflächen-
symbolen oder Schriftartensymbolen.

Ein wichtiges grundlegendes Element für die Arbeit mit Animationen ist das Symbol. Hierbei handelt es sich um ein gra-
fisches Element, das Sie einmal definieren und anschließen
mehrfach gebrauchen können. Wenn Sie mit objektorientier-
ter Programmierung vertraut sind, kennen Sie bereits den
Begriff der Instanz. Dabei wird eine Kopie eines Symbols erstellt und in der Flashanimation gezeigt. Der Vorteil für Sie
ist, dass Sie ein bestimmtes Symbol nur einmal definieren
müssen und unendlich oft wiederverwenden können. Der

Vorteil für den Anwender liegt darin, dass sein Flashplayer das Symbol nur einmal herunterladen muss und dennoch beliebig oft anzeigen kann. Die Dateigröße und damit die Ladezeit werden so stark minimiert.

Es gibt vier Arten von Symbolen: Symboltypen

▦ **Movieclip-Symbole** sind wiederverwendbare Animationen. Sie verfügen über eine eigene Zeitleiste, sind skriptfähig und können in anderen Symbolen wiederverwendet werden.

▦ **Grafiksymbole** sind einfache statische Bilder oder auch Animationen, die mit der Hauptzeitleiste verknüpft sind. Sie sind nicht interaktionsfähig.

▦ **Schaltflächensymbole** werden verwendet, um interaktive Schaltflächen zu generieren. Sie reagieren auf Mausbewegung und Mausklick.

▦ **Schriftartensymbole** dienen dem Export von Schriftarten in andere Flashanimationen.

Sie haben zwei Möglichkeiten ein Symbol zu erstellen. Zunächst können Sie jede Form einfach in ein Symbol konvertieren. Nutzen Sie dafür die rechte Maustaste oder den Menüeintrag Modifizieren - In Symbol konvertieren. Es erscheint in Fenster, in dem Sie den Namen des Symbols angeben können.

Symbole konvertieren

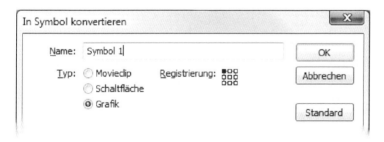

Abb. 5.4-1: Fenster In Symbol konvertieren ...

Neben der Benennung des Symbols sowie der Festlegung des Typs können Sie hier auch den Registrierungspunkt des Symbols bestimmen. Solange Sie einfach nur zeichnen ist der Registrierungspunkt nicht weiter von Bedeutung. Greifen Sie aber auf die Position des Objekts per ActionScript

Registrierung

zu, dann ergeben sich deutliche Unterschiede, wo Sie den Registrierungspunkt festlegen.

Standardmäßig liegt der Punkt links oben im Objekt. Das bedeutet, dass die X- und Y-Koordinaten bezüglich der Positionierung des Objekts sich auf seine linke obere Ecke beziehen. Wie Sie in Abb. 5.4-1 sehen, können Sie den Registrierungspunkt an neun Stellen angeben. So ist es mitunter sinnvoll, den Punkt mittig zu setzen. Abb. 5.4-1 verdeutlicht den Unterschied: Beide Quadrate sind in der oberen linken Ecke des Arbeitsbereichs positioniert. Das linke Quadrat hat den Registrierungspunkt oben links. Das Info-Fenster zeigt folglich für seine Positionierung als X- und Y-Koordinaten jeweils 0 an.

Beachten Sie das rechte Quadrat: Sein Registrierungspunkt liegt mittig. Folglich wird als X- und Y-Position nicht mehr 0 angegeben, sondern der Mittelpunkt des Quadrats.

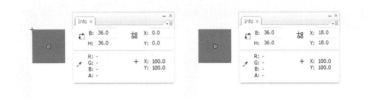

Abb. 5.4-2: Registrierungspunkt.

Bibliotheks-
fenster
Die zweite Möglichkeit besteht darin, dass Sie eine Form mit der Maus per *drag&drop* in das Bibliotheksfenster ziehen. Auch jetzt erscheint das gleiche Popup-Fenster. Wenn das Bibliotheksfenster nicht geöffnet ist, können Sie es über den Menüeintrag Fenster – Bibliothek aktivieren. Im Bibliotheksfenster in Abb. 5.4-3 erscheint oben eine *Dropdown*-Liste der geöffneten Dateien. Eine Bibliothek ist immer einer Flashdatei zugeordnet. Über diese Liste können Sie aber auch Symbole anderer Dateien auswählen. Sie werden dann automatisch in die Bibliothek der gerade bearbeiteten Datei integriert. Im mittleren Bereich erscheint eine Vorschau des gerade aktivierten Symbols und im unteren Bereich finden Sie eine Liste der Symbole, die in der Bibliothek enthalten sind.

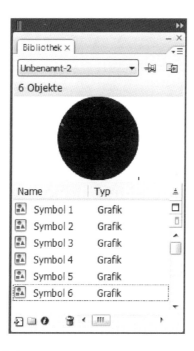

Abb. 5.4-3: Bibliothek.

Neben dem Konvertieren vorhandener Objekte in Symbole können Sie Symbole aber auch einfach von vornherein als Symbole erstellen. Aktivieren Sie dazu den Menüpunkt Einfügen – Neues Symbol... Wieder erscheint das bekannte Popup-Fenster. Wenn Sie es geschlossen haben, verändert sich jedoch der Arbeitsbereich. Es erscheint nun eine weiße Fläche und in der Titelleiste ähnlich wie in Abb. 5.4-4 ein dunkler Balken, in dem ein blauer Pfeil, der Schriftzug Szene und der Schriftzug Symbol zu sehen ist. Dieser graue Balken gibt an, wo innerhalb der Objekthierarchie Sie sich befinden. Hier befinden Sie sich im Bearbeitungsmodus für ein Symbol aus der Szene 1. Die Hierarchie kann noch tiefer gehen. Um auf die oberen Ebenen der Bearbeitungshierarchie zurückzukehren, klicken Sie einfach auf den blauen Pfeil oder den Schriftzug Szene.

Um in den Bearbeitungsmodus zu wechseln, können Sie ein Symbol per Doppelklick ansteuern. Alternativ können Sie auch die *Dropdown*-Liste in der Kopfzeile des Arbeitsbereichs öffnen und das entsprechende Symbol auswäh-

Symbole erstellen

Abb. 5.4-4: Bearbeitungshierarchie.

Symbole bearbeiten len. Die dritte Möglichkeit besteht in der Auswahl per Doppelklick aus der Symbolbibliothek. Um wieder in den normalen Modus zurückzukehren, klicken Sie auf den Linkspfeil in der Kopfleiste des Arbeitsbereichs oder auf den Szene-Link.

Symboltypen in der Bibliothek Wenn Sie Objekte in Symbol konvertieren, können Sie angeben, welchen Symboltyp das Objekt annehmen soll. Es stehen Ihnen Grafik-, Movieclip- und Schaltflächensymbol zur Verfügung. Um auch später noch einen Überblick zu behalten, welchen Symboltyp Sie vergeben haben, werden die Symbole in der Bibliothek unterschiedlich visualisiert wie Abb. 5.4-5 verdeutlicht:

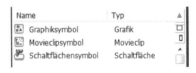

Abb. 5.4-5: Symboltypen der Bibliothek.

Grafiksymbole

Arbeiten mit Grafiksymbolen Der Vorteil von der Arbeit mit Symbolen lässt sich am Beispiel des einfachen Grafiksymbols verdeutlichen: Abb. 5.4-6 zeigt ein einfaches Smiley-Gesicht. Über den Menüpunkt In Symbol konvertieren können Sie aus der Grafik ein Symbol erstellen. Hier reicht zunächst ein einfaches Grafiksymbol.

Liegt die Grafik als Symbol vor, können Sie sie beliebig oft instanziieren. Sie ziehen das entsprechende Grafiksymbol einfach per *drag&drop* aus Symbolbibliothek auf die Arbeitsfläche. In Abb. 5.4-7 sehen Sie das Ergebnis. Vier Instanzen des Grafiksymbols erscheinen auf der Arbeitsoberfläche.

Sie können diese Instanzen nun einzeln verändern. So sind beispielsweise Größe oder wie in Abb. 5.4-8 gezeigt Farbgebung für jede Instanz individuell einstellbar. Soweit scheint die Instantiierung sich nicht vom einfachen Kopieren zu unterscheiden. Wozu also der Aufwand?

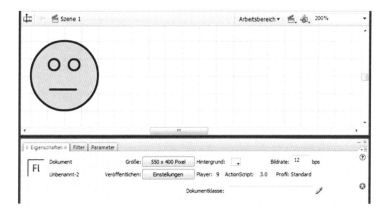

Abb. 5.4-6: Beispiel Grafiksymbole: Ausgangspunkt einfaches Smiley.

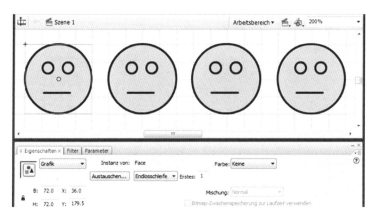

Abb. 5.4-7: Beispiel Grafiksymbole: Aus Symbolbibliothek vervielfälltigtes Grafiksymbol Smiley.

Die Antwort wird in Abb. 5.4-9 klar: Das Smiley blickt ja noch sehr ernst. Schöner wäre es lächelnd. Bei einfachen Kopien müssten Sie nun den Mund jeder einzelnen Figur so verändern, dass er lächelnd erscheint. Bei Instanzen funktioniert dieser Vorgang deutlich einfacher: Durch einen Doppelklick auf eines der Smileys aktivieren Sie den Bearbeitungsmodus für das Symbol. Verändern Sie nun den Mund des aktivieren Smileys und Sie verändern dadurch das Symbol und alle seine Instanzen. Alle vier Smiley lächeln plötzlich. Beachten Sie, dass die Farbänderungen dabei erhalten bleiben.

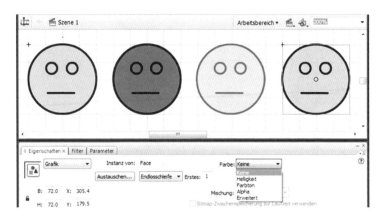

Abb. 5.4-8: Beispiel Grafiksymbole: Individualisierte Instanzen des Grafik-symbols Smiley.

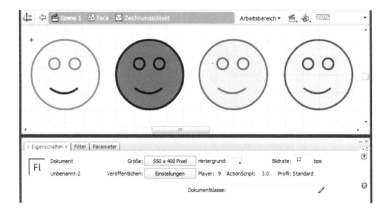

Abb. 5.4-9: Beispiel Grafiksymbole: Gleichzeitige Modifikation des Grafik-symbols Smiley und aller seiner Instanzen.

Movieclips

Movieclips Movieclips sind vom Prinzip her den Gafiksymbolen sehr ähnlich. Sie haben allerdings zusätzliche Möglichkeiten, die sie für die Verwendung attraktiver machen. So können Sie einzelnen Instanzen auch Namen vergeben. Dadurch können Sie später während der Laufzeit auf die Instanzen zugreifen. Ferner können Sie die Mischung der Farben sich überlagernder Symbolinstanzen beeinflussen.

Wenn zwei oder mehrere Symbole sich überlagern, so ist es mitunter sinnvoller, die Farben beider Symbole in irgendeiner Form zu mischen, als plump nur das Symbol im Vordergrund darzustellen. Abb. 5.4-10 zeigt eine Reihe von solchen Überlagerungen. Dargestellt sind zwei Symbole. Das Symbol im Hintergrund ist die Bitmap eines Hauses und das Symbol im Vordergrund ist ein einfaches rotes Rechteck. Folgende Mischungen sind möglich:

Farbmischung bei Movieclips

- **Normal**: Die Farben werden nicht gemischt, nur die Farbe des Vordergrundsymbols erscheint.
- **Ebene**: Für sich genommen entspricht der Modus dem Normalmodus. In Kombination mit den Modi Alpha und Löschen jedoch entwickelt er weitere Möglichkeiten.
- **Abdunkeln**: Nur die Bereiche, die heller sind als die Mischfarbe, werden ersetzt.
- **Multiplizieren**: Grund- und Mischfarbe werden multipliziert. Auch dies führt zu dunkleren Farbtönen.
- **Aufhellen**: Umgekehrt zum Abdunkeln werden hier nur die Bereiche ersetzt, die heller als die Mischfarbe sind
- **Bildschirm**: Die Bezeichnung Bildschirm ist etwas missverständlich. Hier wird die Umkehrfarbe der Mischfarbe zur Multiplikation verwendet. Entsprechend werden die Farbtöne heller.
- **Überlagern**: Hier werden die Farben in Abhängigkeit zur Grundfarbe multipliziert oder umgekehrt multipliziert.
- **Hartes Licht**: Abhängig von der Mischfarbe wird eine Multiplikation bzw. eine Negativmultiplikation der Farben durchgeführt. Wenn der Effekt geschickt eingesetzt wird entsteht der Eindruck, dass ein Strahler auf das Hintergrundsymbol scheint.
- **Hinzufügen**: Addiert Grund- und Mischfarbe.
- **Subtrahieren**: Subtrahiert Grund- und Mischfarbe.
- **Differenz**: Bildet die Differenz zwischen den beiden Farben, d. h. in Abhängigkeit vom Helligkeitswert wird entweder die Mischfarbe von der Grundfarbe abgezogen oder umgekehrt.
- **Umkehren**: Hier wird die Grundfarbe umgekehrt. Der Farbton des überlagernden Symbols ist dabei ohne Einfluss.
- **Alpha**: Wendet eine Alphamaske an. Achten Sie drauf, für das Hintergrundsymbol den Modus Ebene zu aktivieren.

■ **Löschen**: Entfernt alle mit der Grundfarbe eingefärbten Pixel einschließlich derer im Hintergrundbild. Auch hier muss für das Hintergrundsymbol der Modus Ebene aktiviert werden.

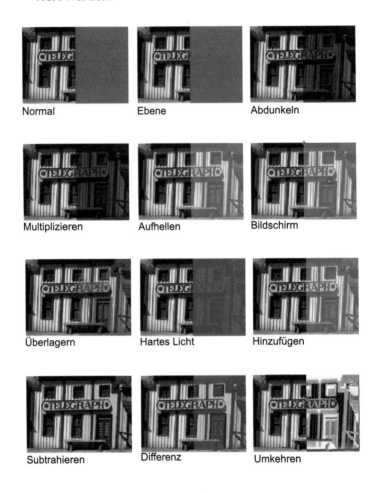

Abb. 5.4-10: Farbmischung bei Movieclips.

Hierbei handelt es sich nur um eine Auswahl der möglichen Effekte. Weitere Effekte können Sie durch den Einsatz von Ebenen, weiteren Bitmaps und Transparenzen erreichen. Probieren Sie es aus.

Schaltflächen

Schaltflächen sind besondere Symbole, die ausschließlich den Zweck haben, klassische Button-Funktionalität zu ermöglichen. Anders als Grafiksymbole und Movieclips verfügen Sie über keine klassische Zeitleiste, sondern über vier Zustände. Diese Zustände sind (siehe Abb. 5.4-11):

Zeitleiste

Abb. 5.4-11: Zustände einer Schaltfläche.

- **Auf**: Die Benennung »Auf« ist etwas unglücklich gewählt. Der Auf-Zustand ist der normale Zustand des Buttons, wenn die Maus sich nicht auf ihm befindet.
- **Darüber**: Wird der Mauszeiger über die Schaltfläche bewegt, dann erscheint die hier definierte Variante. Der Effekt ist als *Rollover* aus dem Webdesign bekannt.
- **Gedrückt**: Wird der Button gedrückt, wird diese Bildvariante angezeigt.
- **Aktiv**: Die oberen drei Zustände beziehen sich eigentlich nicht wie behauptet auf den Button, sondern auf den als aktiv gekennzeichneten Bereich. Dieser wird in der Regel dem Button entsprechen, muss es aber nicht.

Zeichen Sie eine Rechteckgrundform mit abgerundeten Ecken. Diese wird der spätere Button. Legen Sie über die Form einen Text Sound check. Wählen Sie nun wie in Abb. 5.4-12 Form und Text gleichzeitig aus, indem Sie beispielsweise mit dem Auswahlwerkzeug auf das erste Schlüsselbild in der Zeitleiste klicken oder eine Auswahl über beide Elemente aufspannen.

Schritt 1

Mit F8 bzw. Modifizieren – In Symbol konvertieren wandeln Sie die Auswahl in eine Schaltfläche um. Geben Sie im Dialog den Namen btn_SoundCheck an, und vergessen Sie nicht die Option Typ: Schaltfläche zu aktivieren.

Schritt 2

Mit einem Doppelklick auf die Schaltflächeninstanz wechseln Sie in den Bearbeitungsmodus der Schaltfläche. Sie erkennen dies sofort an der fehlenden Zeitleiste: Diese wird nun durch die in Abb. 5.4-11 gezeigten Zustände Auf, Darüber, Gedrückt und Aktiv ersetzt.

Schritt 3

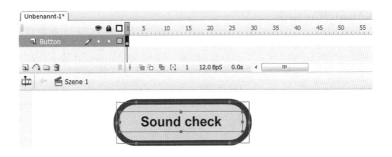

Abb. 5.4-12: Erstellen eines Buttons – Schritt 1: Form und Text festlegen.

Abb. 5.4-13: Erstellen eines Buttons – Schritt 2: In Symbol konvertieren.

Sie sehen auch, dass nur der erste der vier Zustände bereits definiert ist. Zu den anderen Zuständen müssen Sie die Schaltfläche erst noch anfertigen. Klicken Sie dazu auf den Zustand Darüber und erstellen Sie ein neues Schlüsselbild über die Taste F6 oder das Kontextmenü Schlüsselbild einfügen. Weisen Sie der Schaltfläche eine neue Farbe zu. In Abb. 5.4-14 wurde die Füllfarbe auf weiß gesetzt.

Schritt 4   Führen Sie nun Schritt 3 nochmals für den Gedrückt-Zustand aus. Verwenden Sie eine Farbgebung, welche die Schaltfläche gedrückt erscheinen lässt, z. B. eine schwarze Füllung.

Schritt 5   Auch für den Zustand Aktiv legen Sie wieder über die Taste F6 oder das Kontextmenü Schlüsselbild einfügen ein Schlüsselbild an. Sie können hier jede beliebige Form wählen. Bei einer Schaltfläche wird dies sinnvollerweise eine Kopie der Schaltfläche selbst sein. Die Farbgebung ist hier egal: Das Bild wird niemals angezeigt. Vielmehr wird anhand der Form bestimmt, wo genau der Bereich sein soll, der auf die Maus reagiert. In der Regel – aber nicht notwendigerweise – wird dieser Bereich mit der Schaltfläche selbst übereinstimmen.

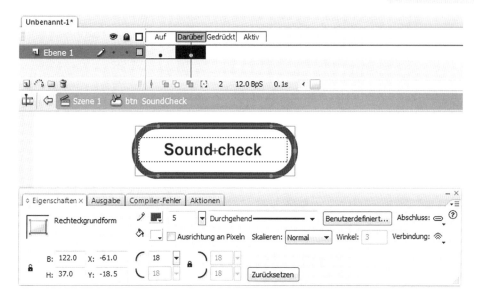

Abb. 5.4-14: Erstellen eines Buttons – Schritt 3: Darüber-Bild.

Die bisherigen Schritte dienten dazu, die Schaltfläche zu erstellen. Eine Schaltfläche allein macht aber noch keine Aktion. Daher soll hier exemplarisch gezeigt werden, wie die Schaltfläche auch tatsächlich eine Aktion aktiviert. Jetzt werden Sie eine kleine Sound-Datei mit der Schaltfläche verknüpfen.

Aktion auslösen

Zunächst gilt es, eine Sounddatei zu importieren. Wählen Sie dazu im Menü Datei - Importieren - In Bibliothek importieren ... In der Dialogbox wählen Sie die Datei BeispielTon.wav. Die Sounddatei ist nun in der Bibliothek. Wenn Sie das Fenster Bibliothek mit Strg + L öffnen, sehen Sie dort den Button und die Sounddatei.

Schritt 6

Wählen Sie das Schlüsselbild des Zustands Gedrückt. Im Eigenschaftenfenster können Sie nun bei der Option Sound die Sounddatei Beispielton.wav auswählen. Jetzt ist der Ton dem Zustand Gedrückt zugewiesen. Sie erkennen das optisch daran, dass in der Zeitleiste der Zustand Gedrückt mit einer Wellenlinie markiert ist, die ein Audiosignal symbolisiert. Mit Strg + Enter können Sie den Flash-Film testen.

Schritt 7

Tipp   Sie hören nichts? Überprüfen Sie, ob der Lautsprecher ein-
        geschaltet ist.

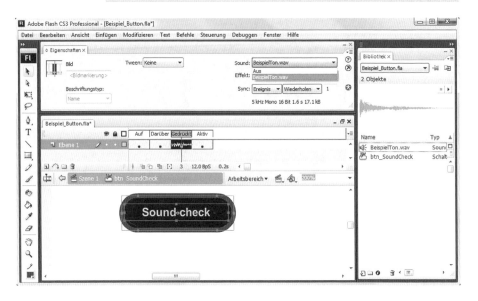

Abb. 5.4-15: Erstellen eines Buttons – Schritt 7: Sound zuweisen.

Effekte   Im Eigenschaften-Fenster sehen Sie die Auswahloption Effekt.
           Hier können Sie einige grundlegende Effekte für die Aus-
           gabe des Audiosignals auswählen. Die Effekte Linker Kanal
           und Rechter Kanal weisen dem Signal einen der beiden Ste-
           reokanäle zu. So können Sie gezielt den rechten oder linken
           Lautsprecher ansteuern. Die Effekte Von links nach rechts
           und Von rechts nach links lassen den Ton von einem Laut-
           sprecher zum anderen akustisch wandern. Und die Effekte
           Einblenden und Ausblenden lassen den Ton sanft anschwellen
           oder ausklingen.

5.5 Arbeiten mit der Zeitleiste: Bild für Bild-Animationen *

Flash-Animationen bedienen sich der Filmmetapher: Bewegungen entstehen durch eine Sequenz von Einzelbildern. Für die Definition von Animationen steht eine Zeitleiste zur Verfügung, in der die einzelnen Bilder bearbeitet werden können. Mit Hilfe der Zwiebelschalenansicht können auch mehrere Bilder gleichzeitig berücksichtigt werden.

Sie erinnern sich noch an den fleißigen Bauarbeiter, den Sie als animiertes GIF in Photoshop erstellt haben? Um die grundlegenden Begrifflichkeiten in Animationen zu erklären, wird er wieder ausgegraben. Zunächst gilt es die mit Photoshop erstellte Animationsdatei zu importieren.

Gehen Sie dazu auf Menü Datei - Importieren – In Bühne Importieren ... Es erscheint der Dialog zur Dateiauswahl. Gehen Sie hier in das Verzeichnis, in dem Sie die PSD-Datei zur Animation abgelegt haben und öffnen Sie diese. Achten Sie darauf, dass Sie die Photoshop-Datei (.psd) öffnen und nicht das animierte GIF. Es erscheint der Import-Dialog wie in Abb. 5.5-1.

Sie können natürlich auch das animierte GIF selbst importieren, allerdings haben Sie dann keine Möglichkeiten, den Import zu beeinflussen. Ihre Arbeitsfläche sollte daher die gleiche Größe haben wie das GIF. · Tipp

Abb. 5.5-1 zeigt den Dialog zum Importieren eines Photoshop-Bildes. Links wird in einer Liste jede Ebene des Bildes gezeigt. Sie können die einzelnen Bilder zum Importieren auswählen. Wählen Sie zunächst alle Bilder außer dem Hintergrundbild mit dem dreieckigen roten Rahmen aus.

Für den Import gibt es zwei Möglichkeiten, wie diese einzelnen Bildern zueinander stehen. Flash nimmt zunächst an, dass Sie den Ebenencharakter erhalten wollen, und bietet in der entsprechenden Liste die Auswahl Ebenen umwandeln in: Flash-Ebene als Standard an. Sie wissen aber, dass die einzelnen Photoshop-Ebenen in Flash nacheinander abgespielt werden sollen. Wählen Sie also Ebenen umwandeln in: Schlüsselbilder an. · Ebenen

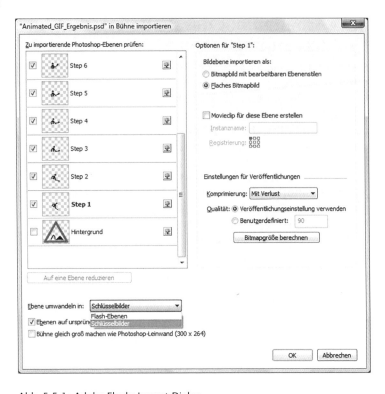

Abb. 5.5-1: Adobe Flash: Import-Dialog.

Auf dem Bildschirm sehen Sie nun Abb. 5.5-2. Drücken Sie die Tastenkombination STRG+Eingabe um die Animation abzuspielen.

Hintergrund Wie Sie sehen, ist der Bauarbeiter bereits fleißig am Schaufeln, allerdings fehlen ihm noch die Beine und der Schildrahmen. Importieren Sie nun auch das Hintergrundbild. Sie gehen dabei genauso vor wie eben. Beachten Sie aber, dass Sie nur das Hintergrundbild zum Import auswählen. Flash wählt selbständig immer die Ebene bereits aus, die in der Photoshop-Datei zuletzt aktiv war. Wenn das Baustellenschild vollständig importiert ist, ergibt sich Abb. 5.5-3.

Über dem Arbeitsbereich befindet sich die Zeitleiste. Hier wird die eigentliche Animierung der Animation gesteuert. Sie sehen links (a) drei Ebenen, zwei davon sind die von Ihnen importierten Ebenen, eine wurde von Flash angelegt.

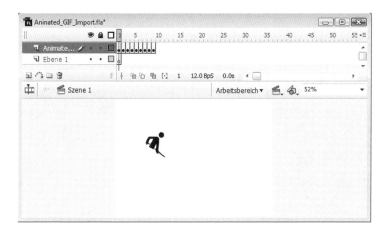

Abb. 5.5-2: Adobe Flash: Importiertes animiertes GIF.

Das Prinzip der Ebenen ist Ihnen von Adobe Photoshop her bekannt. Auch hier spielt die Reihenfolge der Ebenen eine wichtige Rolle. Die oberen Ebenen überlagern die darunter liegenden. Die unteren Ebenen sind nur an den Stellen zu sehen, an denen die oberen Ebenen transparent sind. Wenn Sie die Reihenfolge der Ebenen ändern wollen, ziehen Sie die entsprechende Ebene mit der Maus per *drag&drop* weiter hoch oder runter.

Ebenen

Die folgenden Einstellungen können Sie in der jeweiligen Zeile für jede Ebene einzeln vornehmen, oder Sie aktivieren sie in der Kopfzeile für alle Ebenen gleichzeitig:

- **(b) Ebene sperren**: Wenn Sie die Ebene sperren, dann können Sie keines der dortigen Objekte mehr modifizieren. Die Sperrung wird durch das Symbol eines Vorhängeschlosses kenntlich gemacht. Diese Einstellung hilft Ihnen, versehentliche Modifikationen zu vermeiden.

- **(c) Ebene ein- und ausblenden**: Sie können die Ebenen ein- und ausblenden, um zum Beispiel die unterschiedliche Wirkung zweier Alternativen anzuschauen.

- **(d) Konturansicht**: Mitunter wollen Sie das Verhalten eigentlich verdeckter Objekte genauer studieren, werden aber durch die Verdeckung daran gehindert. Nun können Sie die obere Ebene ausblenden, allerdings fehlt Ihnen dann die Möglichkeit zum Vergleich. Sinnvoller ist

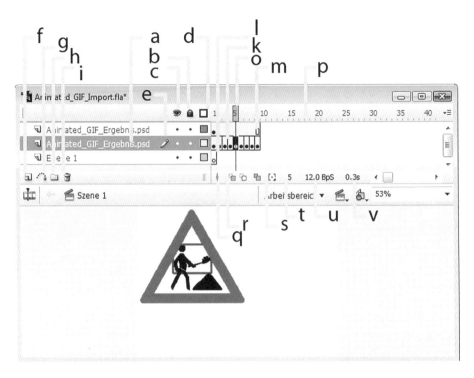

Abb. 5.5-3: Adobe Flash: Erläuterung der Animationsansicht.

es hier, in den Konturmodus umzuschalten, der nur die Umrisse der Objekte anzeigt. So können Sie durch verdeckende Objekte hindurchsehen. Abb. 5.5-4 zeigt den Effekt: Links sehen Sie drei Formen auf jeweils einer eigenen Ebene. Die Formen haben die gleiche Farbe und verdecken sich gegenseitig. Die vollständigen Formen können Sie rechts in der Konturansicht sehen.

▨ **(e) Ebene umbenennen**: Jede Ebene kommt mit einem Namen. Wenn Sie selbst eine neue Ebene anlegen, ist der Name einfach »Ebene + Zahl«. Das ist wenig aussagekräftig und macht Ihnen schon bei mittelgroßen Projekten Probleme, die richtige Ebene wieder zu finden. Nehmen Sie sich Zeit für eine sinnvolle Benennung!

Arbeiten mit Ebenen

Unter den Ebenennamen finden Sie verschiedene Funktionen zur Arbeit mit Ebenen:

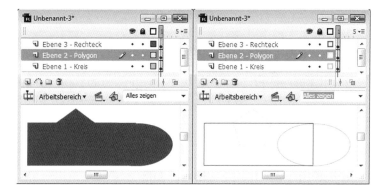

Abb. 5.5-4: Adobe Flash: Konturansicht.

▨ **(f) Ebene einfügen**: Sie können zusätzliche Ebenen über diesen Button oder das Kontextmenü einfügen. Die neue Ebene erscheint über der aktuellen Ebene und enthält ein Bild, das sich über die Laufzeit erstreckt.

▨ **(g) Pfadebene einfügen**: Pfadebenen sind besondere Ebenen, die zum Tweening verwendet werden.

▨ **(h) Ebenenordner einfügen**: In größeren Flash-Projekten werden Sie sehr viele Ebenen verwenden. Es ist daher sinnvoll, möglichst frühzeitig eine Systematik für Ihre Ebenen zu schaffen. Eine Möglichkeit der Hierarchisierung Ihrer Ebenenverwaltung bieten Ebenenordner, in denen Sie verschiedene Ebenen bündeln können.

▨ **(i) Ebene löschen**: Eine Ebene, die nicht mehr gebraucht wird, können Sie natürlich auch wieder löschen.

Rechts von den Ebenennamen sehen Sie ein Gitterraster. Die einzelnen Zellen dieses Rasters symbolisieren die Bilder, die nacheinander abgespielt werden. Daher spricht man bei Flash-Animationen auch von Flash-Filmen: Die Animationen bestehen wie jeder Film aus einzelnen Bildern, die wie ein Daumenkino nacheinander abgespielt werden. Die Animation hier ist insgesamt neun Bilder lang. Sie können verschiedene Bildtypen erkennen:

Raster

▨ **(k) Einzelbildanimation**: Die mittlere Ebene besteht aus neun verschiedenen Einzelbildern, die jeweils durch einen gefüllten schwarzen Punkt symbolisiert werden.

Diese neun Einzelbilder werden nacheinander abgespielt.

- **(l) Leeres Einzelbild**: Die unterste Ebene besteht nur aus einem einzigen Schlüsselbild. Dieses wurde noch nicht bearbeitet, ist also leer. In der Animation spielt es keine Rolle. Sein Status wird durch einen leeren Kreis symbolisiert.

- **(m) Schlüsselbild mit acht Bildern**: Nicht immer ist eine Veränderung über die Zeit hinweg notwendig. Der Rahmen des Schildes beispielsweise verändert sich nicht. Hier genügt ein einziges Bild, das über die gesamte Dauer der Animation angezeigt wird.

Es wird Ihnen aufgefallen sein, dass das fünfte Bild besonders aussieht. In der mittleren Ebene ist das entsprechende Einzelbild schwarz hervorgehoben. Im Arbeitsbereich sehen Sie dabei die Animation in ihrem Zustand an Bild fünf. Sie können den Status ändern und ein anderes Einzelbild ansehen, wenn Sie den rot hervorgehobenen **Abspielkopf (o)** mit der Maus entlang der **Zeitleiste (p)** verschieben. Die Zeitleiste gibt die Bildnummer der Animation an.

Die meisten Animationen sind deutlich länger als die hier präsentierte. Wenn Sie bei größeren Animationen den Abspielkopf nicht sehen, dann brauchen Sie nicht lange zu suchen, sondern klicken einfach auf den Button **(q) zum Abspielkopf spulen**. Das Gitter wird automatisch so verschoben, das der Kopf wieder zu sehen ist.

Unter dem Gitter finden Sie verschiedene Informationen zu Dauer und Geschwindigkeit der Animation:

- **(t) Aktuelles Bild**: Hier wird die Nummer des aktuellen Bildes angezeigt.

- **(u) Bildrate**: Hier wird angezeigt wie viele Bilder pro Sekunde abgespielt werden.

- **(v) Vergangene Zeit**: Aus Bildrate und der Position des Abspielkopfes ergibt sich die Zeit in Sekunden, die beim Abspielen der Animation bereits vergangen ist.

Zwiebelschalen-ansicht
Um eine Einzelbildanimation leichter positionieren und bearbeiten zu können ist es mitunter sinnvoll mehrere Bilder gleichzeitig anzuzeigen. Dazu stehen Ihnen die Buttons **(r-s) Zwiebelschalenansichten** zur Verfügung:

▦ **Zwiebelschale**: Der linken der vier Buttons aktiviert die Zwiebelschalenansicht. Zusätzlich zum gerade aktuellen Bild werden die umgebenden Bilder abgeblendet angezeigt. Sie können nun die Elemente in diesem Bild besser auf die Umgebung einpassen. In dieser Ansicht können die abgeblendeten Bilder aber nicht bearbeitet werden.

▦ **Zwiebelschalenkonturen**: Wenn sich die Einzelbilder verdecken, macht es mitunter Sinn, die Anzeige zur besseren Bearbeitung auf Konturen zu reduzieren.

▦ **Mehrere Bilder bearbeiten**: Die Zwiebelschalenansicht erlaubt nur die Bearbeitung des aktuellen Bildes. Mitunter wollen Sie aber Objekte mehrerer Bilder modifizieren. Dieser Button ermöglicht Ihnen den Zugriff auf alle in der Zwiebelschalendarstellung abgebildeten Bilder.

▦ **Zwiebelschalenmarkierung bearbeiten**: Hier können Sie beispielsweise einstellen, wie viele Zwiebelschalen gezeigt werden sollen. Die Einstellung 2 Zwiebelschalen beispielsweise zeigt zwei Bilder vor und zwei Bilder nach dem aktuellen Bild mit an.

Der Einsatz der Zwiebelschalenansicht ist für die praktische Arbeit mit Flash sehr wichtig und soll daher hier nochmals praktisch veranschaulicht werden. Erstellen Sie dazu zunächst eine neue Animation. Zeichnen Sie einen kleinen Kreis. Verwenden Sie bitte unterschiedliche Farben für Rahmen und Füllung. Aktivieren Sie den Button Zwiebelschale. Die Arbeitsoberfläche sieht nun wie in Abb. 5.5-5 aus. *Schritt für Schritt*

Schritt 1

Fügen Sie nun ein weiteres Schlüsselbild hinzu. Dafür haben Sie zwei Möglichkeiten: Entweder klicken Sie mit der rechten Maustaste auf das Rasterfeld neben dem bereits existierenden Bild und nutzen das Kontextmenü Leeres Schlüsselbild einfügen oder Sie klicken mit der linken Maustaste in das entsprechende Feld und nutzen den Menüeintrag Einfügen - Zeitleiste - Leeres Schlüsselbild. Der eben gezeichnete Kreis verändert seine Farbe: Er wird etwas heller. Anschließend zeichnen Sie einen zweiten Kreis wie in Abb. 5.5-6. *Schritt 2*

Deutlich zu sehen ist die unterschiedliche Farbgebung der beiden Kreise. Nur der neue Kreis im aktiven Bild erscheint in seiner wirklichen Farbe, der alte Kreis ist aufgehellt. Sie können nun den neuen Kreis verschieben, den alten nicht. Wiederholen Sie diesen Schritt bis Sie Abb. 5.5-7 erhalten. *Schritt 3*

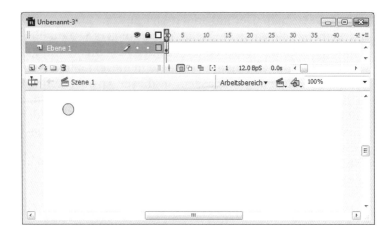

Abb. 5.5-5: Zwiebelschalenansicht in Adobe Flash.

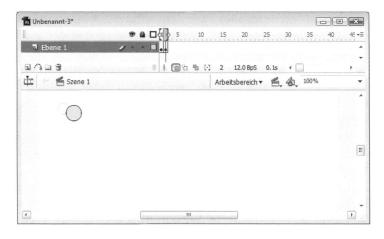

Abb. 5.5-6: Adobe Flash Zwiebelschalenansicht.

Schritt 4   Sie werden feststellen, dass Sie immer nur die letzten beiden gezeichneten Kreise zusätzlich zum aktuellen sehen.
Über den Button Zwiebelschalenmarkierung bearbeiten können Sie ein Menü aufrufen, in dem Sie Alle Zwiebelschalen
auswählen. Nun sehen Sie alle gezeichneten Kreise wie in
Abb. 5.5-8.

Schritt 5   Wenn Sie die Zahl der Zwiebelschalen verändern wollen,
können Sie das über diesen Button tun, oder Sie verschie-

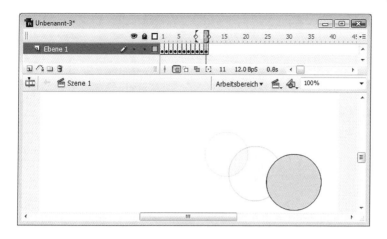

Abb. 5.5-7: Adobe Flash Zwiebelschalenansicht.

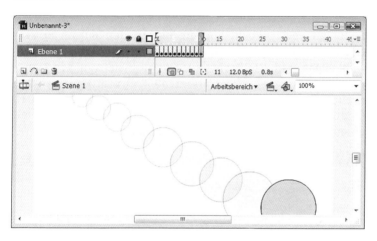

Abb. 5.5-8: Adobe Flash Zwiebelschalenansicht.

ben die Klammern in der Zeitleiste. Aktivieren Sie nun den Button Zwiebelschalenkonturen. Jetzt werden von den nicht aktiven Kreisen nur noch die Konturen wie in Abb. 5.5-9 angezeigt.

Über STRG + Eingabe können Sie die Animation ablaufen las- Schritt 6
sen. Versuchen Sie nun einzelne Kreise zu verschieben. Sie werden sehen, dass Sie nur den Kreis verschieben können, auf dem der Ablaufkopf gerade steht. Um alle Kreise gleich-

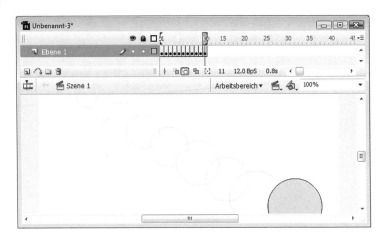

Abb. 5.5-9: Adobe Flash Zwiebelschalenansicht.

zeitig zu verschieben, klicken Sie auf den Button Mehrere
Bilder bearbeiten. Über das Menü Bearbeiten - Alles auswählen
wählen Sie nun alle Kreise aus. Wählen Sie nun den Menüpunkt Modifizieren - Transformieren - Frei transformieren und
drehen Sie die Auswahl um 180 Grad, so dass Abb. 5.5-10
entsteht. Sie können beide Menüpunkte übrigens auch mit
einem Rechtsklick über das Kontextmenü aufrufen.

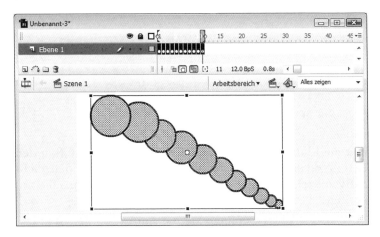

Abb. 5.5-10: Adobe Flash Zwiebelschalenansicht.

Über STRG + Eingabe können Sie die Animation erneut ablaufen lassen. Sie werden feststellen, dass die Animation nun in umgekehrter Richtung verläuft.

5.6 Formtweening **

Eine elegante Methode, die äußere Form eines Objektes in einer Animation zu verändern, ist das Formtweening. Hier werden zu einem Anfangs- und einem Endbild automatisch Zwischenschritte errechnet. Dafür müssen die Bilder als Vektorgrafiken vorliegen. Mit Hilfe von Formmarken kann der Ablauf der Animation manuell optimiert werden.

Einzelbildanimationen mit Flash zu erstellen ist ein mühseliges Geschäft, und es gibt keinen Grund sie nicht einfach als animiertes GIF zu belassen. Der Sinn von Flash ist ja, die Animation zu erleichtern. Hierfür stehen zwei grundlegende Konzepte zur Verfügung: Das **Formtweening** und das **Bewegungstweening**. Der Begriff Tweening ist ein aus dem englischen übernommenes Teilwort. Dort kommt es beispielsweise in *between* (dazwischen) oder *tween deck* (Zwischendeck) vor. Im Zusammenhang mit Flash ist gemeint, dass die Zwischenschritte zwischen zwei Schlüsselbildern interpoliert, also automatisch generiert werden.

Um ein Formtweening durchzuführen, benötigen Sie zunächst eine Vektorgrafik. Eine Vektorgrafik können Sie direkt mit Flash erstellen, oder Sie importieren eine Bitmap und wandeln Sie in eine Vektorgrafik um.

Im Folgenden werden Sie eine Grafik als Bitmap einlesen, in eine Vektorgrafik umwandeln und ein Formtweening durchführen.

Zum Importieren der Grafik gehen Sie auf den Menüeintrag Datei - Importieren - In Bühne importieren... Importieren Sie hier die Photoshop-Datei Toilettenschilder.psd. Wie Sie in Abb. 5.6-1 sehen, besteht die Datei aus drei Ebenen, von denen eine einen stilisierten Mann und eine zweite eine stilisierte Frau darstellt. Importieren Sie diese Ebenen als Schlüsselbilder. Die dritte Ebene bildet den Rahmen. Sie wird hier nicht benötigt.

Import

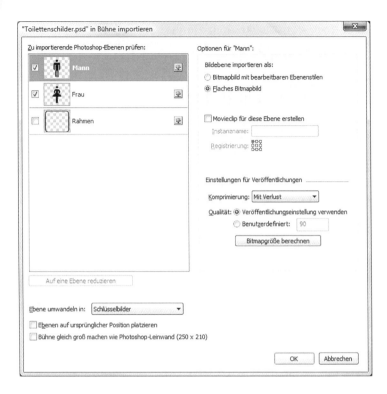

Abb. 5.6-1: Vorbereitung zum Formtween: Import eines Rasterbildes.

Importierte
Grafiken

Abb. 5.6-2 zeigt den Bildschirm nach dem Import. Die Grafiken liegen in zwei benachbarten Schlüsselbildern auf einer gemeinsamen Ebene. Schalten Sie zwischen den beiden Schlüsselbildern hin und her. Haben sie die gleiche Position? Ansonsten richten Sie beide Grafiken entweder über den Menüeintrag Modifizieren - Ausrichten... oder das entsprechende Fenster aus (Aufruf: Fenster - Ausrichten oder STRG + K). Achten Sie darauf, dass die Option An Bühne aktiviert ist.

Sequenz
erstellen

Zwei Bilder machen noch keine Animation. Um zeitlich Raum zu schaffen, ziehen Sie das zweite Bild mit der Maus nach rechts. In Abb. 5.6-3 wurde das Bild an Position 30 gezogen. Unter der Zeitleiste sehen Sie, dass die Animation jetzt 2,4 Sekunden benötigt – noch wird allerdings nichts animiert, sondern nur nach 2,4 Sekunden auf das zweite Bild umgeschaltet.

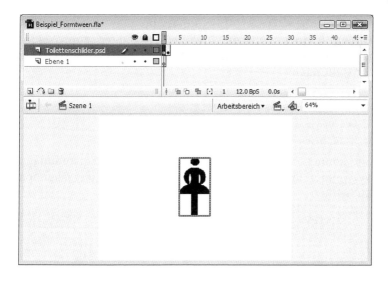

Abb. 5.6-2: Vorbereitung Formtween: Importierte Schlüsselbilder.

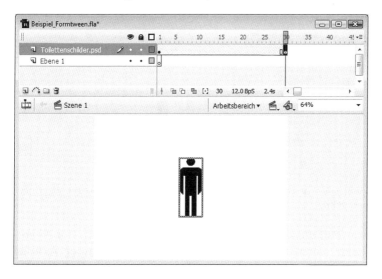

Abb. 5.6-3: Vorbereitung Formtween: Sequenz erstellen.

Auf Rasterbildern können keine Formtweens durchgeführt werden. Hierfür benötigt Flash Vektorgrafiken. Sie müssen also die beiden Grafiken in Vektorbilder umwandeln. Dies geschieht durch den Menüaufruf Modifizieren - Bitmap

Vektorbild erstellen

– Bitmap nachzeichnen (Abb. 5.6-4). Im nun erscheinenden Dialog können Sie verschiedene Parameter zum Vektorisieren der Bitmap einstellen. Verwenden Sie folgende Einstellungen:

▓ Farbschwellwert: 100
▓ Kleinste Fläche: 2 Pixel
▓ Kurvenanpassung: Glatt
▓ Kantenschwellwert: Normal

Sie können selbstverständlich auch andere Einstellungen verwenden und ausprobieren, wie sie sich auf das Zeichnen auswirken.

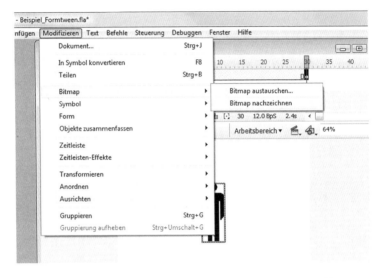

Abb. 5.6-4: Vorbereitung Formtween: Rasterbilder in Vektorgrafiken umwandeln.

Formtween erstellen   Nach all diesen Vorbereitungen ist es nun soweit. Der eigentliche Schritt zum Erstellen eines Tween ist simpel: Aktivieren Sie eines der Bilder mit der ersten Grafik. Nun können Sie entweder im Eigenschaftenfenster (Aufruf über Menüeintrag Fenster - Eigenschaften - Eigenschaften oder STRG + F3) den Eintrag Tween auf Form ändern. Oder Sie nutzen den Menüeintrag Einfügen - Zeitleiste - Formtween erstellen. Ein Klick mit der rechten Maustaste schließlich öffnet ein Menü, in dem Sie den Eintrag Formtween erstellen wählen können.

Sie sehen wie in Abb. 5.6-5, dass das erste Bild nun in der Zeitleiste mit einer grünen Fläche angezeigt wird, in der ein gestreckter Pfeil den Tween symbolisiert.

Abb. 5.6-5: Formtween erstellen.

Aber schauen Sie sich den tatsächlichen Verlauf des Tweens einmal an. Am einfachsten geht das mit der Tastenkombination STRG + Eingabe oder indem Sie den Abspielkopf verschieben. Ihnen wird auffallen, dass die Animation einen durchaus verbesserungsfähigen Eindruck macht. Abb. 5.6-6 zeigt die eher knubbeligen Zwischenschritte der Sequenz.

Verlauf des Tweens

Abb. 5.6-6: Formtween: Verlauf eines automatisch erstellen Tweens.

Um den Verlauf des Formtweens zu optimieren, eignet sich der Einsatz von **Formmarken**. Dabei handelt es sich um Markierungspunkte, die sowohl im Ausgangsbild als auch im Zielbild definiert werden. Die Interpolation der übrigen Form richtet sich nach diesen Punkten.

Formmarken

**Formmarken:
Vorgehen**

Gehen Sie zunächst auf das Anfangsbild und setzen Sie analog zu Abb. 5.6-7 Formmarken. Eine neue Formmarke erzeugen Sie durch den Menüaufruf Modifizieren - Form - Formmarke hinzufügen oder das Tastenkürzel STRG + Umschalten + H. Die Formmarke erscheint innerhalb der Form. An der roten Färbung erkennen Sie, dass die Formmarke noch nicht auf der Kontur der Form verankert ist. Ziehen Sie die Marke an eine beliebige Stelle der Kontur. Wechseln Sie nun zum letzten Bild der Sequenz. Hier finden Sie wieder die rot markierte Marke. ziehen Sie sie an die Stelle, die mit der im ersten Bild markierten korrespondiert. Die Farbe der Formmarke wechselt auf gelb. Wechseln Sie zurück zum ersten Bild. Hier ist die Farbe der Formmarke nun grün.

**Formmarken:
Hinweise**

Die maximal 26 Formmarken pro Tween werden mit den Buchstaben a - z gekennzeichnet. Es kann passieren, dass die Formmarken nicht angezeigt werden. Das geschieht vor allem, wenn Sie Ihre Arbeit abspeichern und später wieder abrufen. Über den Menüaufruf Ansicht - Formmarken anzeigen oder das Tastenkürzel STRG + ALT+ H können Sie die Formmarken wieder sichtbar machen. Sie können eine Marke über das Kontextmenü löschen, oder indem Sie die Marke einfach mit der Maus aus dem Arbeitsbereich ziehen. Über den Menüaufruf Modifizieren - Form - Alle Marken Löschen können Sie alle Formmarken eines Tweens entfernen.

**Verlauf des
Tweens**

Wie Sie in Abb. 5.6-8 sehen können, hat sich der Verlauf des Tweens durch diese wenigen Formmarken bereits grundlegend geändert. Die verknäuelten Zwischenschritte sind nun nachvollziehbarer geworden. Noch sieht die Modifikation des Rockes etwas seltsam aus: Er scheint zu den Armen des Mannes zu mutieren. Versuchen Sie durch den Einsatz von Formmarken den Verlauf weiter zu verbessern.

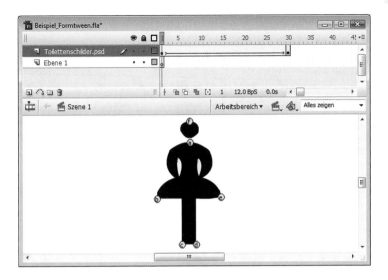

Abb. 5.6-7: Formtween: Optimierung durch Formmarken.

Abb. 5.6-8: Formtween: Optimierter Verlauf durch Formmarken.

5.7 Bewegungstweening **

Die Bewegung von Objekten über den Bildschirm lässt sich über das Bewegungstweening realisieren. Anfangs- und Endposition werden von Ihnen vorgegeben, die Zwischenpositionen automatisch berechnet. Die Geschwindigkeit der Bewegung kann individuell zugeschnitten werden. Über den Einsatz von Pfaden können auch sehr komplexe Bewegungen realisiert werden.

Öffnen Sie zunächst die Datei Beispiel_Ball.fla. Sie enthält ein einzelnes Schlüsselbild mit einem Ball. Wandeln Sie den Ball in ein Movieclipsymbol um. Achten Sie dabei auf den Registrierungspunkt. In Abb. 5.7-1 wurde er in der Mitte gesetzt. Für die weitere Animation wäre er sinnvoller am unte-

Beispiel
vorbereiten

ren Rand des Balls angebracht, aber für die weiteren Erläuterungen ist die mittige Position richtig.

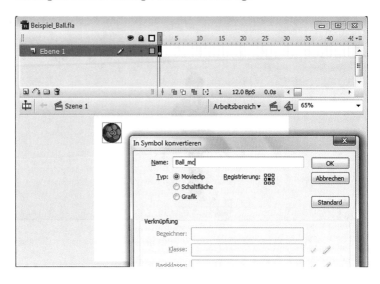

Abb. 5.7-1: Bewegungstween vorbereiten.

Bewegungs-
tween erstellen

Um einen Tween erstellen zu können, benötigen Sie zwei Schlüsselbilder, zwischen denen der Tween interpoliert wird. Fügen Sie daher über den Menüpunkt Einfügen - Zeitleiste - Schlüsselbild ein neues Schlüsselbild ein. Achten Sie darauf, dass Sie **nicht** Leeres Schlüsselbild auswählen, denn Sie benötigen eine Kopie des Balls im Schlüsselbild.

Verschieben Sie nun den Ball in diesem Schlüsselbild an die Position, die er nach der Bewegung einnehmen soll. In Abb. 5.7-2 ist seine Endposition am Boden, was der natürlichen Schwerkraft folgt.

Fügen Sie nun über das Eigenschaftenfenster oder das Kontextmenü einen Bewegungstween hinzu. Sie können das Ergebnis durch Verschieben des Abspielkopfs oder mit STRG + Eingabe die Animation testen.

Bewegung
kopieren

Die nun erstellte Bewegung ist nur für die aktuelle Symbolinstanz gültig. Wenn Sie weitere Instanzen des Movieclipsymbols Ball_mc mit Animation benötigen, dann müssen Sie die Bewegung übertragen.

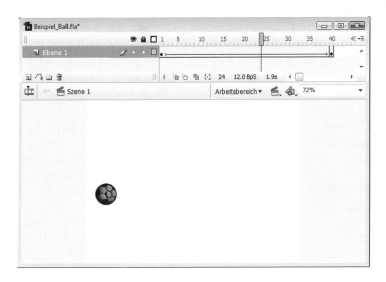

Abb. 5.7-2: Bewegungstween erstellen.

Markieren Sie dazu sämtliche Bilder des Tweens und wählen Sie im Kontextmenü den Eintrag Bewegung kopieren. Die Bewegung steht Ihnen nun auch in anderen Instanzen des Symbols zur Verfügung.

Noch plumpst der Ball mit gleicher Geschwindigkeit von oben nach unten. Aus dem Schulunterricht wissen Sie aber, dass Gegenstände im freien Fall mit 9,81 m/s^2 beschleunigen. So genau brauchen wir es nicht, wichtig ist aber, dass die Beschleunigung zunimmt. Momentan wirkt die Bewegung noch recht unnatürlich.

Geschwindigkeit

Im Eigenschaftenfenster sehen Sie eine Option Beschleunigung. Verstellen Sie diese auf wie in Abb. 5.7-3 auf -100 am Anfang. Nun beginnt der Ball zunächst langsam und wird mit zunehmender Dauer immer schneller.

Abb. 5.7-3: Bewegungstween: Geschwindigkeit festlegen.

Rückwärts-bewegung

Nun fällt der Ball zwar sehr realistisch nach unten, dort bleibt er aber plump liegen. Ein natürlicher Ball aber würde noch ein paar Mal hüpfen. Dieses wiederholte Hüpfen muss nun nicht umständlich durch eigene Tweens für jedes Hüpfen generiert werden, sondern es reicht den einen Bewegungstween zu modifizieren.

Drücken Sie dazu den Button Bearbeiten... im Eigenschaftenfenster hinter Beschleunigung. Es erscheint ein Fenster Benutzerdefinierte Beschleunigung und Abbremsen wie in Abb. 5.7-4. Das Fenster beinhaltet eine grafische Darstellung des Ablaufs des Tweens. Die X-Achse repräsentiert dabei die 40 Bilder, die der Tween dauert. Entlang der Y-Achse wird angezeigt, wie viel Prozent der Bewegung bereits vollzogen wurde. Sie sehen, dass die Kurve im Verlauf steiler wird, die erreichten Prozent der Bewegung also schneller wachsen: Die Bewegung wird zum Ende hin schneller.

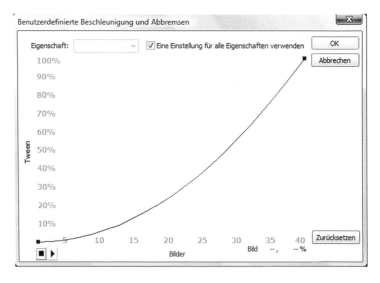

Abb. 5.7-4: Bewegungstween: Geschwindigkeit optimieren.

Zurücksetzen

Sie können die Kurve mit der Maus verändern. Mit dem Button Zurücksetzen wird die Kurve auf den ursprünglichen Zustand gesetzt. Das bedeutet, sie wird eine Gerade zwischen Anfangs- und Endzustand. Die Animation verläuft wieder völlig gleichmäßig.

Um den Ball zum Hüpfen zu bringen, lassen Sie ihn einfach mehrmals die 100 Prozent der Strecke erreichen. Abb. 5.7-5 zeigt, wie die Tweenkurve aussieht, wenn der Ball sechs Mal die 100 Prozent erreicht und zwischendurch auf 50, 70, 85 usw. Prozent zurückgeworfen wird. Im unteren Bereich des Fensters finden sie eine Play-Taste mit der Sie die Wirkung des Verlaufs ansehen können.

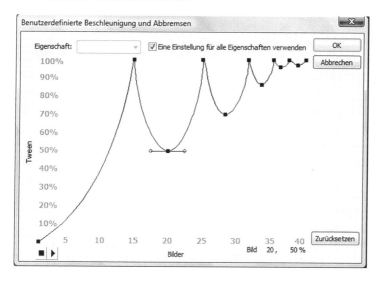

Abb. 5.7-5: Bewegungstween optimiert.

Bei den Kurven, die Sie zur Konfiguration der Bewegung einsetzen, handelt es sich um **Bezierkurven**. In Abb. 5.7-6 sehen Sie die Wirkweise dieser Kurven. Es wird eine Reihe von Kurven mit ihren Kontrollpunkten gezeigt. Beachten Sie die Kontrollpunkte auf der 50-Prozent-Linie. Sie können sehen, wie Länge und Richtung der Kontrolllinien den Verlauf der Kurven bestimmt.

Bezierkurven

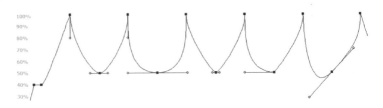

Abb. 5.7-6: Wirkungsweise von Bezierkurven.

Richtung Auch wenn der Ball nun hüpfend fällt, so ist die Bewegungs-
richtung doch recht einfach. Aber was, wenn der Ball ins Bild
geworfen würde? Dann müsste er quer über das Bild hüpfen.
Eine beliebig komplexe Flugrichtung ermöglicht Ihnen Flash
durch sogenannte Pfade. Sie können einen Pfad mit Hilfe der
üblichen Grafikwerkzeuge zeichnen und eine beliebige Form
anschließend an diesem Pfad entlang wandern lassen.

Pfadebene Richten Sie dazu zunächst eine Pfadebene entweder durch
den entsprechenden Button oder wie in Abb. 5.7-7 das Kontextmenü Pfad hinzufügen ein. Wenn Sie nun nochmals das
Kontextmenü öffnen, werden Sie sehen, dass die neue Ebene eine sogenannte Führungsebene ist. An der Einrückung
der Ebene in der Zeitleiste erkennen Sie, dass sie die Führungsebene zu der Ebene Ball ist. Den Pfad selbst können Sie mit den Zeichenwerkzeugen zeichnen. Für den Pfad
in Abb. 5.7-8 wurde das Stiftwerkzeug verwendet. Achten
Sie besonders darauf, dass Sie vor dem Zeichnen die Pfadebene aktivieren und nicht versehentlich die Ball-Ebene
bemalen.

Positionieren Auf dem gezeichneten Pfad müssen Sie noch die Anfangs-
und Endpositionen des Balls bestimmen. Wechseln Sie da-
zu auf die Ebene, die den Ball enthält. Ziehen Sie nun den
Ball mit der Maus auf die entsprechenden Positionen in den
beiden Schlüsselbildern. In Abb. 5.7-8 sind Anfang und Ende außerhalb der Zeichnungsfläche. Der Ball springt also ins
Bild hinein und wieder heraus.

Tipp Es könnte sein, dass der Ball nun etwas merkwürdig hin
und her springt. Dann haben Sie wahrscheinlich noch den
komplexen Beschleunigungsverlauf aktiv. Gehen Sie ins
Eigenschaftenfenster und löschen Sie die Beschleunigung.

Abb. 5.7-7: Bewegungstween: Pfadebene einrichten.

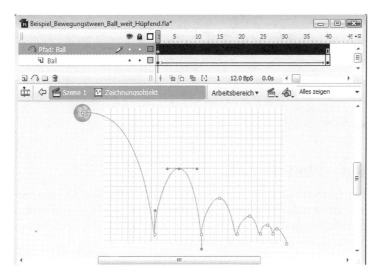

Abb. 5.7-8: Bewegungstween: Pfad.

Im Eigenschaftenfenster (Abb. 5.7-9) können Sie zusätzlich noch eine ganze Reihe weiterer Optionen einstellen:

Optionen

■ **Skalieren**: Wenn der Ball im Verlauf skaliert, also vergrößert oder verkleinert werden soll, dann schalten Sie die Option Skalieren ein, um die Skalierung mit zu berechnen. Ist die Option ausgeschaltet, erscheint nur das letzte Bild der Animation plötzlich skaliert.

■ **Ausrichten**: Die getweente Form richtet sich nach dem Bewegungspfad aus. So macht beispielsweise ein als Tween erstelltes Flugzeug beim Start die entsprechende Kippbewegung automatisch mit.

■ **Drehen**: Die Animation des Balles könnt vielleicht noch etwas realistischer wirken, wenn der Ball sich nicht nur nach dem Pfad ausrichtet, sondern sich fleißig dreht. Sie können Drehrichtung und Häufigkeit bestimmen.

■ **Sync**: Wenn Sie Objekte verschachteln und im aktuellen Tween ein Objekt verwenden, dass selbst bereits einen Tween enthält, dann können Sie den integrierten Tween mit dem aktuellen synchronisieren.

Abb. 5.7-9: Bewegungstween: Optionen.

5.8   Weitere Schritte *

Um Ihre Animation in einer Webseite einzubinden, müssen Sie sie zunächst veröffentlichen. Wenn Sie die Animation durch interaktive Elemente bereichern wollen, verwenden Sie ActionScript.

Veröffentlichen

Flash-Dateien können Sie nicht einfach nehmen und beispielsweise in Webseiten integrieren. Dazu müssen Sie erst einmal eine lauffähige Version erstellen. In der Flash-Terminologie wird hier von *Veröffentlichung* gesprochen. Sie haben mehrere Möglichkeiten, Flash-Animationen zu veröffentlichen. In der Regel werden Sie das Format SWF *(Small Web Format)* wählen, den klassischen Flash-Film. Sie können Ihre Animation aber beispielsweise auch als animiertes GIF veröffentlichen.

Abb. 5.8-1 zeigt die verschiedenen möglichen Varianten. Beachten Sie, dass nur die Varianten Flash (.swf) und HTML (.html) ausgewählt wurden und entsprechend in der oberen Laschung nur für diese beiden Varianten auch Laschen zur Auswahl stehen. Aktivieren Sie einmal die Option GIF-Bild (.gif) und Sie sehen, dass nun auch zu diesem Format eine Lasche erscheint.

Einstellungen für Veröffentlichungen

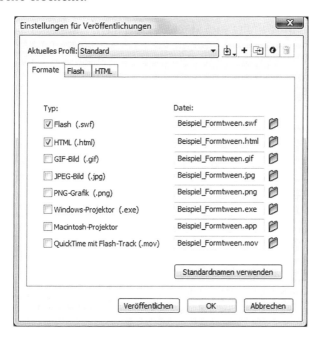

Abb. 5.8-1: Flash: Optionen zum Veröffentlichen.

Sie werden in der Regel Flash-Filme exportieren, die Sie in einer Webseite einbinden möchten. Aktivieren Sie dazu die Optionen Flash (.swf), um einen Flash-Film zu generieren, und HTML (.html), um eine dazugehörige Webseite zu erstellen, in der der Film eingebunden ist. Sie können den Code der Webseite später in die tatsächliche Zielseite integrieren.

Zu den gewählten Optionen können Sie einen Namen und ein Verzeichnis für die erstellten Veröffentlichungen definieren. Die einzelnen Optionen für Flash und HTML können Sie auf den entsprechenden Laschen einsehen und modifizieren. Hier ist vor allem wichtig, dass Sie sich für eine Flash-Version entscheiden.

Nicht alle Browser können mit der neuesten Version umgehen. Welche Version wie in der Browserwelt vertreten ist sehen sie auf der Adobe Webseite zur Flash Player Verbreitung (http://www.adobe.com/products/ player_census/flashplayer/version_penetration.html). Um die Einstellungen anzunehmen, drücken Sie OK. Um die Veröffentlichung zu starten, drücken Sie den Button Veröffentlichen. Sie können die Veröffentlichung auch später durch die Tastenkombination Umschalten + F12 oder den Menüeintrag Datei - Veröffentlichen starten.

HTML-Code Flash generiert automatisch eine HTML-Seite, in der die Animation ablaufen kann. Sie können den entsprechenden Code in Ihren Webseiten übernehmen. Der HTML-Code beginnt mit den üblichen Elementen des *head*. Beachten Sie, dass zwei Skript-Elemente integriert sind. Das erste definiert die Variable AC_FL_RunContent und setzt sie auf 0. Diese Variable wird im zweiten Skript modifiziert.

Es ist wichtig, dass Sie dieses Skript AC_RunActiveContent.js bei der Integration in Ihren Webauftritt kopieren und verlinken. Das Skript wird beim Veröffentlichen automatisch erstellt. Sie finden es im gleichen Ordner wie die HTML-Datei.

Code-fragment 1
```
<html xmlns="http://www.w3.org/1999/xhtml" lang="de">
<head>
<meta http-equiv="Content-Type" content="text/html;
    charset=iso-8859-1" />
<title>Beispiel_Formtween</title>
<script language="javascript">AC_FL_RunContent = 0;
</script>
<script src="AC_RunActiveContent.js" language="javascript">
</script>
</head>
<body bgcolor="#ffffff">
```

Aufruf mit Script Innerhalb des body finden Sie zunächst den Aufruf des Flash-Films in Form eines Scripts. Hier wird eingangs über die oben definierte Variable AC_FL_RunContent überprüft, ob das Script AC_RunActiveContent.js von Ihrer Webseite aus aufgerufen werden kann. Steht es nicht zur Verfügung erscheint eine Fehlermeldung.

Es folgt eine Liste mit Einstellungsmöglichkeiten. Wenn Sie diese Liste mit den Optionen vergleichen, die Ihnen zum Veröffentlichen zur Verfügung standen, werden Sie einige Übereinstimmungen finden. Die Option quality beispielsweise enthält dieselbe Einstellung, die Sie beim Veröffentlichen gewählt haben. Übrigens lassen sich einige der Einstellungen (quality ist so ein Beispiel) auch später durch den Betrachter im Browser ändern.

```
<script language="javascript">
    if (AC_FL_RunContent == 0) {
        alert("Diese Seite erfordert die Datei
        \"AC_RunActiveContent.js\".");
    } else {
        AC_FL_RunContent(
        'codebase', 'http://download.macromedia.com/pub/
            shockwave/cabs/flash/
            swflash.cab#version=9,0,0,0',
        'width', '550',
        'height', '400',
        'src', 'Beispiel_Formtween',
        'quality', 'high',
        'pluginspage', 'http://www.macromedia.com/go/
            getflashplayer',
        'align', 'middle',
        'play', 'true',
        'loop', 'true',
        'scale', 'showall',
        'wmode', 'window',
        'devicefont', 'false',
        'id', 'Beispiel_Formtween',
        'bgcolor', '#ffffff',
        'name', 'Beispiel_Formtween',
        'menu', 'true',
        'allowFullScreen', 'false',
        'allowScriptAccess','sameDomain',
        'movie', 'Beispiel_Formtween',
        'salign', ''
        ); //end AC code
    }
</script>
```

Code-
fragment 2

Beachten Sie die Parameter src und movie. Sie enthalten den Namen Ihres Flash-Films. Hier wird die Quelle der Animation angegeben. Das Skript kommt dabei ohne die Extension .swf aus. Es kann sinnvoll sein, dass Sie Ihre Animation in einem anderen Verzeichnis als die aufrufende Webseite unterbringen. Wenn Sie zum Beispiel eine Reihe von Werbebannern vorhalten, die regelmäßig ausgetauscht werden, dann ist es sinnvoll, die Banner alle in einem Verzeichnis abzulegen, um den Verwaltungsprozess zu erleichtern.

In den beiden Parametern nun wird der Aufruf geregelt. Angenommen Sie haben ein Unterverzeichnis mit dem Namen animation angelegt, um Ihre Flash-Filme einzuordnen. Dann müssen Sie die beiden Parameter in 'src', 'animation/Beispiel_Formtween' und 'movie', 'animation/Beispiel_Formtween' abändern.

Aufruf ohne Skript

Manche Anwender unterdrücken die Möglichkeit der Ausführung von Skripten. Um auch sie erreichen zu können, müssen Sie einen alternativen Aufruf einrichten, der über das Element noscript ausgelöst wird. Beachten Sie, dass es auch hier die Parameter src und movie gibt, die den Quellort des Flash-Films beinhalten. Wenn Sie ein eigenes Verzeichnis für Flash-Filme anlegen, müssen sie das auch hier berücksichtigen.

Codefragment 3

```
<noscript>
    <object classid="clsid:d27cdb6e-ae6d-11cf-96b8-
    444553540000" codebase="http://download.macromedia.
    com/pub/shockwave/cabs/flash/swflash.cab#version=9,0,0,0"
    width="550" height="400" id="Beispiel_Formtween"
    align="middle">
        <param name="allowScriptAccess" value="sameDomain" />
        <param name="allowFullScreen" value="false" />
        <param name="movie" value="Beispiel_Formtween.swf" />
        <param name="quality" value="high" />
        <param name="bgcolor" value="#ffffff" />
        <embed src="Beispiel_Formtween.swf" quality="high"
        bgcolor="#ffffff" width="550" height="400"
        name="Beispiel_
        Formtween" align="middle" allowScriptAccess="sameDomain"
        allowFullScreen="false"
        type="application/x-shockwave-flash"
        pluginspage="http://www.macromedia.com/go/
        getflashplayer" />
    </object>
</noscript>
</body>
```

ActionScript

In diesem Buch haben Sie gelernt, Animationen zu erstellen, die als Film ablaufen. Wenn Sie Verzweigungen im Ablauf oder Interaktion durch den Betrachter einsetzen wollen, hilft Ihnen die Programmiersprache ActionScript.

Mit Beginn der Entwicklung von Flash wurde auch eine Skriptsprache mitentwickelt. Diese war zunächst sehr einfach. Mit Flash 5 wurde dann ActionScript 1 eingeführt. Dieses basiert auf dem ECMA-262-Standard wie übrigens JavaScript auch. Wenn Sie also JavaScript beherrschen, werden Sie bei ActionScript viele Ähnlichkeiten finden. ActionScript 2 ist eine Weiterentwicklung, die einige zusätzliche Eigenschaften und vor allem eine optimierte Performance mit sich bringt.

ActionScript 1&2

Mittlerweile hat Adobe ActionScript 3 entwickelt, das ab dem Flash Player 9 und der Entwicklungsumgebung CS3 eingesetzt wird. ActionScript 3 unterscheidet sich so grundlegend von seinen Vorgängern, dass es nicht mehr mit ihnen kompatibel ist. Hier ist das Konzept der Objektorientierung deutlich strenger realisiert. Für Einsteiger ohne Programmiererfahrung ist es im Vergleich zu seinen Vorgängern recht mühsam zu erlernen.

ActionScript 3

Um ActionScript-Anweisungen auszuführen, nutzt Flash eine sogenannte *Virtual Machine*. ActionScript 1 und 2 werden durch die ActionScript *Virtual Machine* AVM 1 ausgeführt. ActionScript 3 benötigt aufgrund seiner neuen Struktur eine eigene AVM 2. In Flash-Playern ab Version 9 sind beide AVM integriert. Die alten Skripte können also nach wie vor verwendet werden.

Virtual Machine

HTML 5

Flash ist sicherlich die erfolgreichste Technik, um 2D-Animationen zu erstellen und im Web zu publizieren. Bis vor kurzem gab es keine Zweifel daran, dass Flash auch in Zukunft eine sehr zentrale Rolle spielt. Neben Animationen spielt dabei vor allem Flash-Video eine Rolle, das in den meisten Videoplattformen verwendet wird.

Seit einiger Zeit wird allerdings als Alternative für die Zukunft HTML 5 gehandelt. Hier soll es einmal möglich sein,

Animationen und Videos im Browser laufen zu lassen, ohne ein Plug-In nutzen zu müssen. Von Anwenderseite her wird sich im Idealfall nicht viel tun: Das Plug-In für Flash ist so weit verbreitet, dass kaum ein Unterschied in der Nutzung bemerkt werden wird. Von Produzentenseite aus ist der Schritt zu HTML 5 allerdings bedeutend, da dies nicht mehr die proprietäre Technik eines einzelnen Unternehmens, sondern ein offener Standard ist.

Der Erfolg von HTML 5 scheint aus heutiger Sicht garantiert, da eine Reihe großer Firmen wie Microsoft, Google oder Apple hinter der Technik stehen. Die Browser Google Chrome und Apple Safari sind am weitesten mit der Integration von HTML 5. Adobe selbst ist ebenfalls in die Definition von HTML 5 involviert. Ende 2010 wurde von der Firma ein Konvertierungswerkzeug vorgestellt, mit dem aus Flash-Dateien HTML 5 Code generiert werden kann: John Nack Blog on Adobe (http://blogs.adobe.com/jnack/2010/10/adobe-demos-flash-to-html5-conversion-tool.html)

Die Spezifikation von HTML 5 ist nach wie vor nicht abgeschlossen. Entsprechend ist auch die Integration der Technik in Browser bislang nur teilweise erfolgt. Leider ist der Stand der Realisierung von Browser zu Browser sehr unterschiedlich. Die Website HTML 5 Demos and Examples (http://html5demos.com/) zeigt Beispiele, die unterschiedlich unterstützt werden. Beispiele zu dem, was heute schon mit HTML 5 möglich ist, finden Sie unter: html5gallery (http://html5gallery.com/)

Lesetipps

Literatur   In diesem Buch haben Sie die Grundlagen von Flash erlernt, die notwendig sind, um Animationen zu realisieren. Um aufwändige Interaktivität zu realisieren, sollten Sie von hier aus Bücher oder Tutorien zum Thema ActionScript studieren. Ein sehr empfehlenswertes Buch ist [Wesc08]. Es enthält zahlreiche Beispiele und kommt mit einer beigelegten CD mit einer Auswahl an Videotutorials zu speziellen Themen. Wenn Sie Video-Tutorials dem geschriebenen Wort generell vorziehen, ist vielleicht das umfangreiche Video-Tutorium [Rein08] für Sie interessant. Doch Vorsicht: Hier sind alle Informationen in Videos enthalten. Ihnen steht kein Buch mehr zur Verfügung. Es ist daher nur sinnvoll, wenn Sie über zwei Bildschirme verfügen: einer für das Tutorium und einer, damit Sie die einzelnen Schritte gleich nachvollziehen können.

Adobe selbst bietet umfangreiche Informationen und zahlreiche online-Tutorien zum Thema Flash im Flash-Developer Center (deutsch) (http://www.adobe.com/de/devnet/flash/) an. Auf Englisch und dafür deutlich umfangreicher ist die Seite Flash Developer Center (englisch) (http://www.adobe.com/de/devnet/flash/). Das Flash Forum (http://www.flashforum.de/) ist das größte deutschsprachige Community-Portal zum Thema Flash. Als Zeitschriften ist beispielsweise das Flash Magazine (http://flashmagazine.com) für Entwickler zu empfehlen. Die Zeitschriften Weave (http://www.weave.de/) (ein Ableger von PAGE) und der web designer (http://webdesigner-magazin.de/) beschäftigen sich nicht ausschließlich mit Flash, sondern umfassend zum Thema Web Design.

Web

6 3D-Animationen mit VRML *

So gut sich Flash eignet, um anspruchsvolle Animationen zu erstellen, mitunter reichen 2D-Animationen nicht aus, um komplexes Verhalten zu simulieren. Denken Sie beispielsweise an Simulationen für den Verkehr. Die Perspektive des Autofahrers, Lokführers oder Piloten ist nur durch 3D-Visualisierungen wirklich realistisch umsetzbar. Auch die Bewegungen des Vogelflugs lassen sich in 3D deutlich besser erkennen.

Zur Modellierung von 3D-Welten wurde in den 1990er Jahren VRML (sprich: »Wörmel«) entwickelt und standardisiert. Bereits 1994 stellten Mark Pesce und Tony Parisi ihre Idee eines 3D-Datenformates und eines von ihnen entwickelten prototypischen 3D-Browsers auf der ersten Web-Konferenz in Genf vor. Die Grundidee bestand darin, 3D-Objekte über das Web zu erreichen. Inspiriert durch den neuen Web-Standard HTML gaben Sie ihrem Datenformat den Namen *Virtual Reality Markup Language*, kurz VRML. Später wurde VRML zunehmend mit *Virtual Realitiy Modeling Language* aufgelöst.

Historie

Der Vorschlag fand breite Resonanz in der Community und bereits 1995 wurde der Standard VRML 1.0 offiziell verabschiedet. Namhafte Firmen wie Sony, SGI, Microsoft, Netscape, Sun und andere unterstützten die Spezifikation, was ihren allgemeinen Durchbruch und die Weiterentwicklung sicherstellte. Die Version VRML 2.0 dauerte etwas länger, integrierte allerdings wichtige Web-Konzepte. 1997 wurde er von der *International Standardization Organization* als ISO/IEC 14772 zertifiziert. Seitdem wird auch von VRML97 gesprochen.

Mit VRML lässt sich der grundsätzliche Aufbau von animierten Szenen unabhängig von der Dimension verdeutlichen. Die grafische Benutzungsoberfläche von Adobe Flash (siehe Kapitel »2D-Animationen mit Flash«, S. 139) versteckt einige dieser Prinzipien. Für ein tieferes Verständnis ist aber der Blick in die Welt der Szenegraphen sehr wichtig.

Sie können jeden herkömmlichen Texteditor verwenden. Als Windows-Anwender nutzen Sie am einfachsten den mitgelieferten Editor Notepad. Wenn Sie es etwas komfortabler

Schreiben von VRML-Dateien: Der Editor

wollen, können Sie auch einen der frei verfügbaren Editoren verwenden, die eine grafische Darstellung des Szenegraphen ermöglichen. Ein solcher ist beispielsweise VRML-Pad von ParallelGraphics (http://www.parallelgraphics.com/products/vrmlpad/). Hier ist aber ein einfacher Editor, wie Notepad in MS Windows, völlig ausreichend.

Modellierungs-
werkzeuge

In der Praxis nutzt man zur Modellierung allerdings spezielle Werkzeuge (z. B. Cinema4d, Lightwave oder Maya) und modelliert dort. Diese Werkzeuge verwenden eine eigene Repräsentation, bieten aber einen VRML-Export an. In diesem Buch geht es aber nicht um die möglichst komfortable Modellierung von 3D-Szenen, sondern um ein tiefes Verständnis für die innere Struktur virtueller Szenerien.

Betrachten von
VRML-Dateien:
Der *Viewer*

Zum Betrachten Ihrer VRML-Dateien benötigen Sie auf jeden Fall zusätzliche Software. Es gibt zwei verschiedene Sorten von VRML-*Viewer*: zum einen *Stand-alone-Viewer*, die selbst VRML-Dateien anzeigen können, und zum anderen *Browser-Plug-Ins*, die es handelsüblichen Browsern wie Mozilla, MS Internetexplorer u. a. ermöglichen, VRML-Dateien anzuzeigen. Letztere haben den Vorteil, auch HTML-Dateien verarbeiten zu können.

Der Cortona 3D *Viewer* gehört zu den Klassikern der VRML-*Viewer*. Sie können Ihn kostenlos im Internet unter Cortona 3D (http://www.cortona3d.com/cortona) herunterladen.

Installation des
Cortona 3D
Viewer

Der *Viewer* unterstützt die Browser Internet Explorer ab Version 6.0, Netscape Navigator ab Version 8.0, Mozilla Firefox ab 1.5 sowie Google Chrome und Opera ab Version 8.5.

Folgen Sie den Anweisungen des Installationsassistenten. Rufen Sie nach Abschluss der Installation die Datei Beispiel.wrl auf. Wenn Sie Abb. 6.0-1 sehen, war die Installation erfolgreich.

Bedienung des
Cortona 3D-
Viewer

Die Benutzung des Cortona 3D-*Viewer* ist einfach. Wie Abb. 6.0-2 zeigt, werden die wesentlichen Interaktionskonzepte über Buttons zur Verfügung gestellt. Daneben lässt es sich über die Pfeiltasten oder auch die Maus (linke Taste drücken) sehr frei in der virtuellen Darstellung navigieren. Es gibt drei grundsätzliche Navigationsmöglichkeiten:

Abb. 6.0-1: Beispielscreen: Der Cortona Viewer im Internet Explorer.

▨ Walk: Sie gehen auf einer (nicht sichtbaren) Ebene, das heißt, Sie können sich nicht nach oben oder unten bewegen.

▨ Fly: Sie können fliegen, lösen also die im Walk-Modul gegebene Restriktion auf.

▨ Study: Nicht Sie bewegen sich, sondern die Objekte um Sie herum. Sie können sie so quasi in die Hand nehmen und studieren.

Diese drei Interaktionsmöglichkeiten können zudem noch individuell eingestellt werden. Folgende Optionen stehen Ihnen zur Verfügung:

▨ Plan: Sie bzw. die Welt bewegt sich auf der Ebene, die durch die X- und die Z-Achse aufgespannt wird. Verschiebungen finden also nach links und rechts und in den Raum hinein statt.

▨ Pan: Sie bzw. die Welt bewegt sich auf der Ebene, die durch die X- und die Y-Achse aufgespannt wird. Verschiebungen finden also nach links, rechts, oben und unten hin statt.

▨ Turn: Sie bewegen den Winkel, mit dem die Kamera in die Welt hineinschaut, nach oben, unten, rechts oder links.

▨ Roll: Sie drehen die Kamera um sich selbst und zwar entlang der Blickrichtung.

Probieren Sie die Navigationsmöglichkeiten aus. Sie sind ein wenig gewöhnungsbedürftig. Beim Experimentieren werden Sie wahrscheinlich die Möglichkeiten schätzen lernen, das Bild wieder gerade zu rücken:

▦ Align: Bringt die Kamera wieder in eine waagerechte Position.

▦ View & Goto: Sie können in VRML verschiedene Ansichtspunkte setzen, um in einer großen virtuellen Welt direkt zu wichtigen Punkten zu Navigieren. Mit View können Sie diese Punkte der Reihe nach ansteuern. Mit goto (links unten) können Sie eine Liste der Punkte öffnen und direkt ansteuern.

▦ Restore: Die Darstellung wird in den Ausgangszustand zurückgesetzt, wie sie beim Laden der Welt zu sehen war.

▦ Fit: Vergrößert oder verkleinert die Darstellung so weit, dass die gesamte Welt auf einmal sichtbar ist, also genau in den *Viewer* eingepasst wird.

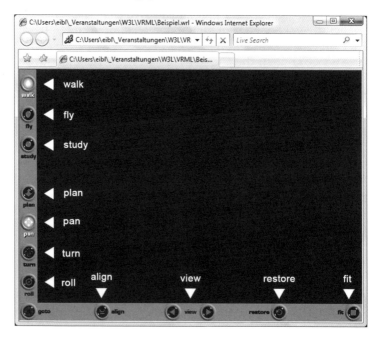

Abb. 6.0-2: Bedienelemente des Cortona Viewer.

Der Cortona 3D-*Viewer* stürzt gelegentlich ab, wenn er in   Tipp
einem Browser aufgerufen wird. Dies passiert vor allem,
wenn Sie eine gerade geladene Datei editieren. Dann stellt
er nicht wie erwartet eine VRML-Datei dar, sondern bleibt
leer – leider ohne explizite Fehlermeldung. Hier hilft nur
ein Neustart des Browsers.

Diese Themen werden im Folgenden besprochen:

Zunächst erfolgt eine Einführung zum prinzipiellen Aufbau
von VRML:

▨ »Grundsätzlicher Aufbau einer VRML-Datei«, S. 218

Über den Knoten Geometry kann die Form eines Objekts bestimmt werden:

▨ »Formen: Geometry«, S. 219

Über den Knoten Appearance kann seine Erscheinung bestimmt werden:

▨ »Erscheinung: Appearance«, S. 232

Transformationen ermöglichen es, Objekte beliebig im
Raum zu platzieren:

▨ »Transformationen«, S. 245

Da der Quellcode in VRML schnell groß und unübersichtlich
wird, wurden Verfahren integriert, um ihn überschaubar und
wiederverwendbar zu halten:

▨ »Ökonomisierung des Quellcodes«, S. 254

Die Welt, in der VRML-Objekte positioniert werden, nennt
sich Szene. Sie kann mit bestimmten Rahmenbedingungen,
wie zum Beispiel Beleuchtung, versehen werden:

▨ »Einrichten einer Szene«, S. 263

Die mit VRML erstellten Welten sind nicht statisch, sondern
können ebenso animiert wie interaktiv modifiziert werden:

▨ »Interaktion und Animation«, S. 272

Für Interessierte werden Empfehlungen für das weitere Vorgehen gegeben:

▨ »Weitere Schritte«, S. 285

6.1 Grundsätzlicher Aufbau einer VRML-Datei *

VRML-Dateien sind einfache Textdateien, die auch für den Menschen weitgehend lesbar sind. Sie beschreiben die Szenerie einer virtuellen Welt durch eine Auflistung der enthaltenen Objekte und ihrer Erscheinungsformen.

Lesbarkeit

Das Angenehme an VRML-Dateien ist, dass man sie ohne Probleme lesen kann: Die in ihnen verfasste Szenenbeschreibung ist einfacher Text, den Sie mit jedem Texteditor lesen können. Allerdings sind VRML-Editoren doch meist etwas komfortabler und bieten neben der rein textlichen Information auch eine grafische Aufbereitung.

Erkennungsmerkmale einer VRML-Datei

Eine VRML-Datei hat die Extension *.wrl, was für *World* steht. Sie beginnt immer mit einer Startzeile, die den VRML-Standard spezifiziert, z. B.:

#VRML V2.0 utf8

Dieser einleitende Hinweis auf die verwendete VRML-Version muss in der ersten Zeile stehen, damit der Browser erkennt, dass es sich hier um VRML2.0 handelt. utf8 ist ein Hinweis auf den verwendeten Zeichensatz und steht für das 8-bit-Unicode-Transformation-Format. Hierbei handelt es sich um die am weitesten verbreitete Kodierung für Unicode-Zeichen, dem zentralen Zeichensatz für internationale Zeichenkodierung, wie sie im Internet notwendig ist.

Reservierte Zeichen

Das Doppelkreuz # ist eines von zwei reservierten Zeichen mit besonderer Bedeutung:

- Das **Doppelkreuz** »#« kommentiert eine Zeile aus, d. h. alles rechts von diesem Zeichen wird vom *Viewer* nicht dargestellt.

- **Kommata** »,« werden vor allem bei Indizes gerne verwendet, um ein Programm übersichtlicher zu gestalten. Kommata dienen allerdings nur der Lesbarkeit. Der *Viewer* ignoriert sie: für ihn sind Leerzeichen maßgeblich.

Szene

In einer VRML-Datei wird eine sogenannte Szene beschrieben. Diese besteht anders als beim zweidimensionalen Flash nicht aus einer Bühne, sondern einer Welt sowie einzelnen

Figuren, die in dieser Welt platziert werden. Aufgabe der VRML-Datei ist in erster Linie zu bestimmen,

- welche Objekte enthalten sein sollen,
- wie die Objekte aussehen sollen,
- wie sie beleuchtet werden,
- wo sie positioniert sind und
- wie sie sich verhalten sollen.

VRML nutzt dafür eine vordefinierte Menge an Grundformen, die aber zu beliebig komplexen Figuren zusammengesetzt werden können. Eine Form wird wie folgt beschrieben:

Grundformen

```
Shape {
    appearance
    geometry
}
```

Dieser Quellcode liest sich wie folgt: Es gibt eine Form Shape, die eine Erscheinung appearance und eine geometrische Form geometry besitzt.

Die geschweiften Klammern fassen immer die Eigenschaften zusammen, die das vor der Klammerung stehende Objekt besitzt. In VRML wird hier von Knoten gesprochen. In diesem Beispiel handelt es sich um einen Shape-Knoten. Wie Sie sehen werden, können diese Knoten beliebig tief verschachtelt werden, so dass die fertige Szenerie aus sehr vielen Knoten besteht, die in einer Baumstruktur angeordnet sind.

Knoten

Im Folgenden wird etwas genauer auf Formen und ihre Ausprägungen geometry eingegangen. Daneben wird die Ausprägung appearance untersucht. Abschließend werden die Formen in eine Szenerie mit Beleuchtung und Interaktion untergebracht.

6.2   Formen: Geometry *

VRML bietet eine ganze Reihe von Grundformen an, mit denen sich virtuelle Welten zusammenstellen lassen. Diese Grundformen reichen von einfachen Formen wie Kugel oder Würfel bis hin zu sehr flexibel einsetzbaren Höhenprofilen und 3D-Text. Form und Größe werden durch den Knoten Geometry bestimmt.

Grundformen   VRML bietet neun grundlegende Formen an. Komplexe Welten basieren immer auf einer geschickten Zusammenstellung eben dieser Grundformen. Die Formen und ihre Bezeichnung in VRML sind:

- Sphere → Kugel
- Box → Würfel
- Cylinder → Zylinder
- Cone → Kegel
- Text → Text
- PointSet → Raumpunkte
- IndexedLineSet → Gitternetz
- IndexedFaceSet → Fläche
- ElevationGrid → Höhenprofil

Daneben bietet VRML noch eine weitere wichtige Form an:

- Text → Text

Im Folgenden werden die einzelnen Formen besprochen. Sie sehen dazu immer ein Quellcodebeispiel. Wenn Sie die Beispiele in einem Texteditor abschreiben und abspeichern, können Sie das Ergebnis in einem VRML-*Viewer* betrachten. Dazu muss in den Beispielen allerdings immer der erst später erklärte Appearance-Knoten aufgeführt werden. Lassen Sie sich dadurch nicht verwirren, er gibt hier nur an, dass die Form überhaupt aus einem Material besteht und damit sichtbar ist.

Kugel

Die einfachste Form ist die Kugel (Sphere). Sie hat nur einen Parameter, welcher ihre Größe bestimmt: den Radius.

Beispiel
Quellcode:
Kugel

```
#VRML V2.0 utf8

Shape{
    appearance Appearance{
        material Material{}
    }
    geometry Sphere{
        radius 2.0
    }
}
```

Parameter   Sie sehen hier bereits, dass die Verschachtelung weiter geht. Die geometry ist eine Sphere, welche wiederum durch eigene Parameter definiert wird – in diesem Fall allerdings nur durch einen. Der radius bestimmt die Größe der Kugel. Sie müssen hier keine Angabe machen. Wenn Sie auf eine Angabe verzichten, wird ein Standardwert verwendet. Dieser liegt bei 1. Die Zahlenangaben, die Sie bei der Größe der Formen machen, beziehen sich übrigens auf Meter.

Geben Sie den Code für die Kugel in einem Texteditor ein und speichern Sie den Text als Kugel.wrl ab. Wenn Sie die Datei mit Ihrem Browser öffnen, sehen Sie in Abb. 6.2-1.

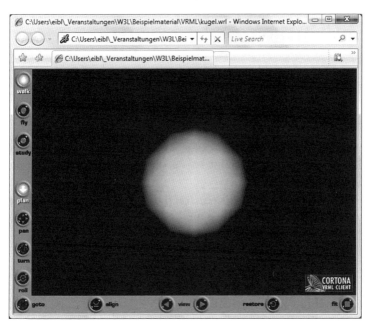

Abb. 6.2-1: VRML Sphere: Kugel.

Sollten Sie die Abbildung nicht sehen, müssen Sie zunächst einen VRML-*Viewer* installieren.   Tipp

Verändern Sie den Radius der Kugel. Versuchen Sie durch Probieren herauszufinden, wie groß der Radius der Kugel sein muss, damit Sie als Betrachter innerhalb der Kugel stehen.

Würfel

Beschreibung   Die nächste Grundform ist der Würfel. Die Größe des Würfels wird in seiner Ausdehnung entlang der X-Achse (Breite des Würfels), der Y-Achse (Höhe des Würfels) und der Z-Achse (Tiefe des Würfels) beschrieben. Die Standardwerte liegen jeweils bei 2. Im Beispiel sind sie auf 1 reduziert. Der Mittelpunkt des Würfels liegt im Koordinatenursprung.

Beispiel
Quellcode:
Würfel

```
#VRML V2.0 utf8

Shape{
    appearance Appearance{
        material Material{}
    }
    geometry Box{
        size 1.0 1.0 1.0
    }
}
```

Würfelformen   Der Begriff Würfel ist in Bezug auf diese Form vielleicht etwas irreführend, da die Größenwerte so eingegeben werden können, dass auch Ebenen (z.B.: size 10 0.2 10) oder Wände (z.B.: size 10 2 0.2) entstehen können.

 Erstellen Sie ein dreidimensionales Kreuz. Dazu benötigen sie drei Box-Knoten, von denen einer besonders breit, einer besonders hoch und einer besonders tief ist. Abb. 6.2-2 zeigt das Resultat.

Zylinder

Beschreibung   Ein Zylinder hat zwei kreisförmige Flächen, deren Größen durch ihre Radien (radius) bestimmt werden. Beide Flächen können allerdings keine unterschiedlichen Größen annehmen. Der Abstand zwischen den Flächen definiert die Höhe (height) des Zylinders. Die Standardwerte sind 2, wobei die Mitte des Zylinders im Koordinatenursprung liegt.

Beispiel
Quellcode:
Zylinder

```
#VRML V2.0 utf8

Background {skyColor 1 1 1}
Shape{
    appearance Appearance{
        material Material{}
    }
    geometry Cylinder{
```

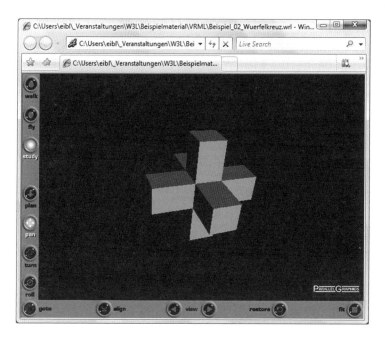

Abb. 6.2-2: VRML-Geometry Box: 3 Würfel bilden ein Würfelkreuz.

```
        radius 1.0
        height 2.0
   }
}
```

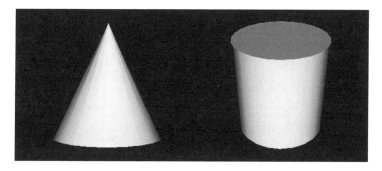

Abb. 6.2-3: VRML-Geometry Cone und Cylinder: Kegel und Zylinder.

Kegel

Beschreibung　Ein Kegel besteht im Gegensatz zum Zylinder nur aus einer Grundfläche, die wiederum über ihren Radius (bottomRadius) definiert wird, und einer Höhe (height). Auch hier liegen die Standardwerte bei 1. Abb. 6.2-3 zeigt Kegel und Zylinder.

Beispiel Quellcode: Kegel

```
#VRML V2.0 utf8

Background {skyColor 1 1 1}
Shape{
    appearance Appearance{
        material Material{}
    }
    geometry Cone{
        bottomRadius 1.0
        height 2.0
    }
}
```

Raumpunkte: PointSet{ }

Beschreibung　Mit Hilfe des Objekts bzw. der Objektmenge PointSet können Sie gleich eine ganze Reihe von Punkten definieren. Hierzu geben Sie im Knoten Coordinate eine Punktmenge point[] an. Dass es sich hierbei um eine Menge und nicht wieder um einen Knoten handelt, erkennen Sie an der eckigen Klammer, die Ihnen eventuell bereits aus der Programmierung etwa bei der Verwendung von Arrays geläufig ist. Das Codebeispiel definiert acht Punkte, welche sich als Eckpunkte eines Würfels herausstellen. Beachten Sie bitte, dass die Hintergrundbeleuchtung Background für dieses Beispiel eingeschaltet ist. Ansonsten würden die Punkte nicht zu sehen sein.

Beispiel Quellcode: PointSet

```
#VRML V2.0 utf8

Background {skyColor 1.0 1.0 1.0}
Shape {
    appearance Appearance{
        material Material{}
    }
    geometry PointSet{
        coord Coordinate{
            point[
                -1.0  1.0  1.0, #Index 0: links  oben  vorn
                -1.0 -1.0  1.0, #Index 1: links  unten vorn
                 1.0 -1.0  1.0, #Index 2: rechts unten vorn
```

```
        1.0  1.0  1.0, #Index 3: rechts oben  vorn
       -1.0  1.0 -1.0, #Index 4: links  oben  hinten
       -1.0 -1.0 -1.0, #Index 5: links  unten hinten
        1.0 -1.0 -1.0, #Index 6: rechts unten hinten
        1.0  1.0 -1.0  #Index 7: rechts oben  hinten
      ]
    }
  }
}
```

Die hier verwendeten Kommata werden in VRML üblicher-   Lesbarkeit
weise genutzt, um Zahlenangaben zu trennen oder wie hier
einen Zeilenumbruch zu signalisieren. Sie dienen nur der
Lesbarkeit des Quellcodes. Für den VRML-*Viewer* haben sie
aber keine Bedeutung. Sie können also auch auf die Kommata verzichten. Ebenso können Sie natürlich auf die mit der
Raute # eingeleiteten Kommentare verzichten. Das PointSet
könnten Sie also problemlos auch wie folgt definieren:

point[-1.0 1.0 1.0 -1.0 -1.0 1.0 1.0 -1.0 1.0 1.0 1.0 -
1.0 1.0 -1.0 -1.0 -1.0 -1.0 1.0 -1.0 -1.0 1.0 1.0 -1.0]

Gitternetz: IndexedLineSet{ }

Punkte im Raum mögen noch recht unspektakulär erschei-   Beschreibung
nen, aber es gibt auch eine Möglichkeit, diese Punkte miteinander zu verbinden. Im Objekt IndexedLineSet können
ebenfalls Punktmengen über point[] definiert werden. Anschließend können Sie diese definierten Punkte aber über
coordIndex beliebig miteinander verknüpfen. Das Beispiel in
Abb. 6.2-4 zeigt das Drahtgitter eines Würfels.

```
#VRML V2.0 utf8                                          Beispiel
                                                         Quellcode:
Background {skyColor 1.0 1.0 1.0}                        IndexedLineSet
Shape {
    appearance Appearance{
        material Material{}
    }
    geometry IndexedLineSet{
        coord Coordinate{
            point[
                -1.0  1.0  1.0, #Index 0: links  oben  vorn
                -1.0 -1.0  1.0, #Index 1: links  unten vorn
                 1.0 -1.0  1.0, #Index 2: rechts unten vorn
                 1.0  1.0  1.0, #Index 3: rechts oben  vorn
                -1.0  1.0 -1.0, #Index 4: links  oben  hinten
```

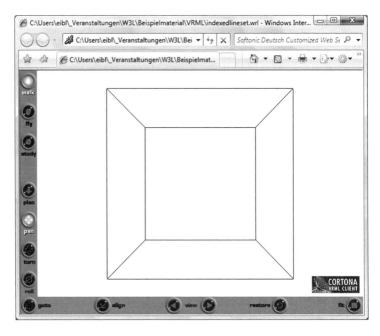

Abb. 6.2-4: VRML-Geometry IndexedLineSet: Gitternetz.

```
        -1.0 -1.0 -1.0,  #Index 5: links  unten hinten
         1.0 -1.0 -1.0,  #Index 6: rechts unten hinten
         1.0  1.0 -1.0   #Index 7: rechts oben  hinten
        ]
     }

     coordIndex[
        0, 1, 2, 3, 0, -1, # vorderes Quadrat
        4, 5, 6, 7, 4, -1, # hinteres Quadrat
        0, 4, -1,          # Kante links oben
        1, 5, -1,          # Kante links unten
        2, 6, -1,          # Kante rechts unten
        3, 7               # Kante rechts oben
        ]
      }
   }
```

Vorgehensweise   Zunächst werden über coord Coordinate{point[...]} die Eckpunkte eines Drahtgitters definiert. Erst in einem zweiten Schritt werden die Punkte durch Linien miteinander verbunden: Mit coordIndex [...] wird die Reihenfolge des Zeichnens festgelegt. Die hier festgelegte Reihenfolge kann mitunter das Ergebnis stark beeinflussen und auf der Basis der gleichen Punkte zu verschiedenen Formen führen.

Verändern Sie `coordIndex [...]` wie folgt:

```
coordIndex[
    0, 3, 7, 4, 0, -1,
    1, 2, 6, 5, 1, -1,
    1, 7, -1,
    2, 4, -1,
    6, 0, -1,
    5, 3
]
```

Bitte beachten Sie, dass zu den Kommata oben Gesagtes auch hier gilt: Sie müssen nicht gesetzt werden. Der *Viewer* benötigt zum Trennen der Ziffern ausschließlich Leerzeichen. Gleiches gilt übrigens auch für den Zeilenumbruch. Sie können obige Modifikation auch wie folgt eingeben:

Lesbarkeit

```
coordIndex[0 3 7 4 0 -1 1 2 6 5 1 -1 1
           7 -1 2 4 -1 6 0
-1 5 3]
```

Fläche: `IndexedFaceSet{ }`

Ein Drahtgittermodell wird in den meisten Anwendungen nicht genügen. Sie benötigen in der Regel doch eher geschlossene Formen. Hier hilft das Objekt `IndexedFaceSet`. Der Aufbau ist analog zu `IndexedLineSet`: Zunächst wird über `point[]` eine Punktmenge definiert. Anschließend können Sie diese definierten Punkte über `coordIndex` beliebig miteinander verknüpfen. Dabei entstehen allerdings nicht mehr Linien, sondern Flächen.

Beschreibung

```
#VRML V2.0 utf8

Background {skyColor 1.0 1.0 1.0}
Shape {
    appearance Appearance{
        material Material{}
    }
    geometry IndexedFaceSet{
        solid FALSE
        coord Coordinate{
            point[
                -1.0  1.0  1.0, #Index 0: links  oben  vorn
                -1.0 -1.0  1.0, #Index 1: links  unten vorn
```

Beispiel Quellcode: IndexedFaceSet

```
              1.0 -1.0  1.0, #Index 2: rechts unten vorn
              1.0  1.0  1.0, #Index 3: rechts oben  vorn
             -1.0  1.0 -1.0, #Index 4: links  oben  hinten
             -1.0 -1.0 -1.0, #Index 5: links  unten hinten
              1.0 -1.0 -1.0, #Index 6: rechts unten hinten
              1.0  1.0 -1.0  #Index 7: rechts oben  hinten
            ]
          }

          coordIndex[
              0, 1, 2, 3, 0, -1, #Fläche vorn
              4, 5, 6, 7, 4, -1, #Fläche hinten
              0, 3, 7, 4, 0, -1, #Fläche oben
              1, 2, 6, 5, 1, -1, #Fläche unten
              3, 2, 6, 7, 3, -1, #Fläche rechts
              0, 1, 5, 4, 0     #Fläche links
          ]
        }
      }
```

Vorgehensweise Im Gegensatz zum Drahtgittermodell genügt es nicht mehr, die Kanten des Würfels zu definieren. Nun müssen alle sechs Seiten explizit definiert werden, d. h. bei jeder Seite müssen alle vier Punkte besucht werden, und der Ausgangspunkt am Ende noch ein zweites Mal, um die Fläche zu schließen.

solid Aufmerksamen Lesern wird nicht entgangen sein, dass sich wieder ein zusätzliches Element eingeschlichen hat: solid. Dieses kann die Werte TRUE und FALSE annehmen und dient der Optimierung des Zeichnens: Bei TRUE werden Rückseiten von Flächen nicht dargestellt, wodurch der Rechenaufwand verringert wird. Allerdings führt es auch zu Darstellungsproblemen beim Drehen.

Höhenprofil: ElevationGrid{ }

Beschreibung Mit Hilfe des ElevationGrid können Höhenprofile definiert werden. Hierbei handelt es sich um Flächen, die nicht flach sind, sondern Erhebungen und Senkungen haben. Auf den ersten Blick scheinen diese Flächen vor allem für die Visualisierung geographischer Daten sinnvoll. So wird auch in folgendem Beispiel ein Berg dargestellt. Es gibt aber auch eine ganze Reihe weiterer Anwendungsfälle. Vor allem wenn Formen mit komplexen Oberflächen geschaffen werden sollen, eignet sich oft eine Kombination aus ElevationGrids.

```
#VRML V2.0 utf8

Background {skyColor 1.0 1.0 1.0}
Shape {
    appearance Appearance{
        material Material{}
    }
    geometry ElevationGrid{
        xDimension 5
        zDimension 5
        xSpacing 1.0
        zSpacing 1.0
        height [
            0.0, 0.0, 0.0, 0.0, 0.0,
            0.0, 0.5, 1.0, 0.5, 0.0,
            0.0, 1.0, 2.5, 1.0, 0.0,
            0.0, 0.5, 1.0, 0.5, 0.0,
            0.0, 0.0, 0.0, 0.0, 0.0
        ]
    }
}
```

Beispiel
Quellcode:
ElevationGrid

Zunächst wird die Breite (xDimension) und Tiefe (zDimension) einer zweidimensionale Fläche definiert, die im Raum liegt. Anschließend wird bestimmt, wie viele Höhenpunkte für das Höhenprofil vergeben werden sollen. Je mehr Höhenpunkte, desto genauer das Höhenprofil und desto größer der Rechenaufwand. In folgendem Beispiel wird ein 5*5m großes Profil angelegt, welches mit einem metergenauen Raster von Höhenangaben versehen wird. Abb. 6.2-5 zeigt, wie aus dem nun angelegten Gitter durch die Angabe von Höheninformation ein Berg wird.

Vorgehensweise

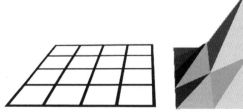

Abb. 6.2-5: VRML-Geometry ElevationGrid: Höhenprofile.

Die Punktmenge height[] gibt für jeden Gitterpunkt die Höhe, also die Y-Koordinate an. Zugelassen sind als Höhenangabe positive und negative Werte. Das Höhenprofil verbindet diese Angaben zu einer profilierten Fläche. Sie könnten das gleiche Ergebnis auch mit IndexedFaceSet erreichen, allerdings mit einem deutlich größeren Aufwand.

Lesbarkeit

Auch hier gilt wieder: Die in diesem Beispiel gezeigte Matrix entspricht in ihrer Ausrichtung der Aufsicht auf das Modell. So wird die Lesbarkeit erhöht, und Sie identifizieren Fehler im Profil schneller. Sie können natürlich für eine schnelle Eingabe auf Kommata und Zeilenumbruch verzichten.

Text: Text{ }

Beschreibung

In vielen Szenen wird zur Beschreibung Text benötigt. Hier mit den Grundformen zu arbeiten wäre eine ziemliche Herausforderung und macht natürlich wenig Sinn. Es gibt daher ein eigenes Objekt Text mit dem Sie recht komfortabel Textelemente einbauen und sogar formatieren können:

Beispiel Quellcode: Text

```
#VRML V2.0 utf8

Background {skyColor 1.0 1.0 1.0}
Shape {
    appearance Appearance{
        material Material{}
    }
    geometry Text{
        string "VRML97"
    }
}
```

Vorgehensweise

Der Knoten Text beginnt im Koordinatenursprung. Der darzustellende Text wird als string definiert. Eine string-Variable kennen Sie aus Programmiersprachen. Sie enthält einen Text, hier den einfachen Text »VRML«. Die auszugebende Zeichenkette muss in Anführungsstrichen stehen.

Mehrzeiliger Text

Um mehrzeiligen Text auszugeben, ersetzen Sie einfach die string- Variable beispielsweise durch:

```
string [
    "VRML"
    "ist einfach"
    "und spannend."
]
```

Wie bei der Punktmenge operieren Sie hier mit den eckigen
Klammern [], mit denen Sie mehrere Elemente definieren
können. In diesem Fall definieren Sie den auszugebenden
Text als drei Elemente. Wenn Sie keine speziellen Forma-
tierungswünsche angeben, erscheinen diese untereinander
und linksbündig.

Vorgehensweise

Natürlich können Sie den Text aber auch formatieren. Hierzu fügen Sie dem Text-Knoten einen zusätzlichen Unterkno-
ten FontStyle hinzu und geben in diesem Ihre Formatierungs-
wünsche an.

Formatierter
Text

Ersetzen Sie im Text-Beispiel den Text-Knoten durch:

```
geometry Text{
    string [
        "VRML97",
        "macht Durst",
        "... und Hunger!!"
    ]
    fontStyle FontStyle{
        family "SERIF"
        style "BOLD"
        size 2.0
        horizontal TRUE
    }
}
```

Beispiel
Quellcode:
formatierter
Text

Sie haben folgende Formatierungsmöglichkeiten:

- family: Die Schriftartenfamilie beinhaltet die Wahlmöglichkeit zwischen SERIF (Serifenschriften wie Times), SANS
  (Serifenlose Schriften wie Arial) oder TYPEWRITER (Schreib-
  maschinenschriften wie Courier)

Formatangaben

- style: Der Schriftstil umfasst PLAIN für Normal, BOLD für
  Fettdruck, ITALIC für Kursivdruck und BOLDITALIC für Fett-
  und Kursivdruck.
- size: Die Schriftgröße ist als Standardwert auf 1.0 gesetzt.
- spacing: Der Abstand zwischen den Buchstaben ist als
  Standardwert ebenfalls auf 1.0 gesetzt.
- horizontal: Hier können sie angeben, ob der Text horizontal (Wert TRUE) oder vertikal (Wert FALSE) ausgegeben
  werden soll.
- justify: Die Ausrichtung kann folgende Werte annehmen:
  begin, middle, end, horizontal, leftToRight, topToBottom

6.3   Erscheinung: Appearance *

Um Dinge in einer VRML-Szenerie sichtbar zu machen, benötigen Sie die Definition ihrer Erscheinung. Diese beinhaltet nicht nur eine Beschreibung des Materials, aus dem die Objekte geformt sein sollen, sondern auch eine genau Definition der Lichtverhältnisse.

Ausprägungen   Sie haben nun bereits mit dem Erscheinungsknoten Appearance gearbeitet, um die darzustellenden Formen überhaupt sichtbar zu machen. Dazu haben Sie ihnen über den Knoten Material ein nicht näher beschriebenes Material zugeordnet. Der Erscheinungsknoten wird nun etwas genauer untersucht. Prinzipiell können im Appearance-Knoten ein Materialknoten oder ein Texturknoten definiert werden:

▦ Material{} → Materialknoten

▦ Texture{} → Texturknoten

Im Materialknoten werden Eigenschaften des Materials wie Farbe, Reflexivität oder Transparenz beschrieben:

▦ »Material-Knoten«, S. 232

Diese Beschreibungen führen aber immer zu künstlich anmutenden Szenen. Um möglichst realistische Szenerien aufzubauen, nutzt man einen beliebten Trick der Computergrafik: **Texturen.** Man kann sich eine Textur als eine Art Fototapete vorstellen, die auf Objekte geklebt wird. So können sehr einfach realistische Effekte eingebaut werden, indem Fotografien als Texturen eingebettet werden:

▦ »Texturen«, S. 240

6.3.1   Material-Knoten *

Durch den Materialknoten werden die Objekte in der virtuellen Welt greifbar. Im Materialknoten werden Eigenschaften des Materials wie Farbe, Reflexivität oder Transparenz beschrieben.

Farben in VRML   Die Definition des Materials ist vor allem durch die Verwendung der Beleuchtung bestimmt. Um die Beleuchtung zu verstehen, muss zunächst Grundsätzliches zur Farbe in VRML erläutert werden. Farben werden in VRML nach dem RGB-Muster vergeben: Alle Farben werden also entsprechend ihrer Zusammensetzung aus den Farben Rot, Grün und Blau definiert. Die Anteile werden dabei durch Werte zwischen »0« für keinen Anteil und »1« für höchstmöglichen Anteil beschrieben. Die Farbe Rot würde nach diesem Schema einen vollen Anteil Rot und keine Anteile Grün oder Blau enthalten und daher wie folgt definiert: 1 0 0. Typische Farben und ihre Werte enthält Tab. 6.3-1.

Farbe	Rotwert	Grünwert	Blauwert
Rot	1	0	0
Grün	0	1	0
Blau	0	0	1
Gelb	1	1	0
Magenta	1	0	1
Braun	0.5	0.2	0
Weiß	1	1	1
Schwarz	0	0	0

Tab. 6.3-1: Typische Farben und ihre Werte im RGB-Farbmodell

Materialknoten: emissiveColor und diffuseColor

VRML unterscheidet zwei grundlegende Arten elementarer Beleuchtung: angeleuchtet oder selbstleuchtend. Objekte, die selbst leuchten, werden mit emissiveColor beschrieben. Für Objekte, die beleuchtet werden und das Licht reflektieren, wird diffuseColor verwendet.

Elementare Beleuchtung

Der folgende VRML-Code zeigt den Unterschied. emissiveColor nimmt hier den Wert 1.0 0.3 0.0 an, was bedeutet, dass ein volles Rot mit einem leichten Grünanteil gemischt wird. Das Ergebnis ist ein leuchtendes Orange.

Beispiel

```
#VRML V2.0 utf8

Shape {
    appearance Appearance{
        material Material{
            emissiveColor 1.0 0.3 0.0
        }
```

Quellcode: emissiveColor

```
        }
    geometry Sphere{}
}
```

 Ersetzen Sie emissiveColor durch diffuseColor. Sie werden feststellen, dass das Objekt völlig anders wirkt (Abb. 6.3-1).

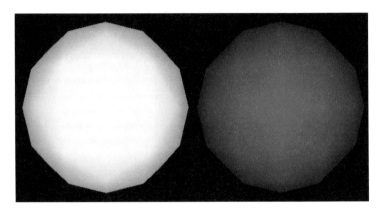

Abb. 6.3-1: Materialknoten: emissiveColor und diffuseColor.

Materialknoten: specularColor

Um Objekte realistischer zu gestalten, bietet VRML eine Reihe von Lichteffekten an. Einer der wichtigsten ist specularColor. Dies gibt an, mit welcher Farbe das Objekt beleuchtet werden soll.

Beispiel In diesem Beispiel wird weißes Licht verwendet.

```
#VRML V2.0 utf8

Background {skyColor 1.0 1.0 1.0}

Shape {
    appearance Appearance{
        material Material{
            diffuseColor 1 0.3 0
            specularColor 1 1 1
        }
    }
    geometry Sphere{}
}
```

Abb. 6.3-2 zeigt das Zusammenspiel der verschiedenen Be-
leuchtungsparameter. In Tab. 6.3-2 sind die gezeigten Parameter beschrieben.

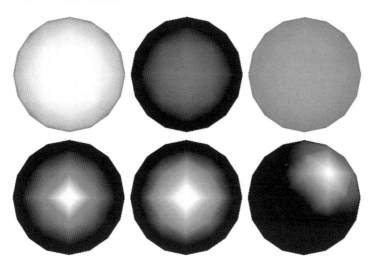

Abb. 6.3-2: Farbbeschreibungen in VRML.

emissiveColor 1.0 0.3 0.0	diffuseColor 1.0 0.3 0.0	diffuseColor 1.0 0.3 0.0 emissiveColor 1.0 0.3 0.0
diffuseColor 1 0.3 0 specularColor 1 1 1	diffuseColor 1 0.3 0 specularColor 1 1 1 shininess 0.1	diffuseColor 1 0.3 0 specularColor 1 1 1 zusätzlich: DirectionalLight{ intensity 1 direction -1 -1 -1 }

Tab. 6.3-2: Zusammenspiel von emissiveColor und diffuseColor.

Materialknoten: color

Mithilfe des Knotens color können Sie Punkten oder Flächen bestimmte Farben zuweisen. Nehmen Sie z. B. den als
IndexedFaceSet realisierten Würfel. Sie fügen an den Quellcode ein Feld color[ ] an, in dem Sie verschiedene Farben
definieren.

Beispiel
In diesem Beispiel sind das die Farben Rot (1 0 0), Grün (0 1 0) und Blau (0 0 1). Diese hier definierten Farben können Sie nun den einzelnen Flächen des Würfels zuordnen:

Quellcode

```
#VRML V2.0 utf8

Background {skyColor 1 1 1}

Shape{
  appearance Appearance{
    material Material{}
  }

  geometry IndexedFaceSet{
    solid FALSE

    coord Coordinate {
      point[
        -1.0  1.0  1.0, #Index 0: links  oben  vorn
        -1.0 -1.0  1.0, #Index 1: links  unten vorn
         1.0 -1.0  1.0, #Index 2: rechts unten vorn
         1.0  1.0  1.0, #Index 3: rechts oben  vorn
        -1.0  1.0 -1.0, #Index 4: links  oben  hinten
        -1.0 -1.0 -1.0, #Index 5: links  unten hinten
         1.0 -1.0 -1.0, #Index 6: rechts unten hinten
         1.0  1.0 -1.0  #Index 7: rechts oben  hinten
      ]
    }
    coordIndex[
      0, 1, 2, 3, 0, -1, #Fläche vorn
      4, 5, 6, 7, 4, -1, #Fläche hinten
      0, 3, 7, 4, 0, -1, #Fläche oben
      1, 2, 6, 5, 1, -1, #Fläche unten
      3, 2, 6, 7, 3, -1, #Fläche rechts
      0, 1, 5, 4, 0      #Fläche links
    ]

    colorPerVertex FALSE

    color Color{
      color[
        1 0 0, #Farbe 1: Rot
        0 1 0, #Farbe 2: Grün
        0 0 1  #Farbe 3:Blau
      ]
    }
    colorIndex[0, 0, 1, 1, 2, 2] # Farbnr. für Fläche
```

```
    }
}
```

Sie erinnern sich, dass die Flächendefinition zunächst eine Definition der zugrunde liegenden Punkte in point[ ] benötigt. Anschließend werden diese Punkte in coordIndex[ ] zu einzelnen Flächen zusammengefügt. Die Reihenfolge, in der die Punkte aufgerufen werden, ist dabei maßgeblich.

Vorgehensweise

Ähnlich ist es mit der Farbe: Im Beispiel zum IndexedFaceSet wurden sechs Flächen definiert, die nun über colorIndex[0, 0, 1, 1, 2, 2] der Reihe nach mit einer der drei in color[ ] definierten Farben versehen werden.

Verändern Sie die Farbgebung des Würfels so, dass jede der sechs Seiten eine andere Farbe hat. Dazu müssen Sie zunächst color [...] um drei Farben erweitern. In einem zweiten Schritt aktualisieren Sie colorIndex[...] so, dass jede Seite eine andere Farbe zugewiesen bekommt.

Im Beispiel zum IndexedFaceSet wurde der Knoten colorPerVertex eingeführt. Dieser gibt an, wie genau mit den Farbangaben zu verfahren ist. Der Knoten kann die Werte TRUE und FALSE annehmen. Er bestimmt, ob eine einheitliche Farbe für jede Fläche mit harter Abgrenzung zur Nachbarfläche definiert wird oder ein weicher Farbverlauf. Der Standardwert TRUE resultiert in einem Farbverlauf. In diesem Beispiel wird der Wert bewusst auf FALSE gesetzt, um eine einheitliche Farbe zu definieren.

Die Farbdefinition im Höhenprofil funktioniert etwas anders. Auch hier wird zunächst das Höhenprofil wie gewohnt definiert. Allerdings erfolgt die Farbgebung hier nicht in den zwei Schritten Farbdefinition und Farbzuweisung. Vielmehr wird die Farbe in einem einzigen Schritt analog zu den Höhenangaben angewendet.

ElevationGrid

```
#VRML V2.0 utf8
Background {skyColor 1.0 1.0 1.0}
Shape {
    geometry ElevationGrid{
        xDimension 5
        zDimension 5
        xSpacing 1.0
        zSpacing 1.0
        height [
```

Beispiel
Quellcode

```
0.0, 0.0, 0.0, 0.0, 0.0,
0.0, 0.5, 1.0, 0.5, 0.0,
0.0, 1.0, 2.5, 1.0, 0.0,
0.0, 0.5, 1.0, 0.5, 0.0,
0.0, 0.0, 0.0, 0.0, 0.0
]

solid FALSE
colorPerVertex FALSE
color Color{
color [
  0 0 0, 0 0 0, 0 0 0, 0 0 0, 0 0 0,
  0 0 0, 0.4 0.4 0.4, 0.6 0.6 0.6, 0.4 0.4 0.4, 0 0 0,
  0 0 0, 0.6 0.6 0.6, 0.9 0.9 0.9, 0.6 0.6 0.6, 0 0 0,
  0 0 0, 0.4 0.4 0.4, 0.6 0.6 0.6, 0.4 0.4 0.4, 0 0 0,
  0 0 0, 0 0 0, 0 0 0, 0 0 0, 0 0 0,
]
}
}
}
```

 Am Höhenprofil wird der Vorteil von Farbverläufen sehr schön deutlich. Betrachten Sie das Beispiel im *Viewer* und löschen Sie anschließend colorPerVertex FALSE (bzw. setzen Sie den Wert auf TRUE), um einen Farbverlauf zu ermöglichen. Abb. 6.3-3 zeigt den Unterschied:

Abb. 6.3-3: Farbverlauf durch ColorPerVertex.

Materialknoten: shininess

shininess shininess bezieht sich auf die Reflexion des Lichts auf der Oberfläche eines Objektes. Je glänzender *(shiny)*, also glatter, desto punktueller wird Licht reflektiert. Je matter eine

Oberfläche, desto breiter sind die reflektierenden Punkte.
Der Standardwert zur shininess liegt bei 2.0.

Im Beispiel wird der Wert auf 1.0 herabgesetzt. Dadurch   Beispiel
wirkt die Oberfläche weniger poliert:

```
#VRML V2.0 utf8

Background {skyColor 1.0 1.0 1.0}
Shape {
    appearance Appearance{
        material Material{
            diffuseColor 1 0.3 0
            specularColor 1 1 1
            shininess 0.1
        }
    }
    geometry Sphere{}
}
```

Abb. 6.3-4 zeigt die Darstellung eine Kugel mit unterschiedlichen Angaben zur shininess. Im linken Beispiel wurde die
shininess auf 0.1 gesetzt im rechten Beispiel auf 1.0.

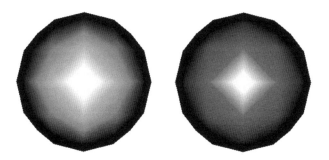

Abb. 6.3-4: Reflexion: shininess.

Materialknoten: transparency

Bislang hatten die erstellten Objekte stets undurchsichtige
Oberflächen. Solche Oberflächen werden auch opaque genannt. Sie unterschieden sich in Farbe, Beleuchtung und Re-
flexionsverhalten. Aber VRML bietet noch eine weitere Möglichkeit. Mit Hilfe des transparency-Knotens können Sie transparente Objekte schaffen.

Transparenz kann durchaus unterschiedliche Formen annehmen (siehe Kapitel »Bild«, S. 5). Im Fall von VRML ist Transparenz graduell einstellbar. Transparenz kann von »0« für keine Transparenz bis »1« für vollkommene Durchsichtigkeit eingestellt werden.

Beispiel   Dieses Beispiel zeigt eine transparente Kugel, in deren Inneren sich ein Würfel befindet:

Quellcode

```
#VRML V2.0 utf8

Shape{
    appearance Appearance{
        material Material{
            diffuseColor 1 0 0
            transparency 0.3
        }
    }
    geometry Sphere{
        radius 2.0
    }
}

Shape{
    appearance Appearance{
        material Material{
            diffuseColor 1 0 0
            transparency 0.3
        }
    }
    geometry Box{}
}
```

 Experimentieren Sie mit dem Transparenzknoten: Stellen Sie unterschiedliche Transparenzen für die Kugel ein und versuchen Sie auch den Würfel transparent zu machen.

6.3.2   Texturen *

Mit Texturen können sehr realistisch wirkende Welten aufgebaut werden. Der Trick besteht darin, Fotografien auf Oberflächen anzubringen.

Problem   Bei der Gestaltung virtueller Welten sind die bislang besprochenen Grundformen sehr unbefriedigend. Selbst wenn eine Welt sehr detailliert ausmodelliert wird, zu ihrer Erstellung also viele Tausend Formen hergenommen werden, wirkt die entstandene Welt nie wirklich realistisch. Allerdings benötigt sie sehr viel Arbeitsspeicher und Prozessorleistung.

Stellen Sie sich einmal vor, Sie möchten ein Straßenpflaster in einer virtuellen Welt modellieren. Sie können nun hingehen und Pflasterstein für Pflasterstein als cube zusammensetzen und wenn Sie 10.000 Pflastersteine gesetzt haben, sind Sie fertig. Ihr Computer aller Wahrscheinlichkeit aber auch, da die Berechnung der Pflastersteine seine Kapazität voll ausschöpft. Aber selbst diese 10.000 Pflastersteine sind unbefriedigend. Man wird ihre Künstlichkeit stets wahrnehmen: Sie sind zu glatt und zu wenig individuell. Dreck fehlt ebenso wie Kratzer und herausgebrochene Ecken. Alles in allem ist das Ergebnis nicht befriedigend. *Beispiel*

VRML bedient sich eines Konzeptes, welches so auch im Bereich der Computersimulation und der Computerspiele eingesetzt wird: Texturen. Diese ähneln Fototapeten, die auf eine beliebige Grundform geklebt wird. *Prinzip*

Um die Pflasterstraße zu modellieren ist damit nur noch die Definition einer Ebene notwendig, auf die Sie ein Foto von Pflastersteinen kleben. Dieses Foto muss mehrmals im Schachbrettmuster angebracht werden. Damit die Wiederholung nicht auffällt, benötigen Sie also ein Foto mit mehreren Pflastersteinen.

Die Vorteile dieser Vorgehensweise sind offensichtlich: *Vorteile*

+ Der **Aufwand**, und damit Dauer und Kosten der Modellierung wird erheblich reduziert. Es sind nicht mehr 10.000 Pflastersteine notwendig, sondern nur noch eine Ebene und ein Foto.

+ Die **Rechenkapazität** wird deutlich weniger beansprucht, es können größere und dynamischere Welten geschaffen werden.

+ Die **Erscheinung** wirkt wesentlich realistischer. Eine einfache Textur kann eine virtuelle Welt weit realistischer erscheinen lassen als eine noch so filigrane Modellierung.

Es scheint also nur Gewinner bei dieser Verfahrensweise zu geben. Ein kleiner Wehrmutstropfen sei dennoch ange- *Nachteil* bracht: Texturen sind Fotografien oder Videos. Das bedeutet sie haben eine begrenzte Auflösung. Tritt der Betrachter in der virtuellen Welt nur nahe genug an eine mit einer Textur versehene Fläche heran, dann fliegt der Schwindel auf.

Statische Textur: `ImageTexture { }`

`ImageTexture` Der Einsatz von Texturen ist einfach. Sie werden im Erscheinungsknoten `Appearance` einer Form definiert. Der Knoten `ImageTexture` enthält den Knoten `url` *(Unique Resource Locator)*, der angibt, wo sich die gewünschte Texturdatei befindet und wie sie heißt.

Beispiel In diesem Beispiel befindet sich die gewünschte Datei im gleichen Pfad, wie der VRML-Quellcode, weshalb nur der Dateiname, nicht aber der Pfad angegeben werden muss. Würde die Datei beispielsweise in einem Unterverzeichnis `Images` liegen, wäre die korrekte URL: `Images/schachbrett.gif`. Ein anderes Beispiel für eine URL sind Internetadressen: `http://www.einBeispiel.de/BeispielURL.html`

 Für das Beispiel wird die Datei `schachbrett.gif` benötigt. Laden Sie diese herunter und legen Sie sie im gleichen Verzeichnis wie das Beispiel ab. Das Beispiel zeigt, wie die Schachbrett-Textur auf den Würfel angewandt wird.

Quellcode: `ImageTexture`

```
#VRML V2.0 utf8

Background {skyColor 1.0 1.0 1.0}
Shape {
    appearance Appearance{
        texture ImageTexture{
            url "schachbrett.gif"
        }
    }
    geometry  Box{}
}
```

Formen mit Texturen Sie sind im Einsatz der Textur nicht auf den Würfel beschränkt, sondern können äquivalent zu obigem Beispiel den Knoten `texture ImageTexture{}` auch auf die Geometrieknoten `Sphere{}`, `Cone{}`, `Cylinder{}`, `Text{}`, `IndexedFaceSet{}` und `ElevationGrid{}` anwenden.

Ersetzen Sie die in diesem Beispiel verwendete Form Box{} durch die anderen Grundformen und untersuchen Sie, wie die Textur auf den verschiedenen Formen reagiert.

Dynamische Textur: MovieTexture{}

Nicht immer sind statische Texturen befriedigend, sondern Sie benötigen mitunter auch Texturen, die sich verändern. Wenn Sie beispielsweise eine virtuelle Wohnung erstellen, wäre es schön, einen Fernseher im Wohnzimmer zu haben, auf dem ein Video abläuft. Auch diese Möglichkeit wird durch VRML unterstützt.

Dieses Beispiel zeigt, wie es funktioniert. Benötigt wird hierfür eine Datei »haus.mpg«, die Sie bitte wieder in das gleiche Verzeichnis laden wie die folgende VRML-Datei.

Beispiel

```
#VRML V2.0 utf8

Background {skyColor 1.0 1.0 1.0}

Shape {
    appearance Appearance{
        texture MovieTexture{
            url "haus.mpg"
            loop TRUE
        }
    }
    geometry  Box{}
}
```

Quellcode: MovieTexture

Als texture wird hier MovieTexture angegeben. Der VRML-Viewer erwartet nun eine Videodatei. Die Angabe url ist Ihnen bereits bekannt, sie beinhaltet Namen und Speicherort der Videodatei. Neu ist der Befehl loop. Er legt fest, ob ein Video wiederholt werden soll, wenn es abgespielt wurde, oder nicht. Der hier vergebene Wert TRUE initiiert permanentes Abspielen des Videos: Ist das Ende der Videodatei erreicht, wird sie wieder von vorne abgespielt. Wenn Sie das Video nur einmal abspielen wollen, vergeben Sie hier den Wert FALSE.

Vorgehensweise

Billboard

Eine besondere Verwendung von Texturen findet sich oft in sogenannten Billboards. Ein **Billboard** ist ein flaches Objekt,

Billboard

das sich immer mit einer Seite dem Betrachter zuwenden. Egal wo sie sich in einer Szenerie befinden, diese eine (in der Regel flache) Seite des Billboards ist Ihnen immer direkt zugewandt.

Anwendung Billboards werden dort verwendet, wo komplexe Strukturen eine detaillierte Ausmodellierung aus Kapazitätsgründen verbieten. So werden Bäume beispielsweise nicht bis zum letzten Blatt modelliert, da dies jeden Viewer in die Knie zwingen würde. Vielmehr wird eine einfache Fläche definiert, an die eine ImageTexture angebracht wird, die einen Baum vor einem transparenten Hintergrund darstellt.

Beispiel Dieses Beispiel zeigt die Berliner Siegessäule. Speichern Sie die Datei »siegessaeule.gif« im gleichen Verzeichnis wie folgende VRML-Datei. Versuchen Sie nun einmal, die Rückseite zu betrachten.

Quellcode: Billboard

```
#VRML V2.0 utf8

Background{skyColor 1 1 1}
Billboard {
    axisOfRotation 0 1 0
    children[
        Shape {
            appearance Appearance {
                texture ImageTexture {
                    url "Beispiel_Siegessaeule.gif"
                }
            }
            geometry Box {
                size 2.79 6.0 0.1
            }
        }
    ]
}
```

Vorgehensweise Der Knoten Billboard hat zwei maßgebliche Felder. Zunächst wird mit axisOfRotation die Rotationsachse definiert. In den meisten Fällen rotieren Billboards wie hier um die Y-Achse. Als Nächstes werden in der children-Liste die Formen definiert, die als Billboard fungieren sollen. In der Regel wird dies eine Fläche sein, die eine Textur trägt. Es steht Ihnen aber frei mehrere und andere Formen mit und ohne Texturen zu wählen.

6.4 Transformationen **

Die einzelnen Objekte einer VRML-Datei können verschiedensten Manipulationen unterworfen werden, um das gewünschte Erscheinungsbild zu erstellen. So können sie verschoben, skaliert und gedreht werden.

Bislang haben Sie verschiedene Objekte erstellt, beleuchtet und mit Texturen versehen. Zum Aufbau einer virtuellen Welt reicht das noch nicht aus. Wenn Sie ein wenig herumprobiert haben, werden Sie feststellen, dass Ihre Objekte immer an einem bestimmten Fleck kleben. Zum Einrichten einer virtuellen Welt fehlen noch Transformationen, Gruppierungen, Interaktionsmöglichkeiten und eine grundlegende Szenenausstattung.

Motivation

VRML verwendet zur Platzierung von Objekten ein Weltkoordinatensystem. Dabei handelt es sich um ein dreidimensionales Koordinatensystem. Der Mittelpunkt ist in der Mitte des Bildschirms. Die X-Achse erstreckt sich von links nach rechts, die Y-Achse von unten nach oben. Die Positivrichtung der Z-Achse ist geht auf den Betrachter zu. Abb. 6.4-1 stellt das System dar.

Koordinaten-system

Damit unterscheidet sich VRML übrigens von den für den Computer üblichen Koordinatensystemen. Dort ist der Ursprung meist in der linken oberen Bildschirmecke und die Y-Achse nimmt nach unten hin wachsende Werte an.

Abweichung zu üblichen Standards

Das Weltkoordinatensystem wird ergänzt durch lokale Koordinatensysteme. Diese haben eine eigenständige Ausrichtung. Definiert werden diese Koordinatensysteme durch Transformationen. Wenn im Folgenden von Objekttransformationen die Rede ist, dann ist dieser Begriff also eigentlich irreführend: Nicht die Objekte werden transformiert, sondern die Koordinatensysteme in denen die Objekte platziert werden.

Lokale Koordinaten-systeme

Objekttransformationen ermöglichen die Positionierung und Ausrichtung einzelner Objekte in der virtuellen Welt. Prinzipiell sind drei verschiedene Transformationen möglich: Verschieben, Drehen und Ändern der Größe eines Objektes. In der Sprache der Computergrafik heißen sie **Translation, Rotation, Skalierung**.

Transformation

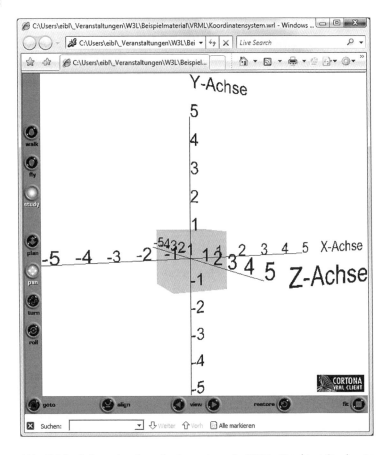

Abb. 6.4-1: Anlage des Koordinatensystems in VRML. Beachten Sie den in der Bildschirmmitte angelegten Ursprung und die Richtung der Werte.

Transform — Der Einsatz von Transformationen muss zunächst einmal durch den Transform-Knoten angekündigt werden. Unter dem Transform-Knoten werden alle Objekte, die einer einheitlichen Transformation unterzogen werden sollen, in einer Liste children[ ] zusammengefasst. Die Definition der eigentlichen Objekte erfolgt über den bekannten Shape-Knoten.

Beispiel — Das folgende Beispiel verschiebt einen Würfel um 5 Einheiten nach rechts, um 5 Einheiten nach oben und um 3 Einheiten nach vorne.

```
#VRML V2.0 utf8

Background {skyColor 1 1 1}

Transform {
    children [
        Shape{
            appearance Appearance{
                material Material{}
            }
            geometry Box{}
        }
    ]
    translation 5 5 3
}
```

Quellcode:
translation

Die Funktionsweise der Translation wird in Abb. 6.4-2 deutlich. Eingetragen ist das Koordinatensystem, welches der virtuellen Welt zugrunde liegt. Anhand dieses Systems können die einzelnen Objekte positioniert werden. Die Angabe translation 5 5 3 bewirkt nun, dass die zu zeichnenden Objekte um fünf Schritte in positiver Richtung der X-Achse (also nach rechts), fünf Schritte in positiver Richtung der Y-Achse (also nach oben) und drei Schritte in positiver Richtung der Z-Achse (also nach vorne) verschoben werden. Dieser Weg ist in Abb. 6.4-2 gekennzeichnet.

Translationsrichtung

Auch Rotationen werden in einen Transform-Knoten eingebettet, und über eine children-Liste können auch hier mehrere Objekte gleichzeitig behandelt werden. Die Durchführung der Rotation benötigt allerdings noch zusätzliche Angaben:

Rotation

```
#VRML V2.0 utf8
Background {skyColor 1 1 1}

Transform {
    children [
        Shape{
            appearance Appearance{
                material Material{}
            }
            geometry Box{}
        }
    ]
    center 0 0 0
    rotation 1 1 0 0.785
}
```

Beispiel
Quellcode:
rotation

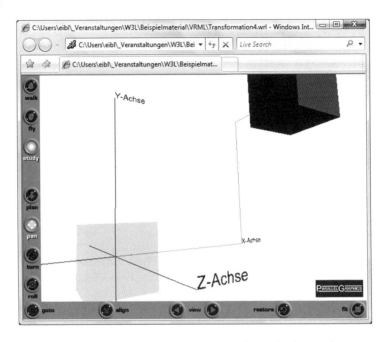

Abb. 6.4-2: Transformationen in VRML: Verschiebung durch Translation.

Rotationspunkt

Der Befehl center gibt an, um welchen Punkt die Rotation erfolgen soll. Wird hier keine Angabe gemacht, erfolgt die Rotation im Schwerpunkt des Körpers. Die hier gemachte Angabe center 0 0 0 bewirkt das gleiche Verhalten. Sie können den Rotationspunkt aber auch verschieben. Abb. 6.4-3 zeigt den Effekt, wenn Sie den Rotationspunkt um fünf Einheiten nach hinten verschieben (center 0 0 -5).

Rotationsachse

Die eigentliche Rotation wird durch den Befehl rotation a b c d ausgelöst. Die Parameter a, b und c bestimmen die Rotationsachse:

- rotation 1 0 0 d: Rotation um die X-Achse
- rotation 0 1 0 d: Rotation um die Y-Achse
- rotation 0 0 1 d: Rotation um die Z-Achse

Sie können für die Parameter a, b und c jeden beliebigen Wert zwischen 0 und 1 eingeben. Ebenso können Sie die Parameter auch miteinander kombinieren und so jede beliebige Achsstellung bewirken. Abb. 6.4-4 zeigt den Einsatz der Parameter bei einer Drehung um 45 Grad.

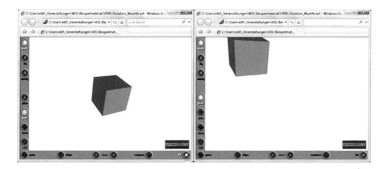

Abb. 6.4-3: Transformationen in VRML: Drehung durch Rotation.

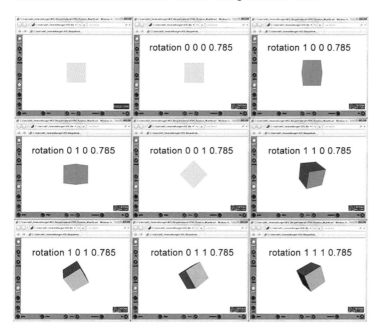

Abb. 6.4-4: Verschiedene Rotationen.

Es bleibt zu klären, wie die 45 Grad zustande kommen. Angegeben ist ja der Wert 0.785. Die Winkelangabe erfolgt in VRML nicht in Grad, sondern im **Bogenmaß**. Die Einheit des Bogenmaßes ist der Radiant (rad). Er berechnet sich wie folgt:

Winkelangabe

$$Winkel\,(rad) \;=\; \frac{Winkel(Grad)}{180 * 3.142}$$

Tab. 6.4-1 zeigt die Radianten für typische Gradeinstellungen.

Grad	0	45	90	135	180	225	270	315	360
Rad	0.0	0.785	1.571	2.357	3.142	3.928	4.712	5.498	6.283

Tab. 6.4-1: Typische Winkelgrade und ihre Radianten.

Skalierung Die letzte Transformation ist die Skalierung. Sie vergrößert oder verkleinert Objekte. Auch hier wird zunächst ein Transform-Knoten definiert der über einen children-Knoten eine ganze Reihe von Objekten skalieren kann:

Beispiel
Quellcode:
scale

```
#VRML V2.0 utf8
Background {skyColor 1 1 1}

Transform {
    children [
        Shape{
            appearance Appearance{
                material Material{}
            }
            geometry Box{}
        }
    ]
    scale 3 2 0.1
}
```

In diesem Beispiel macht Skalierung natürlich wenig Sinn, da die Größe des Quaders auch bei seiner Definition über size geregelt werden könnte. Sinnvoll wird diese Transformation jedoch bei der Arbeit mit mehreren gruppierten Objekten.

Kombination und Verschachtelung von Transformationen

Kombination Diese Transformationen sind selbstverständlich nicht nur einzeln, sondern auch in Kombination möglich. Nach der Angabe der zu transformierenden children können Sie beliebige Transformationen kombinieren:

Beispiel

```
Transform {
    children[ ... ]
    translation 2 2 2    #Verschiebung
    rotation 1 1 0 1.571    #Drehung
```

```
      scale 5 7 3     #Vergrößerung
}
```

Selbstverständlich können Sie unter dem Knoten children [...] auch mehrere Objekte definieren. Ebenfalls können Sie Rotation, Skalierung und Translation auch gleichzeitig an einem oder mehreren Objekten durchführen. Versuchen Sie es.

Die Möglichkeit, mehrere Transformationen gleichzeitig zu verwenden, besteht aber nicht nur auf einer Ebene, sondern kann auch entlang der Knotenhierarchie erfolgen.

Verschachtelung

Folgender Quellcode beschreibt drei Objekte, auf die jeweils eine Translation angewendet wird. Als Resultat erscheinen sie nebeneinander.

Beispiel
Translation

```
#VRML V2.0 utf8
Background{skyColor 1 1 1}

Transform{
    children[
        Shape{
            appearance Appearance {
                material Material {}
            }
            geometry Sphere {}
        }
    ]
}

Transform {
    children [
        Shape {
            appearance Appearance {
                material Material {}
            }
            geometry Box {}
        }
    ]
    translation -5 0 0
}

Transform {
    children [
        Shape {
            appearance Appearance {
```

Quellcode

```
                material Material {}
            }
            geometry Cone {}
        }
    ]
    translation 3 0 0
}
```

Der Quellcode mündet in der Darstellung eines Würfels, einer Kugel und eines Kegels. Die Kugel liegt im Mittelpunkt der Welt, der Würfel ist um fünf Schritte nach links verschoben (translation -5 0 0) und der Kegel um drei Schritte nach rechts (translation 3 0 0).

Beispiel Translation einer Verschachtelung

Im folgenden Beispiel werden die gleichen Objekte mit der gleichen individuellen Verschiebung anders positioniert. Dies geschieht durch den Einsatz von Verschachtelung. Dabei werden mehrere Objekte unter einen gemeinsamen Transform-Knoten gehängt, wobei einzelne Objekte wiederum einen zusätzlichen Transform-Knoten erhalten. In folgendem Fall werden Würfel und Kegel gemeinsam unter den zweiten der drei Transform-Knoten gehängt. Der Kegel nimmt aber seinen Transform-Knoten aus obigem Quellcode unverändert mit.

Quellcode

```
#VRML V2.0 utf8
Background{skyColor 1 1 1}

Transform{
    children[
        Shape{
            appearance Appearance {
                material Material {}
            }
            geometry Sphere {}
        }
    ]
}

Transform {
    children [
        Shape {
            appearance Appearance {
                material Material {}
            }
            geometry Box {}
```

```
        }

    Transform {
        children [
            Shape {
                appearance Appearance {
                    material Material {}
                }
                geometry Cone {}
            }
        ]

        translation 3 0 0
    }
    ]


}
```

Im Szenegraphen in Abb. 6.4-5 wird der Unterschied deutlich: Vor der Gruppierung (links) besteht der Szenegraph aus einem Background-Knoten und drei Transform-Knoten – jeweils einer für die Kugel, die Würfel und den Kegel. Nach der Gruppierung (rechts) besteht der Szenegraph aus einem Background-Knoten und zwei Transform-Knoten. Der eine Transform-Knoten beinhaltet eine Sphere und der andere eine Box und einen weiteren Transform-Knoten mit dem Cone.

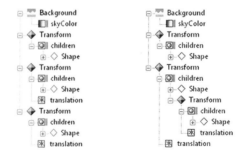

Abb. 6.4-5: Szenegraph einer Gruppierung.

Bei der Betrachtung der erstellten Welt im *Viewer* wird der Unterschied deutlich. Der Kegel hat seine Position geändert, da auf ihn nun zwei Transformationen wirken. Abb. 6.4-6 zeigt beide Varianten und ihre Darstellung.

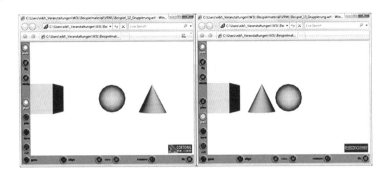

Abb. 6.4-6: Gruppierung in VRML.

6.5   Ökonomisierung des Quellcodes **

VRML-Dateien werden sehr schnell sehr groß. VRML bietet daher zwei Möglichkeiten an, die Dateigröße zu beherrschen und die Inhalte zu organisieren. DEF-USE ermöglicht die Wiederverwendung einmal definierter Objekte. Inline ermöglicht das Arbeiten mit auf verschiedene Dateien verteilten Objekten. So kann eine Sammlung von Objektdateien geschaffen werden, die beliebig in verschiedenen Welten eingesetzt werden kann.

Wiederverwenden von Objekten: DEF – USE

DEF – USE   Komplexe Welten bestehen oft aus vielen gleichen Elementen, die einmal definiert wiederholt eingesetzt werden. VRML stellt dafür das Paar DEF und USE zur Verfügung: Mit Hilfe von DEF können Objekte definiert werden, die später mittels USE wieder eingesetzt werden, ohne dass dabei der Quellcode mehrfach geschrieben werden muss. Indem so komplexe Gebäude in einfache Einzelteile zerlegt werden, können große Welten mit wenig Quellcode beschrieben werden. DEF-USE ist ein entscheidender Schritt zu einer effizienten Handhabung virtueller Welten.

Beispiel   Wie Welten mit DEF-USE aufgebaut werden können wird an-
DEF-USE Teil 1   hand eines Beispiels erläutert. In diesem Beispiel soll ein Turm gebaut werden. Ausgangspunkt sind zwei Objekte – ein Zylinder und eine Box –, die die Grundlage für eine komplexere Welt bilden sollen.

```
#VRML V2.0 utf8                                    Quellcode

Transform   {
    translation 0 1.5 0
    children    [
        Shape {
            appearance Appearance {
                material Material {
                    diffuseColor 0.8 0.5 0.5
                }
            }
            geometry Cylinder {
                height 3
                radius 0.2
            }
        }
    ]
}

Transform   {
    translation 1 2.75 0
    children    [
        Shape {
            appearance Appearance {
                material Material {
                    diffuseColor 0.8 0.5 0.5
                }
            }
            geometry Box {
                size 2 0.5 0.4
            }
        }
    ]
}
```

Diese beiden Objekte sind an sich noch recht nichtssagend,   Group {}
wenn Sie sie im *Viewer* betrachten. Dennoch dienen sie als
Grundstock für ein weit komplexeres Objekt. Dafür müssen
die Objekte durch dem Knoten Group {} gruppiert werden.
Ab jetzt werden beide Objekte wie ein einziges komplexes
Objekt behandelt. Alle nachfolgenden Operationen werden
nicht mehr an beiden Objekten einzeln, sondern an ihnen
gemeinsam durchgeführt.

Mit dem Knoten DEF können Sie nun den Gruppenknoten zur   DEF
Wiederverwendung markieren. Um die Gruppe wiederverwenden zu können, müssen Sie sie referenzieren können,

d. h. die Gruppe benötigt einen Namen, den Sie später aufrufen. Der Name wird nach DEF eingetragen.

Beispiel
DEF-USE Teil 2
Im Beispiel wurde der Gruppe der Name Grundelement gegeben. Innerhalb des group-Knotens werden weitere Knoten unter children zusammengefasst. Hier stehen die beiden transform-Knoten aus Beispiel Teil 1:

```
#VRML V2.0 utf8

DEF Grundelement Group {
    children [
        # hier die beiden transform-Knoten
        # aus Beispiel Teil 1 einfügen!
    ]
}
```

USE
Wenn Sie das Beispiel im *Viewer* ansehen, werden Sie feststellen, dass sich noch nicht viel getan hat. Die Welt sieht unverändert aus. Der Unterschied liegt im Quellcode: Es existiert nun eine neue Grundform neben den von VRML zur Verfügung gestellten. Diese kann wie die bereits bekannten Formen verwendet werden. Dies wird über USE erreicht.

Beispiel
DEF-USE Teil 3
USE
Erweitern Sie das Beispiel um folgenden Code:

```
# hier das bisher erstellte Beispiel einsetzen!

Transform {
    translation 2 0 0
    rotation 0 1 0 0.785
    children [
        USE Grundelement
    ]
}

Transform {
    translation 3.455 0 -1.5
    rotation 0 1 0 1.571
    children [
        USE Grundelement
    ]
}

Transform {
    translation 3.455 0 -3.63
    rotation 0 1 0 2.357
    children [
        USE Grundelement
```

```
        ]
    }

    Transform {
        translation 2 0 -5
        rotation 0 1 0 3.142
        children [
            USE Grundelement
        ]
    }
```

Nun hat sich einiges getan: Es entsteht ein Halbkreis aus Säulen die miteinander verbunden sind. Nun erkennen Sie auch die Effizienzsteigerung von DEF-USE: Es müssen nicht mehr für jedes Säulenelement eine Box und ein Cylinder definiert werden, sondern der Quellcode schnurrt auf die Verwendung von Grundelement zusammen.

Schließen Sie den Halbkreis. Hierfür müssen Sie die ersten drei der eben definierten Transformationsknoten in einem Gruppenknoten zusammenfassen und mittels DEF und USE einen zweiten Halbkreis bilden, der über rotation gedreht wird und an den bestehenden Halbkreis angesetzt wird.

Das Ziel ist in Abb. 6.5-1 gezeigt. Die rechten drei Elemente werden durch die DEF-USE-Konstruktion kopiert und zur Ergänzung des Kreises auf der linken Seite verwendet.

Nun haben Sie einen Säulenkreis geschaffen. Was diesem Kreis fehlt ist eine Plattform. Dafür benötigen Sie einen Cylinder mit einem Radius, der dem Radius des Säulenkreises entspricht. Die Höhe des Cylinder sollte sehr gering sein. Ihre Figur sollte nun in etwa wie in Abb. 6.5-2 aussehen.

Um diese Figur zu erhalten, erweitern Sie obigen Quellcode um folgende Zeilen:

> Vorteil

> Plattform

> Quellcode:
> Plattform

```
Transform {
    translation 1 2.89 -2.5
    children [
        Shape {
            appearance Appearance {
                material Material {diffuseColor 0.5 0.5 0}
            }
            geometry    Cylinder {
                radius 2.5
                height 0.2
            }
        }
```

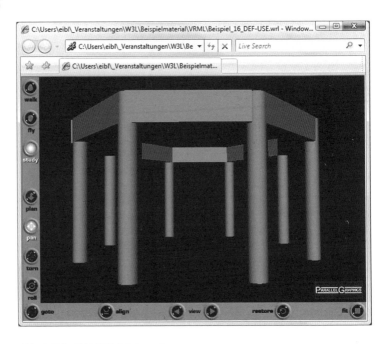

Abb. 6.5-1: DEF USE: Säulenreihe.

```
            }
        ]
}
```

Nun haben Sie eine Form gebildet, die einerseits aus mehreren anderen einfacheren Formen besteht, andererseits aber zu einer noch komplexeren Form zusammengebaut werden kann. Bauen Sie aus dieser Form einen Turm. Verwenden Sie dazu DEF, um die bestehende Form als Turmsegment zu definieren, und USE um einen Turm aus mehreren dieser Segmente zusammenzubauen. Das Ergebnis sollte in etwa wie Abb. 6.5-3 aussehen.

Ergänzen Sie dazu den bisherigen Quellcode wie folgt:

`#VRML V2.0 utf8`

Quellcode:
USE

```
DEF Turmsegment Group {
    children [
        # Fügen sie hier den bisherigen Quellcode ein
    ]
}
```

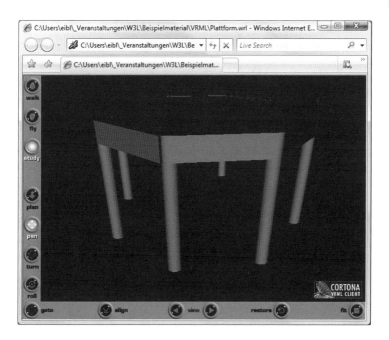

Abb. 6.5-2: DEF USE: Säulenreihe mit Ebene.

```
Transform {
     translation 0.2 3 -0.4
     scale 0.8 0.8 0.8
     children [
          USE Turmsegment
     ]
}

Transform {
     translation 0.4 5.4 -0.9
     scale 0.6 0.6 0.6
     children [
          USE Turmsegment
     ]
}

Transform {
     translation 0.6 7.1 -1.4
     scale 0.4 0.4 0.4
     children [
          USE Turmsegment
     ]
}
```

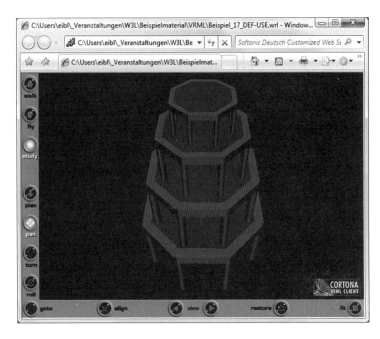

Abb. 6.5-3: DEF USE: Turm durch replizieren.

Modularisierung des Quellcodes: Inline

Modularisierung   VRML erlaubt es Ihnen, Objekte in eigenen VRML-Dateien zu definieren, und sie später in eine gemeinsame Welt zu integrieren. Diese Vorgehensweise ist spätestens dann sinnvoll, wenn Sie beginnen, komplexe Welten mit vielen Objekten auszustatten. Die Vorteile dieser Vorgehensweise sind:

Vorteile   **+ Übersichtlichkeit**: Ihre Dateien bleiben übersichtlich. Sie bauen sich eine Sammlung vergleichsweise kleiner Dateien mit den einzelnen Objekten auf und binden diese später in eine Szene ein.

+ Wiederverwendbarkeit: Sie können die Objekte einfach wiederverwenden. Wenn Sie für jedes Objekt eine eigene Datei anlegen, lassen sich die Objekte einfach in verschiedene Welten integrieren.

Die Funktionsweise ist einfach: Zunächst benötigen Sie eine Datei, die ein Objekt definiert.

Nachstehend sehen Sie den Quellcode für einen einfachen Baum. Speichern Sie ihn unter dem Namen
»Beispiel_18_Baum.wrl« ab.

```
#VRML V2.0 utf8

# Baumkrone
Shape{
    appearance Appearance{
        material Material {
            diffuseColor 0.4 0.6 0.2
        }
    }
    geometry Sphere{
        radius 1
    }
}

# Stamm
Transform {
    translation 0 -1 0
    children [
        Shape {
            appearance Appearance {
                material Material {
                    diffuseColor 0.5 0.4 0.0
                }
            }
            geometry Cylinder{
                radius 0.3
                height 2
            }
        }
    ]
}
```

Quellcode:
Inline

Mit dem Knoten `Inline {url "Beispiel_18_Inline_Baum.wrl"}`
in einer zweiten Datei können die Kinder des Group-Knotens
wiederverwendet werden. Wenn Sie den Baum also in eine
andere Datei einbinden wollen, genügt es, an der entsprechenden Stelle den `Inline`-Knoten zu setzen. Im einfachsten
Fall sähe die Datei dann so aus:

Einbinden mit
Inline

```
#VRML V2.0 utf8
Inline {url "Beispiel_18_Baum.wrl"}
```

Natürlich können Sie auch hier wieder DEF-USE verwenden.
Betrachten Sie einmal folgendes Beispiel. Hier wurde mittels
`Inline` ein extern definierter Baum aufgerufen und mittels

DEF-USE

DEF-USE zu einem ganzen Wald vervielfältigt (Abb. 6.5-4). Der Vorteil ist klar: Ihr Code wird übersichtlicher organisiert.

Vorteil Aber es gibt noch einen praktischen Vorteil: Wenn Sie Modifikationen an ihrem extern gespeicherten Baum vornehmen, werden diese unmittelbar für den ganzen Wald wirksam. Besser noch: Sie werden für alle Bäume und alle Wälder aller Ihrer virtuellen Welten wirksam, die diesen einen Baum eingebunden haben. So können Sie sehr effizient den Herbst einläuten.

Quellcode

```
#VRML V2.0 utf8

DEF Baum Group {
    children [
    Inline { url "Beispiel_18_Baum.wrl"}
    ]
}

# Baumreihe
Transform {
    translation -4 0 0
    children [
        USE Baum
    ]
}

Transform {
    translation -2 0 0
    children [
        USE Baum
    ]
}

Transform {
    translation 0 0 0
    children [
        USE Baum
    ]
}
# Ab hier beliebig viele weitere Aufrufe
```

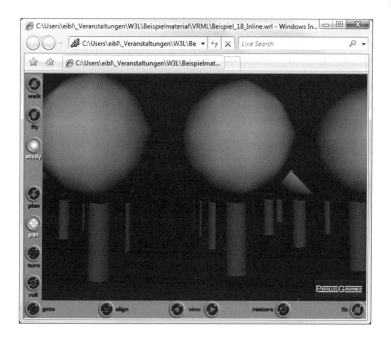

Abb. 6.5-4: Inline: Wald aus einem Baum.

6.6 Einrichten einer Szene **

VRML ermöglicht es zusätzliche Informationen zum Einrichten einer Szene zu bestimmen. Es können beispielsweise allgemeine Angaben über die geschaffene Welt gemacht werden, die Navigationsart bestimmt, der Realismus durch Beleuchtung und Dunst erhöht oder Beobachtungspunkte gesetzt werden.

Hintergrund: Background

Der Hintergrund wird in VRML je nach Bedarf in Form einer unendlich großen Kugel oder eines unendlich großen Würfels definiert. Der Betrachter sitzt im Mittelpunkt dieser Kugel oder des Würfels, die Außenwand erscheint in der Unendlichkeit. Es gibt zwei Möglichkeiten, den Hintergrund zu gestalten. Entweder Sie definieren Farben, die der Hintergrund annehmen soll, oder Sie rufen Bilddateien auf, die eingebunden werden.

Background

Der Himmel wird in VRML in Form einer unendlich großen Kugel definiert. Der Betrachter sitzt im Mittelpunkt dieser Kugel, die Außenwand erscheint in der Unendlichkeit. Um die Farbgebung der Kugel zu definieren, stehen zwei Befehle zur Verfügung: skyColor gibt drei Farben an, die verwendet werden können. Sie können die Farben selbst wählen. Idealerweise wird es sich dabei um Blautöne handeln.

skyAngle

Über die Winkelangabe skyAngle definieren Sie die Verwendung der Farben. Hier geben Sie zwei Winkel an, die den Hintergrund in drei Bereiche unterteilen. Der erste Bereich reicht vom Nordpol bis zur ersten Winkelangabe und der zweite Bereich reicht von der ersten zu zweiten Winkelangabe. Die Farben haben einen fließenden Übergang vom Nordpol (erste Farbangabe) bis zum zweiten Winkel (dritte Farbangabe). Alles darunter wird mit der dritten Farbe eingefärbt.

Beispiel
Quellcode:
Background

```
#VRML V2.0 utf8

Background {

    skyColor[
        0    0.1 1
        0.3 0.5 1
        0.6 0.8 1
    ]
    skyAngle[0.785, 1.571]

    groundColor[
        0 0 0
        0.1 0.3 0
        0.2 0.6 0
    ]

    groundAngle[0.785, 1.571]
}
```

Erde:
groundColor[]
groundAngle[]

Die Erde ist ebenfalls eine unendliche Kugel, allerdings in ihrer Unendlichkeit etwas kleiner als die Himmelskugel. Die in groundColor[] zu definierenden drei Farben reichen vom Standpunkt des Betrachters bis zum Horizont. Die zweite Winkelangabe in groundAngle[] definiert hier allerdings nicht nur die Markierung für den dritten Farbwert, sondern auch die Höhe des Horizonts.

Probieren Sie es aus: Verändern Sie die Farben und die Winkelangaben. Sie erinnern sich: Winkelangaben werden in VRML im Bogenmaß angegeben. Die hier verwendeten Angaben 0.785 und 1.571 stehen also für 45 Grad und 90 Grad.

Alternativ zu einer einfachen Farbgebung können auch Bilder angeben werden. Diese eignen sich besonders gut, um Landschaftshintergründe in eine Szene zu integrieren.

Hintergrundbilder

Das Aussehen dieses Quellcodes sehen Sie in Abb. 6.6-1.

Beispiel Quellcode: Background mit Bitmap

```
#VRML V2.0 utf8

Background {
    bottomUrl  "schachbrett.gif"
    backUrl    "schachbrett.gif"
    frontUrl   "schachbrett.gif"
    leftUrl    "schachbrett.gif"
    rightUrl   "schachbrett.gif"
    topUrl     "schachbrett.gif"
}
```

Abb. 6.6-1 zeigt den Unterschied zwischen den beiden Verfahren. In der linken Abbildung sehen Sie den gemalten Horizont über dem sich der Himmel erstreckt. Für die Farben des Himmels wurden entlang der Horizontlinie ein entsättigtes Blau gewählt und für den Pol direkt über dem Betrachtungspunkt ein gesättigtes Blau. Dies entspricht der Seherfahrung des Menschen. Realistischer ist der Hintergrund aber durch reines Zeichnen kaum zu gestalten.

Zeichnen des Hintergrunds

In Abb. 6.6-1 sehen Sie rechts den Einsatz der Hintergrundbilder. Der Betrachter sieht hier leicht nach oben, so dass deutlich wird, dass die Bilder auf die Innenseite eines Kubus projiziert werden.

Hintergrundbilder

Beide Verfahren lassen sich gewinnbringend kombinieren. Abb. 6.6-2 zeigt das Ergebnis des folgenden Quellcodes. Der Hintergrund wird zum einen aus gezeichneten Himmel und Erde gebildet. Zum anderen wird an der Horizontlinie eine Felsenlandschaft eingeblendet. Diese ist auf dem GIF »Background.gif« festgehalten. Es besteht zum Großteil aus transparenten Bereichen, durch die der Himmel und die Erde durchscheinen können. In der Mitte befindet sich ein schmaler Streifen Landschaft. Wenn Sie die Landschaft drehen, ist deutlich die Kastenform der Projektion zu erkennen.

Kombination

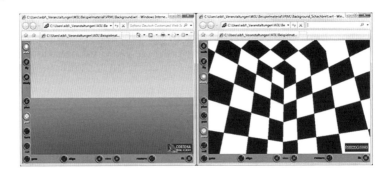

Abb. 6.6-1: Background: Alternative unendliche Kugel oder Würfel.

Beispiel
Quellcode:
Background
kombiniert

```
#VRML V2.0 utf8

Background {
    skyColor[
        0    0.1 0.1
        0    0.3 0.5
        0.2 0.6 0.8
    ]

    skyAngle[0.785, 1.571]

    groundColor[
        0 0 0
        0 0.2 0.1
        0 0.2 0.1
    ]

    groundAngle[0.785, 1.571]

    backUrl    "Background.gif"
    frontUrl   "Background.gif"
    leftUrl    "Background.gif"
    rightUrl   "Background.gif"
}
```

Definieren eigener Lichtquelle: DirectionalLight

Die Standardbeleuchtung ist ein sogenanntes *Headlight*, eine Lichtquelle aus der Perspektive des Betrachters, vergleichbar etwa mit einem Autoscheinwerfer oder einer Helmleuchte. Dieses Licht erhellt zwar die Szenerie. Um aber wirklich interessante Effekte zu erstellen taugt es wenig.

Abb. 6.6-2: Background: Kombination einer projizierten Felsenlandschaft vor der unendlichen Kugel.

Hier bietet VRML die Möglichkeit, zusätzliche Lichtquellen als ein gerichtetes Licht mit DirectionalLight zu definieren. Sie können die Intensität des Lichtes bestimmen, also angeben wie hell es leuchten soll, und festlegen, in welche Richtung es scheint. Beachten Sie: Die Angabe bezieht sich auf die Richtung, **in** die das Licht scheint, nicht etwa auf die Richtung **aus** der es scheint.

Directional Light

```
#VRML V2.0 utf8

Background {skyColor 1.0 1.0 1.0}

DirectionalLight{
    intensity 1
    direction -1 -1 -1
}

Shape {
    appearance Appearance{
        material Material{
```

Beispiel Quellcode: Directional Light

```
        diffuseColor 1 0.3 0
        specularColor 1 1 1
    }
  }
  geometry Sphere{}
}
```

Abb. 6.6-3 zeigt die Darstellung des Quellcodes mit ein paar Varianten der Lichtrichtung. Tab. 6.6-1 zeigt welche unterschiedlichen Werte direction in der Abbildung annimmt:

Links	Mitte	Rechts
-1 -1 -1	-10 -10 -10	10 10 -10
10 -10 -10	0 0 -20	0 0 20

Tab. 6.6-1: Werte des Lichtrichtung direction.

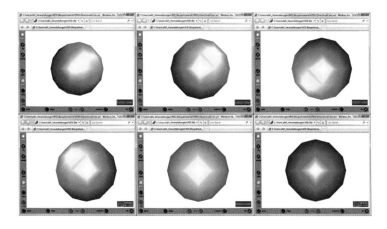

Abb. 6.6-3: Beleuchtung: DirectionalLight.

Realismus: Nebel

Einsatz   Um den Realismus einer Szenerie zu erhöhen, besteht die Möglichkeit, Nebel einzusetzen. Das empfiehlt sich nicht nur, wenn Sie tatsächlich eine Szenerie in dichtem Nebel schaffen wollen, sondern eignet sich auch für alltägliche Landschaftsszenerien. Die Sehgewohnheit des Menschen erwartet hier, dass weiter entfernte Objekte diesig erscheinen und einen leicht bläulichen Stich bekommen. Dies können Sie durch den Einsatz eines sehr leichten Nebels unterstützen und so den Realismusgehalt weit erhöhen.

Nebel wird durch den Knoten Fog definiert. Dieser enthält den Parameter color, über den Sie die Farbe des Nebels einstellen können. In der Regel wird dies, wie im folgenden Beispiel, Weiß sein. Wie dicht der Nebel ist, stellen Sie über den Parameter visibilityRange ein. Der Parameter gibt an, wie weit Sie im Nebel sehen können. Die hier gewählte Größe 10 bedeutet sehr starken Nebel. Eine Größe von 100 beispielsweise würde nur einen leicht diesigen Effekt haben.

Fog
color
visibilityRange

```
Fog {
    color   1 1 1
    visibilityRange 10
}
```

Beispiel
Quellcode: Fog

Beachten Sie, dass nur Objekte vom Nebel betroffen sind. Der Hintergrund bleibt unbetroffen. Um eine realistische Einstellung zu bekommen, müssen Sie hier entsprechend Weiß als Farbe wählen oder ein geeignetes Bild einbringen.

Beobachtungspunkte

Mit Hilfe eines Viewpoint können Sie bestimmte Punkte in Ihrer Welt definieren, die der Betrachter direkt ansteuern kann und so einen von Ihnen vorgegebenen Blick in die virtuelle Welt hat. Bei dem Cortona 3D Viewer können Sie diese Perspektiven über den Goto-Button aufrufen. Ein Viewpoint definiert sich aus folgenden Elementen:

Viewpoint

- **Beschreibung** des Viewpoint (description): Diese erscheint in der Auswahlliste der Ansichten im Browser. Wählen Sie also möglichst sprechende Bezeichnungen (nicht: Ansicht1, Ansicht2, Ansicht3...)
- **Position** (position x y z), die der Betrachter im dreidimensionalen Raum einnimmt.
- **Blickrichtung** (orientation x y z w), die sich aus einem Winkel w auf einer virtuellen Achse definiert. (Ähnliches haben sie bereits bei rotate vorgenommen)

Folgender Quellcode definiert zwei Viewpoints für das Turmbeispiel:

Quellcode:
Viewpoint

```
Viewpoint {
    description "Vorderansicht"
    position    0 0 25   # Position weit vorne
    orientation 0 0 0 1 # Blickrichtung geradeaus
}

Viewpoint {
    description "Rückansicht"
    position    0 0 -25     # Position tief im Raum
    orientation 0 1 0 3.142 # Blickrichtung rückwärts
}
```

 Integrieren sie die beiden Viewpoints in den bereits erstellten Turm. Kreieren Sie einen neuen Viewpoint, der den Betrachter von oben auf den Turm blicken lässt.

Navigation: NavigationInfo

Mittels NavigationInfo können Anwendergröße, Typ der Navigation, das Licht aus Betrachtersicht (headlight) sowie die Geschwindigkeit eingestellt werden. Der Knoten umfasst folgende Felder:

Felder

- Die physische Ausdehnung des Betrachters in der Welt wird über avatarSize a b c definiert. Auch wenn der Benutzer als Person nicht sichtbar ist, wird diese Information benötigt, um beispielsweise Kollisionen zu berechnen. Der erste Parameter bezeichnet die Entfernung, die ein Anwender von einer Form haben kann, bevor es zur Kollision kommt. Der zweite Parameter gibt die Größe des Nutzers an und der dritte Parameter bestimmt die maximale Höhe, über die ein Nutzer beispielsweise bei Treppen oder Mauern überschreiten kann.
- headlight: Über headlight kann das Licht aus Betrachtersicht, ähnlich einer Helmleuchte, ein- (true) und ausgeschaltet (false) werden.
- visibilityLimit: Das Feld visibilityLimit bestimmt die maximale Sichtweite eines Betrachters. Der Standardwert 0.0 weist eine unendliche Sichtweite aus. Doch Vorsicht: Wie beim Nebel bestimmt der Knoten nur die Sichtweite von Objekten. Der Hintergrund bleibt davon unberührt.
- speed: Mit speed kann die Geschwindigkeit der Bewegung des Betrachters in Meter pro Sekunde eingestellt werden.

▪ `type`: Der eigentliche Navigationstyp wird über das Feld `type` definiert. Mögliche Werte sind WALK, EXAMINE, FLY und NONE. Diese haben Sie bereits bei der Besprechung des Cosmos 3d Viewer kennen gelernt. Andere Viewer ermöglichen weitere Navigationstypen. Diese hier sind allerdings die standardisierten.

Um die Navigationsinformationen zu setzen, geben Sie den Knoten im Kopf der VRML-Datei an:

Beispiel Quellcode: NavigationInfo

```
#VRML V2.0 utf8

NavigationInfo {
    headlight TRUE
    type "WALK"
    speed 1
    visibilityLimit 10
}
```

Allgemeine Informationen: WorldInfo

Der Knoten Worldinfo hat keinerlei Auswirkungen auf die Darstellung selbst. Hier können Sie verschiedene Angaben zu gewünschten Informationen machen, wie zum Beispiel Copyright oder ähnliches. Sie sind in der Wahl völlig frei, es gibt keine inhaltlichen Vorschriften.

Worldinfo

Der Knoten Worldinfo beinhaltet zwei Einträge: info[] kann eine Liste von Texten (Strings) fassen, während title lediglich einen Text erlaubt.

```
#VRML V2.0 utf8

WorldInfo {
    info [
        "Autor: Maximilian Eibl"
        "Zweck: Demonstrationsbeispiel"
        "Inhalt: weist auf Autor und Zweck hin."
    ]
    title "Dies ist meine Welt"
}
```

Beispiel Quellcode: WorldInfo

6.7   Interaktion und Animation **

Noch sind die Welten statisch. Sie können zwar bereits durch sie wandern, aber wirklich interagieren geht noch nicht. Für das Auslösen und Steuern von Interaktionen bietet VRML das Konzept der Sensoren ein. Diese werden gezielt eingesetzt, so dass nur mit den Objekten interagiert werden kann, die dafür explizit vorgesehen sind. Animationen müssen ähnlich gezielt vorbreitet werden. Hier trägt das Konzept der Interpolatoren.

Hyperlinks mit Anchor

Anchor VRML erlaubt es, Objekte zu verlinken. Die Vorgehensweise ist ganz ähnlich der Verlinkung in Webseiten. Dort leiten Sie eine Verlinkung mit <a> ein, was die Abkürzung für Anchor (Anker) ist. In VRML existiert dazu der Knoten Anchor. Dieser stellt die Felder children [ ], url und description zur Verfügung.

children [ ] Zunächst einmal definieren Sie das oder die Objekte, von denen die Verlinkung ausgehen soll. Fassen Sie die Objekte im Gruppenknoten children [ ] zusammen. In folgendem Beispiel wird nur ein Zylinder definiert. Wenn Sie mit der Maus im *Viewer* über das Projekt fahren, erscheint ein Anker-Symbol, um auf die Interaktionsmöglichkeit hinzuweisen.

url Als nächstes müssen Sie bestimmen, wohin verlinkt werden soll. Hierfür geben Sie eine Internetadresse im Feld url an. Sie können, wie im Beispiel, eine beliebige Internetadresse angeben. Sie können aber auch auf eine andere VRML-Welt verweisen. Hier geben Sie einfach die Adresse bzw. den Namen der Welt ein. Wollen Sie die Anwender direkt zu einem bestimmten ViewPoint führen, können Sie ihn mit dem Doppelkreuz ansteuern. Ein Aufruf sähe dann etwa wie folgt aus:
url "BeispielWelt.wrl#Ueberblick"

description Über das Feld description können Sie eine kurze Beschreibung als Vorschau definieren. Der hier eingegebene Text erscheint in einem Popup, wenn Sie mit der Maus über das verlinkte Objekt fahren. Abb. 6.7-1 zeigt den Effekt.

Beispiel Quellcode: Anchor
```
#VRML V2.0 utf8

Anchor{
```

```
children[
    Shape {
        appearance Appearance {
            material Material {
                diffuseColor 0.7 0.7 0.2
            }
        }
        geometry Cylinder {
            radius 0.5
            height 3
        }
    }
]
url "http://de.wikipedia.org/wiki/Schiefer_Turm_von_Pisa"
description "Das sollte eigentlich modelliert werden ..."
}
```

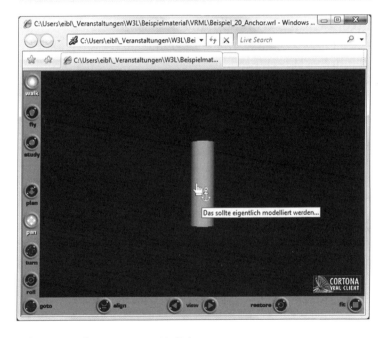

Abb. 6.7-1: Anker setzen zum Verlinken.

Grundlegendes: Routen

Das grundlegende Konzept für die Dynamisierung von   Ereignisse
VRML-Welten besteht in der Kombination aus Ereignissen
(event). Einige VRML-Objekte haben eingehende und ausge-

hende Ereignisse. Wenn beispielsweise ein Objekt in Form eines Lichtschalters mit der Maus angeklickt wird, so wird ein ausgehendes Ereignis ausgelöst. Dies kann genutzt werden, um über eingehende Ereignisse Modifikationen auszulösen, wie beispielsweise die Änderung der Hintergrundfarbe.

Route   Um die Ereignisse miteinander zu verknüpfen werden Routen gebildet. Sie sind quasi ein Kanal durch den die Parameter der Ereignisse zwischen den Objekten durchfließen können. Die Syntax ist einfach:

`ROUTE Node.eventOut TO Node.eventIn`

Wie diese Routen verwendet werden, erfahren Sie im Folgenden an praktischen Beispielen zu **Sensoren** und **Interpolatoren**.

Interaktion durch Sensoren

Transformationen   Es gibt drei Varianten, Transformationen zur Laufzeit durchzuführen. Mit Hilfe des `PlaneSensor` können Sie Objekte im *Viewer* verschieben. Die Sensoren `SphereSensor` und `CylinderSensor` ermöglichen Drehungen.

Verschieben: PlaneSensor   Mit dem `PlaneSensor` können Mausbewegungen von der VRML-Welt registriert, und ein Objekt entsprechend verschoben werden. Wenn Sie keine 3D-Maus verwenden, dann erfolgt die Verschiebung entlang einer zweidimensionalen Fläche, die von X- und Y-Achse des lokalen Koordinatensystems aufgespannt wird. Wird, wie in unten stehendem Beispiel, kein lokales Koordinatensystem definiert, springt das Weltkoordinatensystem ein. Abb. 6.7-2 zeigt die Wirkungsweise des `PlaneSensor`: Der Kegel wurde mit einem Sensor versehen und kann nun verschoben werden.

DEF   Um einen Sensor und eine Transformation miteinander verbinden zu können, müssen Sie beide benennen können. Hierfür nutzen Sie den bereits bekannten Befehl DEF. Bei größeren Welten lohnt es sich, hier einen Hinweis auf die Art des Objekts im Namen zu geben. In folgendem Beispiel werden die beiden Objekte daher mit »S« für Sensor und einem »T« für Transformation versehen: `KegelS` und `KegelT`.

Route   Im letzten Schritt konstruieren Sie eine Route vom Sensor zur Transformation: `ROUTE KegelS.translation_changed TO KegelT.set_translation`. Im Sensor wird dadurch das Ereig-

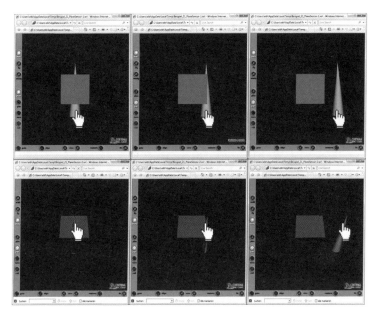

Abb. 6.7-2: Der Kegel wurde mit einem PlaneSensor versehen und kann nun vom Betrachter verschoben werden: Seitenansicht und Aufsicht des Vorgangs.

nis einer Veränderung in der Translation ausgelesen und an den Transform-Knoten weitergereicht, der die Translation entsprechend anpasst.

```
#VRML V2.0 utf8

Shape {
    appearance Appearance {
        material Material {
            diffuseColor 1 0 0
        }
    }
    geometry Box {}
}

Group {
    children [
        DEF KegelS PlaneSensor {}
        DEF KegelT Transform{
            children [
                Shape {
```

Quellcode:
PlaneSensor

```
            appearance Appearance {
                material Material {
                    diffuseColor 0.7 0.7 0.2
                }
            }
            geometry Cone {
                bottomRadius 0.5
                height 4
            }
        }
    ]
}
]
ROUTE KegelS.translation_changed TO KegelT.set_translation
}
```

Gruppierung   Beachten Sie bitte, dass Sie den Sensor und die Transformation in einem **gemeinsamen Gruppenknoten** miteinander verbinden.

Streichen Sie aus obigem Beispiel einmal die Knoten Group und children heraus und untersuchen Sie, wie sich das Verhalten verändert.

Drehen: Der SphereSensor funktioniert ähnlich, nur dass er eine Dre-
SphereSenor   hung bewirkt. Auch hier benennen Sie über DEF einen Sensor und eine Transformation, die Sie über die Route miteinander verbinden. Beachten Sie, dass nicht nur der Sensortyp gewechselt hat, sondern auch das Ereignis, das er aufnimmt: Es wird nicht mehr eine Translation bewirkt, sondern eine Rotation.

Beispiel   In diesem Beispiel ist der Group-Knoten eigentlich nicht notwendig, da keine zusätzlichen Objekte existieren. Gewöhnen Sie sich aber dennoch an, DEF und ROUTE immer in einem Gruppenknoten zusammenzulegen. Sie vermeiden Fehler bei komplexeren Welten.

Quellcode:
SphereSensor

```
#VRML V2.0 utf8

Group {
    children [
        DEF BoxS SphereSensor {}
        DEF BoxT Transform{
            children [
                Shape {
```

```
                appearance Appearance {
                    material Material {
                        diffuseColor 1 0 0
                    }
                }
                geometry Box { }
            }
        ]
    }
]
ROUTE BoxS.rotation_changed TO BoxT.set_rotation
}
```

Der SphereSensor bewirkt eine Drehung um alle Achsen. Mitunter ist das zu flexibel, wenn Sie etwa Realweltobjekte drehen wollen, die ja eigentlich immer eine klar definierte Unterseite haben und auf dieser stehen. VRML setzt hier den Sensor CylinderSensor ein. Dieser bewirkt, dass Sie die Objekte nur in Drehrichtung eines Zylinders bewegen können.

Drehen:
CylinderSenor

Ersetzen Sie in obigem Beispiel die Zeile zur Definition des Sensors durch: DEF BoxS CylinderSensor {} Beobachten Sie nun im *Viewer* das veränderte Verhalten.

Setzen Sie die verschiedenen Sensoren in obiges Beispiel ein und untersuchen Sie das resultierende Verhalten. Versuchen Sie auch mehrere Sensoren zu kombinieren.

Weitere Sensoren

Es gibt noch eine Reihe weiterer Sensoren, von denen hier allerdings nur die zwei wichtigsten besprochen werden: Der TouchSensor ermittelt Berührungen von Objekten mit der Maus und der TimeSensor ist quasi eine Zeitschaltuhr zum zeitgesteuerten Auslösen von Ereignissen. Um Ihnen einen Überblick zu verschaffen, seien die übrigen, hier nicht besprochenen, kurz aufgeführt:

- Der VisibilitySensor beschreibt, ob sich der Sichtbarkeitsstatus einer von Ihnen als Box beschriebenen Region verändert. So können Sie beispielsweise den Ton von Maschinen dann einschalten, wenn diese auch tatsächlich auf dem Bildschirm sichtbar sind.
- Der ProximitySensor löst Ereignisse aus, wenn der Betrachter einen bestimmten von Ihnen als Box definierten Bereich betritt, verlässt oder sich darin bewegt.

Beide Sensoren sind vergleichsweise einfach zu implementieren, wenn das Sensorprinzip verinnerlicht ist. Im Folgenden sollen daher nur der TouchSensor und der TimeSensor genauer beschrieben werden, da diese zusätzliche Konzepte verwenden.

Audio   Zur Erläuterung des TouchSensor ist hier ein kurzer Ausflug in den Audiobereich angebracht. VRML ist in der Lage, dreidimensionalen Ton zu verarbeiten. Es würde hier den Rahmen sprengen, darauf allzu ausführlich einzugehen, aber einfache Tonausgaben sollen dennoch besprochen werden.

AudioClip   Für das Abspielen von Audiodateien gibt es in VRML einen eigenen Knoten: AudioClip. In diesem Knoten können Sie die Adresse einer Audiodatei angeben, die abgespielt werden soll. Sie verwenden dazu das Feld url. Über das Feld loop können Sie bestimmen, ob die Audiodatei wiederholt abgespielt wird (TRUE) oder nur einmal (FALSE).

Beispiel Quellcode: Audiodatei   Der Aufruf einer Audiodatei gestaltet sich also beispielsweise wie folgt:

```
AudioClip {
    loop FALSE
    pitch 1.0
    url "ringin.wav"
}
```

Dieser Code zum Abspielen einer Audiodatei kann nun genommen werden, um ihn über den TouchSensor auszulösen. So können Sie Gegenstände bei Berührungen erklingen lassen.

Anwendung   Dafür definieren Sie nach oben beschriebener Vorgehensweise einen Sensor, diesmal den TouchSensor. Er ist der Kugel zugewiesen. Wird sie berührt löst der Sensor ein Ereignis aus, welches den Zeitpunkt der Berührung zurückliefert.

Was das genau bedeutet und wie sich Zeit in VRML darstellt wird gleich anhand des TimeSensor dargestellt. Im Moment reicht es, wenn Sie sich die Zeit als irgendwie kodiert vorstellen. Diese Zeit wird über ROUTE dem Audioknoten als Startzeit übergeben. Das bedeutet also, dass der Audioknoten solange mit dem Abspielen der Datei wartet, bis der richtige Zeitpunkt gekommen ist. Dieser richtige Zeitpunkt ist nichts anderes als der beim Berühren der Kugel aktuelle.

Das Beispiel spielt einen Ton ab, sobald Sie mit der Maus die Kugel im *Viewer* berühren.

Beispiel Quellcode: TouchSensor

```
#VRML V2.0 utf8

Group {
    children [
        DEF SphereS TouchSensor {
            enabled TRUE
        }

        Shape {
            appearance Appearance {
                material Material{
                    diffuseColor 1 0 0
                }
            }
            geometry Sphere {}
        }
        Sound {
            source DEF audioDatei AudioClip {
                loop FALSE
                url "BeispielTon.wav"
            }
        }
    ]
}
ROUTE SphereS.touchTime TO audioDatei.set_startTime
```

Sie können die Einstellungen auch leicht so modifizieren, dass der Ton dauerhaft abgespielt wird, solange Sie mit der Maus auf der Kugel liegen. Modifizieren Sie dafür die ROUTE wie folgt: ROUTE SphereS.isOver TO audioDatei.set_loop Der Parameter für das Feld loop wird dadurch solange auf TRUE gesetzt, wie die Maus auf der Kugel liegt.

Dauerton

Für das Verständnis des TimeSensor benötigen Sie nähere Informationen, wie VRML überhaupt Zeit misst. Die Zeitmessung in VRML beginnt mit dem 1. Januar 1970 GMT um 0:00 Uhr. Das ist in der Informatik ein durchaus übliches Datum für den Beginn der Zeitrechnung. Angeblich handelt es sich um den Beginn der UNIX-Ära. Zeiten vor diesem Datum können in VRML nicht verarbeitet werden. Die Maßeinheit ist die Sekunde.

Zeit

Nun sehen Sie auch, weshalb oben nicht näher auf die Kodierung der Zeit eingegangen wurde. Denn wenn Sie einen bestimmten Zeitpunkt in VRML definieren möchten, dann

Anwendung

müssen Sie die Sekunden seit dem 1. Januar 1970 zählen. Und das sind doch nicht wenige. In der Regel werden Zeitpunkte daher in VRML nicht explizit gemacht, sondern wie in obigem Quellcode als Parameter von Ereignissen einfach weitergereicht.

TimeSensor Der TimeSensor löst in periodischen Zyklen Ereignisse aus. Er umfasst folgende Parameter:

- Der Parameter enabled zeigt an, ob der Sensor überhaupt aktiviert ist. Natürlich steht es Ihnen frei, den Sensor über einen der oben beschriebenen Sensoren überhaupt erst zu starten.
- Über startTime geben Sie an, wann der Sensor mit dem Produzieren von Ereignissen beginnen soll. Entweder Sie geben hier tatsächlich die Zeit an, die seit Januar 1970 in Sekunden vergangen ist, oder Sie machen es sich einfach: Setzen Sie den Wert auf 0 und des Sensor beginnt sofort nach dem Aufbau der virtuellen Welt.
- Auch wenn Sie den TimeSensor beenden wollen, können Sie in stopTime die tatsächliche Zeit eingeben oder etwas eleganter den Wert eines anderen Sensors. Wenn Sie wissen, wie lange ein Sensor Ereignisse produzieren soll (etwa bei einem Countdown), können Sie auch die startTime nehmen und die Dauer in Sekunden hinzuaddieren.
- Über cycleInterval spezifizieren Sie die Dauer eines Zyklus, in dem der TimeSensor Ereignisse generiert.
- Über loop bestimmen Sie, ob der Sensor nach Beendigung wiederholt aufgerufen wird.

Wie der TimeSensor sinnvoll eingesetzt werden kann, wird im folgenden Abschnitt beschrieben.

Animationen: Interpolatoren

Konzept Interpolatoren berechnen automatisch Zwischenschritte zwischen zwei oder mehr Zuständen. Wenn Sie also beispielsweise ein Objekt vom linken zum rechten Bildschirmrand als Animation wandern lassen wollen, dann definieren Sie Start- und Endpunkt und setzen für die Berechnung der Zwischenritte einen Interpolator ein. Die Alternative wäre, das Sie für jeden Zwischenschritt eine eigene Positionsangabe definieren. Bei einer handelsüblichen Bildschirmauflö-

sung von 1024 Pixeln sind das immerhin 1023 Einzelschritt-
definitionen. Interpolieren ist da einfacher.

VRML verfügt über sechs verschiedene Typen von Interpolatoren:

Typen von
Interpolatoren

▨ Der ColorInterpolator unterstützt Sie bei fließenden Farbänderungen im RGB-Farbraum.

▨ Der CoordinateInterpolator ist ein spezieller Interpolator
für Modifikationen der IndexedFaceSet, IndexedLineSet und
PointSet.

▨ Der NormalInterpolator ist ein spezieller Interpolator für
Veränderungen von IndexedFaceSet und ElevationGrid.

▨ Der OrientationInterpolator ermöglicht Drehungen.

▨ Der PositionInterpolator interpoliert linear zwischen
Raumpunkten.

▨ Der ScalarInterpolator ermöglicht animierte Skalie-
rungen.

Die Funktionsweise eines Interpolators lässt sich am an-
schaulichsten über den ColorInterpolator zeigen. In diesem Beispiel wird die Farbe einer Kugel über diesen Interpolator animiert verändert.

Quellcode:
Color
Interpolator

```
#VRML V2.0 utf8

Group {
    children [
        Shape {
            appearance Appearance {
                material DEF KugelMaterial Material {
                    diffuseColor 0 0 0
                }
            }
            geometry Sphere {}
        }

        DEF FarbeI ColorInterpolator {
            key [ 0 0.5 1 ]
            keyValue [0 0 0, 1 0 0, 0 0 0]
        }

        DEF ZeitS TimeSensor {
            cycleInterval 5
            loop TRUE
        }
    ]
}
```

```
ROUTE ZeitS.fraction_changed
TO FarbeI.set_fraction
ROUTE FarbeI.value_changed
TO KugelMaterial.set_diffuseColor
```

Vorgehensweise

Zunächst wird eine Kugel definiert, deren Farbgebung adressierbar ist. Adressierbarkeit wird auch hier wieder über DEF hergestellt: `material DEF KugelMaterial Material {..}`

Feld key

Anschließend wird der eigentliche Interpolator definiert. Er besteht, wie übrigens alle anderen Interpolatoren auch, aus zwei Feldern: das Feld key gibt in einer Liste von Werten zwischen 0 und 1 an, wie viele Schlüsselbilder der Animation zugrundeliegen und wann sie erreicht sein sollen. Im folgenden Beispiel gibt es ein Ausgangsbild (0) einen Mittelzustand, der nach der Hälfte der Zeit erreicht werden soll (0.5), und einen Endzustand, der erst ganz am Ende der Zeit erreicht wird (1).

Feld keyValue

Im Feld keyValue werden diese Zustände beschrieben. Je nach Interpolator sind hier unterschiedliche Werttypen einzutragen. Im vorliegenden Fall werden RGB-Werte benötigt. Im Beispiel ist der Ausgangszustand durch eine schwarze Farbgebung definiert, nach der Hälfte der Zeit soll sich diese in eine rote verwandelt haben und anschließend wieder in eine schwarze zurückverwandeln. Analog zu den drei Zustandszeitpunkten in key werden hier also drei Zustandswerte als RGB-Werte eingesetzt.

Taktgeber: TimeSensor

Der Interpolator allein nutzt allerdings noch nichts, er muss auch wissen, wann die Animation startet, wie lange sie dauert und ob sie wiederholt werden muss. Hier kommt der TimeSensor ins Spiel. Er ist quasi der Taktgeber des Interpolators. Im TimeSensor ist im Feld cycleInterval angegeben, dass die Dauer der Animation 5 Sekunden beträgt. Im Feld loop wird angegeben, dass die Animation wiederholt wird.

Benennung mit DEF

Um ColorInterpolator und TimeSensor miteinander zu verbinden, benötigen Sie zunächst einmal wieder Namen. Beide Knoten wurden daher mit DEF adressierbar gemacht.

Verknüpfung über ROUTE

Nun besteht der Quellcode aus einer Kugel, die farblich verändert werden soll, einem Interpolator für Farbe, der bestimmt wie die Kugel verändert wird, und einem Taktgeber, der die Geschwindigkeit der Veränderung bestimmt. Es fehlt noch die Verknüpfung dieser drei Elemente miteinander. Diese erfolgt mittels ROUTE. Es werden zwei Routen gebraucht. Eine gibt den Stand der Zeit weiter an den Interpolator, der nun den entsprechenden Interpolationswert für den aktuellen Zeitpunkt berechnen kann. Die zweite gibt diesen berechneten Wert weiter an die Kugel, die daraufhin ihre Farbe anpasst.

Zunächst setzen Sie die Verbindung zwischen Taktgeber und Interpolator. Das wird im TimeSensor durch das fraction_changed-Ereignis realisiert. Dieses hat einen Wert zwischen 0 und 1 und zeichnet aus, wie viel der zur Verfügung stehenden Zeit (im Beispiel 5 Sekunden) bereits vergangen ist. Der Interpolator nimmt diesen Wert über set_fraction auf und kann so in Abhängigkeit zur Gesamtzeit den entsprechenden Interpolarisationswert für die Farbe berechnen.

fraction _changed

Diesen Wert berechnet er aus dem Stand der Zeit, den Schlüsselbildpositionen in der zur Verfügung stehenden Zeit und den Schlüsselbildwerten. Steht der berechnete Wert zur Verfügung wird er über das Ereignis value_changed weitergegeben. Die Kugel erhält der Wert über eine ROUTE im eingehenden Ereignis set_diffuseColor.

value_changed

Wenn Sie das Konzept der Interpolatoren und ihrer Verknüpfung verstanden haben, ist es nicht schwierig, weitere Interpolatoren einzusetzen.

Bewegungs-interpolator

Dieses Beispiel nimmt die Kugel wieder auf, ändert aber diesmal nicht ihre Farbe, sondern ihre Position.

Beispiel Quellcode: Position Interpolator

```
#VRML V2.0 utf8

DEF KugelTransformation Transform {
    children [
        Shape {
            appearance Appearance {
                material Material {
                    diffuseColor 1 1 1
                }
            }
            geometry Sphere {}
        }

        DEF PositionI PositionInterpolator {
            key [ 0 0.25 0.5 0.75 1 ]
```

```
        keyValue [-5 0 0, 0  2 0, 5 0 0, 0 -2 0, -5 0 0]
      }

      DEF ZeitS TimeSensor {
        cycleInterval 5
        loop TRUE
      }
    ]
  }
ROUTE ZeitS.fraction_changed
TO PositionI.set_fraction
ROUTE PositionI.value_changed
TO KugelTransformation.set_translation
```

Vorgehensweise Die Vorgehensweise ist äquivalent zum Vorgehen bei der Farbinterpolation. Bei der Gestaltung der Kugel müssen Sie beachten, dass sie nun in einen Transformationsknoten integriert wurde. Das ist notwendig, wenn Sie eine Translation vornehmen wollen. Als Interpolator wird nun der PositionInterpolator verwendet. Auch hier wird bei seiner Definition mit DEF zunächst einmal der Parameter key gesetzt. In diesem Fall werden fünf Zeitpunkte gesetzt. Einer zur Anfangszeit einer nach einem Viertel der Zeit, einer nach der Hälfte der Zeit, einer nach dreiviertel der Zeit und einer am Ende. Endsprechend der fünf Zeitpunkte werden anschließend in keyValue auch fünf XYZ-Koordinaten gesetzt, die die Position der Kugel zum jeweiligen Zeitpunkt festlegen. Der Zeitsensor bleibt unberührt.

Am Ende werden auch hier wieder zwei Routen gesetzt: eine vom Zeitsensor zum Interpolator und eine vom Interpolator zur Kugel. Natürlich wird der Farbinterpolator FarbI durch den Bewegungsinterpolator PositionI ersetzt. Ferner wird auf die Kugel nicht mehr der Befehl set_diffuseColor angewendet sondern set-translation.

 Um ein Gefühl für die Wirkungsweisen der Interpolatoren und Zeitgeben zu bekommen, experimentieren Sie mit den verschiedenen Sensoren in den Beispielen und untersuchen Sie das resultierende Verhalten. Versuchen Sie auch mehrere Sensoren zu kombinieren oder mehrere Objekte zu animieren.

6.8   Weitere Schritte *

Sie haben nun die Grundkomponenten von VRML kennen gelernt. Darüber hinaus gibt es zahlreiche Weiterentwicklungen, die aber in diesem Buch nicht vollständig angeboten
werden können. Auf zwei Weiterentwicklungen sei aber dennoch im Folgenden hingewiesen:

Die Skriptsprache JavaScript ermöglicht eine Reihe von in-
teressanten Effekten in VRML-Welten:

▨ »JavaScript in VRML«, S. 285

Und die Auszeichnungssprache W3D wird in Zukunft immer
stärker die Modellierungswelt beherrschen.

▨ »Anwendung von XML für 3D-Objekte: X3D«, S. 288

Beide werden hier zusammenfassend vorgestellt.

6.8.1   JavaScript in VRML *

**JavaScript ist eine für das Web konzipierte Skriptsprache.
Mit JavaScript kann eine virtuelle Szenerie noch weiter
dynamisiert werden.**

Die Web-Auszeichnungssprache HTML ist in ihren gestalte-
rischen Möglichkeiten doch sehr begrenzt. Bereits zu Beginn der Web-Ära wurde schnell der Ruf nach gestalterischer
Freiheit laut. Die erste Erweiterung waren die *Cascading
Stylesheets* CSS, die zumindest schon einmal für mehr Farbe sorgten, aber immer noch nicht wirklich den Durchbruch
brachten. Der kam mit JavaScript auf, einer Script-Sprache
mit der auf einmal dynamische Webseiten möglich wurden.

Der Name JavaScript ist dabei eher trügerisch: Tatsächlich   Erfolgsstory
hat JavaScript nicht viel mit der Programmiersprache Java
gemein, auch wenn der Name klingt, als wäre es der kleine Bruder. Die grundlegende Syntax ist allerdings, wie auch
bei Java, an C angelehnt. Die Benennung JavaScript ist denn
auch eher eine Marketingentscheidung. Das sehr erfolgrei-
che Marketing führte schließlich dazu, dass Microsoft, das
vergleichsweise spät aber umso energischer in den Browser-
markt eindrang, sich mit Netscape über die Konzepte der
Weiterentwicklung stritt und Website-Betreiber verschiedene Skriptversionen schreiben mussten, um sowohl Internetexplorer als auch den Netscape Navigator zu bedienen.

ECMA   Ein Ende fand der Streit durch die Normierung 1998 als ECMA-Script, das den Kern der Technik beschreibt. **ECMA** ist ursprünglich das Akronym für *European Computer Manufacturers Association*, inzwischen wird das Akronym aber nicht mehr aufgelöst, da der Wirkungsgrad weit über Europa reicht.

Sandbox   Das JavaScript nicht mehr nur dazu dient, Webseiten darzustellen, sondern eine Programmiersprache ist, war von Anfang an Sicherheit eine bestimmende Komponente der Konzeption. So entstand das sogenannte *Sandbox*-Prinzip: JavaScript wird in einem abgeschirmten Bereich im Browser ausgeführt und kann nicht auf Systemkomponenten des Clients zugreifen oder Daten mit anderen Servern austauschen.

Einsatz in VRML   In VRML wird JavaScript auch ECMA-Script oder VRML-Script genannt. Es hat zwei prinzipiell unterschiedliche Aufgaben: Zunächst kann es in jeder Website eingebunden genutzt werden, um dynamisch VRML-Welten zu erzeugen. Zum anderen kann es aber auch in VRML-Welten eingebunden werden, um diese flexibler zu machen.

Beispiel   Eine solche Variante zeigt folgendes Beispiel:

```
#VRML V2.0 utf8
Group {
    children [
        DEF BoxTouchSensor TouchSensor {}
        DEF Cube Transform {
            children [
                Shape {
                    appearance Appearance {
                        material Material {}
                    }
                    geometry Box {}
                }
            ]
        }
        DEF BoxTimeSensor TimeSensor {
            loop TRUE
            cycleInterval 10
        }
    ]
}

DEF BoxScript Script {
    eventIn SFTime clicked
    eventIn SFFloat now
```

```
eventOut  SFRotation  rotation
field     SFBool     on    FALSE
url "vrmlscript:
    function initialize() {
        rotation[0]=0;   // X-Achse der Rotation
        rotation[1]=1;   // y-Achse der Rotation
        rotation[2]=0;   // z-Achse der Rotation
        rotation[3]=0;   // Rotationswinkel
    }
    function clicked(time) { on = 1; }
    function now(fraction) {
        if (on) {
            rotation[3] = (fraction*6.283);
        }
    }
}
"
}

ROUTE BoxTouchSensor.touchTime TO BoxTimeSensor.startTime

ROUTE BoxTouchSensor.touchTime TO BoxScript.clicked

ROUTE BoxTimeSensor.fraction_changed TO BoxScript.now

ROUTE BoxScript.rotation TO Cube.set_rotation
```

Das Beispiel stellt einen Würfel dar, der angeklickt werden kann. Mit dem Klick beginnt er sich zu drehen. Sie haben bereits die wesentlichen VRML-Elemente des Quellcodes kennengelernt: Hier wurden ein `TouchSensor` definiert, der den Würfel empfindlich für Klicks macht. Der `TimeSensor` wird benötigt, um die Drehung zeitlich zu takten. Er ist auf zehn Sekunden Gesamtzeit eingestellt, wobei mit `loop` festgehalten wird, dass die Drehung am Ende der Zeit wieder von vorne beginnt.

Ferner wurden vier Routen definiert, die die Kommunikation zwischen den Sensoren regeln und die Kommunikation zu dem Script. Das mit `DEF BoxScript Script` eingeleitete Script ist das eigentlich neue. Hier werden zunächst die benötigten Eventhandler gesetzt und anschließend das eigentliche Script in einer Webadresse formuliert: `url "vrmlscript: ..."`

Das Script besteht aus drei Funktionen. Die erste Funktion initialisiert die Rotationsparameter. Vier werden be-

Vorgehensweise

nötigt, drei für die Achsenbestimmung und einer für den Winkel der Rotation. Diese Parameter sind Ihnen bereits bekannt. Die spannende Funktion ist die dritte: function now(fraction). Sie berechnet den Winkelparameter in Abhängigkeit zur vergangenen Zeit. Die Multiplikation erfolgt mit 6.283 Rad, da die Winkelangaben in VRML im Bogenmaß stattfinden und 6.283 Rad eine vollständige Umdrehung bezeichnen.

Weitere Schritte Bei diesem kleinen Beispiel soll es an dieser Stelle bleiben. Es sollte genügen, um Ihnen einen Eindruck über die Möglichkeiten von JavaScript in VRML zu vermitteln. Eine vollständige Einführung in JavaScript würde die Dimensionen des Buches sprengen.

6.8.2 Anwendung von XML für 3D-Objekte: X3D *

Neben VRML haben sich noch verschiedene andere Techniken zur Kodierung dreidimensionaler Welten entwickelt. Die wohl zukunftsweisende Technik ist das XML-basierte X3D.

XML Die *Extensible Markup Language* XML ist eine Konvention zur semantischen Auszeichnung von Texten. Es handelt sich hierbei um eine speziell für das Internet optimierten Untermenge des aus dem Buchdruck kommenden *Standard Generalized Markup Language* SGML. Das Konzept von XML basiert auf drei großen Vorteilen:

Vorteile von XML
1 Der wichtigste Grund liegt in der strikten Trennung von Inhalt und Aussehen. So können Inhalte für sich genommen verarbeitet werden und in unterschiedlichen Anwendungskontexten jeweils andere Erscheinungen haben.

2 Ferner können mit XML die verschiedensten Elemente beschrieben werden. Es bedarf lediglich der entsprechenden Formulierung einer *Document Type Definition* DTD Diese beschreibt die für einen bestimmten Dokumenttyp zulässigen Elemente. In der DTD zu HTML beispielsweise sind alle Elemente wie <h1>, <p>, <img> etc. spezifiziert. Elemente, die in der DTD nicht definiert

werden, dürfen auch nicht verwendet werden. Eine DTD kann sowohl intern in einem XML-Dokument als auch, wie bei HTML, extern definiert werden.

3 Schließlich kann der Sprachumfang jederzeit durch eine entsprechende Erweiterung der DTD ausgebaut werden.

Es lag nahe, diese Vorteile auch für ein weiterentwickeltes VRML zu nutzen. VRML wurde als Standard bereits 1997 verabschiedet. Obwohl er nach wie vor die verbreitetste Technik für 3D-Modellierung ist, sind mittlerweile neue Forderungen entstanden und eine Weiterentwicklung wurde nötig. Um möglichst alle Aspekte der dreidimensionalen Darstellung im Internet umfassend berücksichtigen zu können, erweiterte sich das VRML-Konsortium zum Web3D-Konsortium. Dieses nutzte XML zur Formulierung einer Beschreibungssprache. Ergebnis dieser Bemühungen ist die DTD eXtensible 3D (X3D). X3D ist modular konzipiert und besteht aus folgenden Komponenten: X3D

- **Core cernel (X3D-1)**: Diese Komponente definiert die für gängige 3D-Darstellungen unabdingbaren Elemente wie Geometrie, Beleuchtung und Animation. Komponenten

- **VRML97 Profile (X3D-2)**: Dieser Teil der Beschreibung garantiert eine Rückwärtskompatibilität von X3D zu VRML97. Mit entsprechenden XSL-Stylesheets können X3D-Dateien problemlos zu VRML97-Dateien konvertiert werden.

- **Erweiterungen**: Zahlreiche Erweiterungen, die in den letzten Jahren zu VRML kreiert wurden, können in das X3D-Format übernommen werden. Zusätzliche Erweiterungen können ebenfalls problemlos eingebunden werden.

Einer der entscheidenden Vorteile von X3D ist die Erweiterbarkeit. Um den Kern X3D-1, der nur die notwendigsten Spezifikationen enthält, werden weitere Profile angelegt, die auf die speziellen Bedürfnisse der einzelnen Anwender eingeht. So wird beispielsweise ein Biologe ganz andere Anforderungen an eine dreidimensionale Darstellung haben, als ein Geograph. Erweiterbarkeit

Die Erweiterbarkeit von X3D hat in der Praxis Auswirkungen in zwei Richtungen. Zum einen muss für die Kodierung eines X3D-Browsers nicht die komplette Spezifikation berücksichtigt werden. Das heißt, dass für spezielle X3D-Anwendungen auch einfach spezielle Browser konzipiert werden können, die in Größe und Laufzeitverhalten für den entsprechenden Anwendungsfall optimiert sind.

Zum anderen können zu den Hauptkomponenten jederzeit beliebige zusätzliche Module spezifiziert werden. Erweiterungen liegen von vornherein in der Zielsetzung der Spezifikation und sind nicht wie bei VRML97 proprietär. So können weitere Anwendungsfälle in die X3D-Spezifikation aufgenommen werden, ohne mit den bereits existierenden Modulen in Konflikt zu geraten.

Arbeitsgruppen Die Humanoid Animation Working Group (http://h-anim.org) beispielsweise beschäftigt sich mit der Darstellung virtueller Personen. Sie spezifiziert sowohl die Erscheinung als auch die Animation der Figuren von einfachen Bewegungen bis hin zum lippensynchronen Sprechen. Ihre Arbeit resultierte im Standard ISO/IEC FCD 19774 – *Humanoid animation* (H-Anim). Andere Gruppen arbeiten an Spezifikationen zum Einsatz verschiedener Medien, Anschluss von Datenbanken und Programmiersprachen oder auch Nutzereingaben, die im Standard-VRML nicht vorgesehen sind.

Unterschied zu VRML Der augenfälligste Unterschied zwischen X3D und VRML97 liegt in der Syntax und lässt sich am leichtesten an einem Beispiel erklären. Wenn Sie beispielsweise die Definition einer Kugel im Szenegraphen ansehen, so werden Sie in VRML und X3D kaum einen Unterschied feststellen. Der zugrundeliegende Quellcode hingegen macht den Unterschied in der Notation sehr deutlich.

Beispiel: Kugel in VRML In VRML wird die Kugel wie folgt definiert:

```
#VRML V2.0 utf8

Shape {
    appearance Appearance {
        material Material {
            diffuseColor 0.8 0.0 0.2
        }
    }
    geometry Sphere {
        radius 2
    }
}
```

Die Formulierung in X3D hat einen gewissen Wiedererkennungswert. Was die Begriffe angeht. Die Syntax jedoch ist klar die der XML-basierten Auszeichnungssprachen:

Beispiel:
Kugel in X3D

```
<?xml version="1.0" encoding="UTF-8"?>
<!DOCTYPE X3D PUBLIC "http://www.web3D.org/TaskGroups/x3d/
translation/x3d-compact.dtd"
"file:///C:/www.web3D.org/TaskGroups/x3d/translation/x3d-
compact.dtd">
<X3D>
    <head>
        <meta content="X3D-Edit" name="generator"/>
    </head>
    <Scene>
        <Shape>
            <Appearance>
                <Material diffuseColor="0.8 0.0 0.2"/>
            </Appearance>
            <Sphere radius="2"/>
        </Shape>
    </Scene>
</X3D>
```

Der Unterschied liegt allein in der Syntax der Kodierung. Auf den ersten Blick scheint diese in VRML97 einfacher als in X3D. X3D muss zusätzlich zu den eigentlichen beschreibenden Elementen noch die in XML üblichen einleitenden Angaben machen. Und selbst die eigentlichen Angaben zu der dargestellten Kugel scheinen in VRML97 einfacher zu lesen.

Vergleich

Inwieweit dies in der Praxis tatsächlich problematisch ist, oder ob Anwender nicht doch lieber den fast identischen Szenegraphen verwenden, sei einmal dahingestellt. Tatsächlich ist jedoch die XML-Notation deutlich verbreiteter, während die VRML-Notation nur der eingeweihten VRML-Gemeinde schlüssig ist. Dies hat neben der allgemein besseren Lesbarkeit auch zur Folge, dass viele Werkzeuge, die eigentlich für XML konzipiert wurden, auch problemlos mit X3D arbeiten.

Nach wie vor sind die meisten virtuellen Welten in VRML kodiert oder mit Programmen, die einen VRML-Export erlauben. Zu VRML haben sich aber mittlerweile verschiedene Konkurrenz-Standards entwickelt. Sie fokussieren jeweils spezielle Aspekte von 3D-Anwendungen wie Geschwindig-

Weitere
Entwicklung

keit, Darstellung, Übertragung im Internet oder Animation. Die Hoffnung des Web3D-Konsortiums ist, dass aufgrund der modularen Struktur von X3D keine alternativen Standards mehr nötig sind. War der Sprachumfang von VRML97 für einzelne Anwendungen noch mitunter zu mächtig oder im Gegenteil zu klein, so stellt X3D hier die erforderliche Flexibilität her, die für die Verwendung in verschiedensten Bereichen notwendig ist. X3D hat dabei gute Chancen, sich zukünftig als Standard auch in der Praxis durchzusetzen, da zahlreiche namhafte Firmen und Forschergruppen der 3D-Branche im Konsortium mitwirken.

Literatur

Zu VRML und X3D gibt es eine Menge Informationen im Internet. Einen Ausschnitt aus den interessantesten finden Sie hier:

- VRML Tutorium von Lighthouse3D
  (http://www.lighthouse3d.com/vrml/tutorial/)
- VRML97-Spezifikation
  (http://www.web3d.org/technicalinfo/specifications/vrml97/index.htm)
- VRML-FAQ
  (http://www.realism.com/vrml/FAQ/)
- Homepage des W3-Consortium
  (http://www.w3.org)
- Homepage des Web3D-Consortium
  (http://www.web3D.org)
- Spezifikationen zu X3D
  (http://www.web3d.org/x3d/specifications/)
- X3D-Editor
  (http://www.web3d.org/TaskGroups/x3d/translation/README.X3D-Edit.html)

7 Einsatz dynamischer Medien *

Dynamische Medien bringen zahlreiche Vorteile mit sich, wenn es darum geht, komplexe Informationen zu präsentieren. Insbesondere Bewegungsabläufe sind ohne sie nur schwer vermittelbar. Der Flügelschlag eines Vogels beispielsweise kann in seiner ganzen Eleganz durch eine einfache Grafik kaum begreifbar gemacht werden.

Vorteile dynamischer Medien

Allerdings ist die Dynamik kein Wert an sich. Ein statisches Schaubild kann mitunter geeigneter sein, da der Betrachter sich in das Bild vertiefen und in seinem eigenen Tempo analysieren kann. Die Interpretationsgeschwindigkeit richtet sich dabei automatisch nach dem Betrachter, seinem Vorwissen und seiner individuellen Auffassungsgabe. Die Interpretationsgeschwindigkeit eines Videofilms richtet sich zwangsläufig nach der Abspielgeschwindigkeit. Jede Änderung der Geschwindigkeit bedeutet zusätzliche Interaktion und damit Ablenkung von der eigentlichen Aufgabe.

Probleme dynamischer Medien

Wann aber und in welchen Zusammenhängen welches Medium oder welche Medienkombination zur Informationsdarstellung gewählt werden muss, ist Gegenstand langjähriger Untersuchungen der Psychologie, der Informationswissenschaft, der Kommunikationswissenschaft und der Softwareergonomie. Diese Untersuchungen sind sicherlich nicht abgeschlossen und werden auch in nächster Zeit beispielsweise durch den Einsatz von *Eyetrackern* oder Magnetresonanztomographie immer neue und vor allem genauere Ergebnisse liefern. Dennoch hat die Forschung heute schon belastbare Ergebnisse, die in der Norm »DIN EN ISO 14915 Software-Ergonomie für Multimedia-Schnittstellen« zusammengefasst werden.

Normative Festlegungen

Zunächst erfolgt ein Einführung in das Thema Normen, wobei speziell auf die Besonderheiten softwareergonomischer Normen gegenüber klassischen technischen Normen eingegangen wird:

▨ »Normen in der Ergonomie«, S. 294

Speziell für die Anwendung auf multimediale Systeme wurde Anfang des Jahrtausends die DIN EN ISO 14915 entwickelt:

▨ »DIN EN ISO 14915«, S. 298

Sie unterscheidet verschiedene Informationstypen:

▨ »Informationstypen«, S. 300

Neben Informationstypen unterscheidet sie Medientypen:

▨ »Medientypen«, S. 303

Informationstypen und Medientypen werden anschließend einander gegenüber gestellt, um Empfehlungen zu ihrer Kombination zu geben:

▨ »Mediale Darstellung von Information«, S. 304

Auch mehrere Medien können eingesetzt werden, um einen Informationstyp darzustellen. Hierbei sind aber zusätzliche Rahmenbedingungen zu beachten:

▨ »Richtlinien medialer Mischung«, S. 316

Einige Anmerkungen zur behindertengerechten Gestaltung sowie Literaturhinweise runden das Kapitel ab:

▨ »Weitere Schritte«, S. 324

7.1   Normen in der Ergonomie *

Normen dienen üblicherweise der Vereinheitlichung. Für softwareergonomische Normen gilt das nur bedingt. Sie unterscheiden sich von technischen Normen in Zielsetzung, Verifizierbarkeit, Anwendung und Interpretation.

Definition

Normen stellen vereinheitlichende Lösungsvorschläge für sich wiederholende bzw. wiederkehrende Aufgaben und Problemfälle dar. Sie werden auf der Basis aktueller technischer, wissenschaftlicher und wirtschaftlicher Rahmenbedingungen aufgestellt. Obwohl Normen nicht eingehalten werden müssen, geht ihr Geltungsbereich weit über einzelne Anwendungen hinaus und ist zum großen Teil sogar weltweit angelegt.

Freiwilligkeit

Diese Definition von Normen umfasst die Kerngedanken der Vernormung der Welt. Doch was bedeutet dies in der Praxis? Zunächst einmal erstaunt, dass Normen offensichtlich auf Freiwilligkeit beruhen und dennoch weltweite Gültigkeit erlangen können. Gerade wer im Bereich Software zu tun hat und sich mit Begriffen wie Browserkrieg und ähnlichem konfrontiert sieht, möchte die Wirksamkeit einer solchen Freiwilligkeit stark bezweifeln.

Tatsächlich basiert das gesamte Normierungswesen nicht nur auf dem Prinzip der Freiwilligkeit, sondern auch – fast noch unglaublicher – auf dem Konsensprinzip. Das bedeutet, Entscheidungen über Normierungen werden von den in Normierungsgremien vertretenen Beteiligten auf der Basis des Konsenses bestimmt und nicht etwa durch eine staatliche Regulierungsbehörde von oben verordnet. Angesichts der in solchen Gremien vertretenen Gruppen wie Hersteller, Gewerkschaften, Wissenschaftler, Verbraucher und viele andere mehr möchte man auch hier nicht meinen, dass das Konsensprinzip erfolgreich sein könnte.

Konsens

Trotz Freiwilligkeit und Konsensprinzip funktionieren Normen. Dies liegt vor allem an den offensichtlichen Vorteilen. Die wohl bekannteste deutsche Norm DIN 476 (die inzwischen in ISO 216 aufgegangen ist), welche 1922 die Größe von Papierbögen festlegte, ist ein alltägliches Beispiel. Dank dieser Norm gibt es nur relativ wenige verschiedene Papiergrößen wie beispielsweise DIN A4. Entsprechend können einheitliche Briefumschläge, Aktenordner, Aktentaschen, Schreibmaschinen oder Drucker benutzt werden, ohne dass Hunderte verschiedener Papiergrößen beachtet werden müssten. Wer nur einmal in Deutschland etwas auf amerikanischem Letter-Format drucken wollte, wird DIN A4 in ganz neuem Licht sehen.

Erfolgs-grundlage

Was die Norm DIN 476 so erfolgreich machte, war ein ganz klarer Rationalisierungseffekt, und zwar auf Seiten der Hersteller, der Händler, wie auch der Verbraucher. Solange also alle beteiligten Gruppen eine Verbesserung für sich erkennen können, scheinen Freiwilligkeit und Konsensprinzip hervorragend zu funktionieren.

Rationalisierung

In Deutschland ist für Normierung in erster Linie das Deutsche Institut für Normung (DIN) zuständig. Es wurde Ende 1917 als Normausschuss der deutschen Industrie (NADI) gegründet und wurde 1975 nach mehreren Namensänderungen von der Bundesrepublik Deutschland zum vertraglich herausgehobenen maßgeblichen Normungsinstitut in Deutschland benannt. Heute gibt es etwa 30.000 DIN-Normen, wobei jährlich durchschnittlich 2.000–2.400 neue Normen hinzukommen und alte ausgemustert werden.

Normierungs-institute

Neben dem DIN gibt es in Deutschland noch ca. 150 andere normierende Institutionen wie beispielsweise die Industrieverbände VDE und VDI.

ISO, CEN 1951 wurde das DIN alleinvertretendes Deutsches Normungsinstitut in der *International Standardization Organization* ISO in welcher 130 Länder vertreten sind. Seit 1961 ist es ferner Mitglied der Normierungskommission der Europäischen Union (CEN). Normen der CEN werden automatisch durch das DIN übernommen, eine Bedingung des Vertrags von 1975. Normen der ISO hingegen müssen nicht vom DIN übernommen werden. In der Regel werden ISO-Normen allerdings sowieso bereits vom CEN übernommen. So kommt es, dass die hier besprochene Norm eine DIN EN ISO Norm ist, also für Deutschland, die EU und die ganze Welt gilt – und das nach wie vor auf der Basis von Freiwilligkeit und Konsensprinzip.

Software-
ergonomische
Normen Softwareergonomische Normen stellen einen Spezialfall dar. Übliche technische Normen legen sehr detaillierte und leicht zu verifizierende Kriterien fest, die auf eine länderübergreifende Vereinheitlichung technischer Bauteile abzielen. So werden beispielsweise Schrauben in Art, Größe und Gewindestärke normiert, damit alle Schrauben eines bestimmten Typs in die entsprechende Mutter passen. Die Normierungskriterien sind so spezifiziert, dass es relativ einfach ist, sie in der Praxis umzusetzen. Ebenso einfach ist festzustellen, ob eine Schraube einer Norm nicht entspricht – sie passt halt einfach nicht in die vorgesehene Mutter. Bei softwareergonomischen Normen liegt die Sache etwas anders. Sie sind in allem vager als technische Normen:

Zielsetzung ▨ **In der Zielsetzung**: Ihr Ziel ist weniger Vereinheitlichung als vielmehr Humanisierung der Arbeitswelt. Das ist zweifelsohne ein gutes Ziel, jedoch keins bei dem man exakt bestimmen kann, wann es denn erreicht ist.

Interpretier-
barkeit ▨ **In ihrer Interpretierbarkeit**: Software ist einem starken Wandel unterworfen. Die meisten Normen wurden definiert, als es Internetauftritte noch gar nicht gab. Dennoch sind sie so formuliert, dass sie problemlos auf diese anwendbar sind. Ohne eine vergleichsweise vage Formulierung könnten softwareergonomische Normen nicht ihre zeitlose und systemübergreifende Kompetenz entfalten. Es müssten wesentlich mehr Normen spezifiziert und vor allem in kurzen Abständen immer wieder aktualisiert werden.

▦ **In ihrer Anwendung**: Aufgrund der vagen Formulierung lassen sich Normen entsprechend auch sehr unterschiedlich umsetzen. Mitunter muss sogar eine Entscheidung zwischen zwei sich widersprechenden Empfehlungen gefällt werden, da je nach Anwendungskontext durchaus unterschiedliche Prämissen zu tragen kommen. Ein klassisches Problem ist hier beispielsweise die Forderung nach Selbsterklärungsfähigkeit, welche grundsätzlich immer der ebenfalls geforderten Effizienz im Weg steht. Anwendung

▦ **In ihrer Verifikation**: Bei all diesen vagen Kriterien, wie soll man herausfinden, ob eine Norm nun eingehalten wurde oder nicht? Verifikation

Mit dieser Vagheit ähneln Normen Gesetzestexten. Diese sind in der Regel bewusst auslegbar formuliert, um auch unter Rahmenbedingungen zu funktionieren, die zum Zeitpunkt der Festlegung noch nicht abzusehen waren. Das hat den Vorteil, dass beispielweise die zentrale softwareergonomische Norm DIN EN ISO 9241-10 – »Grundsätze der Dialoggestaltung« auch auf das Web Design anwendbar ist, obwohl sie bereits 1996 publiziert wurde, als das Web noch eher ein Spezialfall war. Vagheit

Der Nachteil dieser allgemein gehaltenen Formulierung ist offensichtlich: Forderungen der DIN EN ISO 9241–10 nach Aufgabenangemessenheit, Steuerbarkeit und ähnlichem scheinen auf den ersten Blick wenig aussagekräftig und vielleicht sogar trivial. Das konkretere Gegenstück zu Normen sind *Styleguides*, die kochrezeptartig gehaltenen Anweisungen zu Gestaltung von Benutzungsoberflächen geben, allerdings immer nur einen sehr eingegrenzten Wirkungskreis entfalten können. Im Gegensatz zu *Styleguides* müssen Normen immer erst interpretiert und gegeneinander abgewogen werden, um sie zu operationalisieren. Es bedarf quasi einer eigenen Hermeneutik für softwareergonomische Normen. Notwendigkeit der Interpretation

7.2   DIN EN ISO 14915 *

Die Norm»DIN EN ISO 14915: Software-Ergonomie für Multimedia-Benutzungsschnittstellen« entstand Anfang des Jahrtausends. Sie definiert zentrale Konzepte für den Einsatz von Multimedia, wie zum Beispiel Eignung für das kommunikative Ziel und Eignung für Wahrnehmung und Verständnis.

Die Norm»DIN EN ISO 14915: Software-Ergonomie für Multimedia-Benutzungsschnittstellen« wurde Anfang des Jahrtausends konzipiert und stellt eine Erweiterung der klassischen DIN EN ISO 9241 Ergonomische Anforderungen für Bürotätigkeiten mit Bildschirmgeräten für multimediale Anwendungen dar. Hintergrund sind die inzwischen etablierten multimedialen Möglichkeiten, die in der ISO 9241, die Anfang der 1990er entstand, noch nicht berücksichtigt waren. Die ISO 14915 ersetzt dabei nicht die ISO 9241, sondern ist vielmehr als Erweiterung zu sehen.

Grundsätze der Gestaltung   Insbesondere auf den Teil 10 der ISO 9241 wird dabei Bezug genommen. Hier werden die Grundsätze der Dialoggestaltung definiert, eine Zusammenstellung von sieben Kriterien zur Softwareergonomie: Aufgabenangemessenheit, Selbstbeschreibungsfähigkeit, Steuerbarkeit, Erwartungskonformität, Fehlertoleranz, Individualisierbarkeit und Lernförderlichkeit. Diese werden nun durch die speziellen Gestaltungsgrundsätze für Multimedia ergänzt:

- Eignung für das **kommunikative Ziel**
- Eignung für **Wahrnehmung** und **Verständnis**
- Eignung für **Informationsfindung**
- Eignung für **Benutzerbeteiligung**

Eignung für Wahrnehmung und Verständnis   Von diesen Grundsätzen sind in Bezug auf den Einsatz von Medien vor allem die ersten beiden Grundsätze interessant. Ihre Reihenfolge sollte allerdings sinnvollerweise umgekehrt sein: Zunächst garantiert die Eignung für Wahrnehmung und Verständnis, dass die Information ohne Probleme überhaupt erst einmal wahrgenommen und verstanden werden kann:

Zitat: ISO   »Eine Multimedia-Anwendung ist für Wahrnehmung und Verständnis geeignet, wenn sie so gestaltet ist, dass die zu übermittelnde Information leicht wahrgenommen und verstanden werden kann. Das ist besonders für Multimedia von Bedeutung, weil die Darbietung komplex und flüchtig sein kann und mehrere Medien gleichzeitig dargeboten werden können.« ([ISO 14915–1], §5.2.5)

Wahrnehmung und Verständnis bilden die Grundlage für Kommunikation. Die Zielsetzung der Norm greift hier noch weiter und fasst neben der Grundlage auch noch das Ziel der Kommunikation mit in die Konzeption ein.

Ein klassisches Szenario ist der Feueralarm: Er wird in der Regel durch eine Mischung aus Sirenenton und Alarmleuchte angezeigt. Audititive und visuelle Wahrnehmungskanäle werden simultan angesprochen. Das Ziel der Wahrnehmung der Alarmmeldung und des Verständnisses ihrer Bedeutung ist sicherlich wichtig, aber nur der erste Schritt – und nutzlos, wenn das kommunikative Ziel nicht ebenfalls erreicht wird: nämlich das brennende Gebäude sofort zu verlassen.

Feueralarm

In diesem sehr plakativen Fall ist das kommunikative Ziel eine einfache Handlung. Die Zielsetzung kann aber auch anderer Art sein, zum Beispiel Aufbau von Motivation im E-Learning. Die Norm sieht in der Erreichung der kommunikativen Ziele die eigentliche Kernaufgabe multimedialer Anwendungen:

Eignung für das kommunikative Ziel

»Ein Hauptzweck von Multimedia-Anwendungen ist die Übermittlung von Informationen von einem Informationsanbieter zu einem Empfänger. Eine Multimedia-Anwendung ist für kommunikative Ziele geeignet, wenn sie so gestaltet ist, dass sie sowohl den Zielen des (der) Anbieters (Anbieter) der zu übermittelnden Information, als auch dem Ziel oder der Aufgabe der Benutzer oder Empfänger dieser Information entspricht.« ([ISO 14915–1], §5.2.4)

Zitat: ISO

Um die Eignung für das kommunikative Ziel gewährleisten zu können, müssen genaue Überlegungen angestellt werden, welche Art von Information vorliegt und welche Medientypen für ihre Codierung zur Verfügung stehen. Ferner gilt es zu überlegen, ob eine Information nur in einem Medium darzustellen ist, oder ob eine Mischung mehrerer Medien nicht geeigneter ist.

7.3   Informationstypen *

**Grundlage für eine optimale mediale Umsetzung von In-
formation bildet die Art der Information. Die DIN EN ISO
14915-3 unterscheidet zwischen statisch und dynamisch
sowie zwischen physisch und begrifflich.**

Welche Information kann am besten durch welches Medium vermittelt werden? Dieser Frage geht ISO 14915-3 nach.
Sie bringt genaue Definitionen dessen, was alles unter Information verstanden werden kann bzw. welche Ausprägungen Information haben kann. Solche Ausprägungen können
beispielsweise physisch sein und ganz einfach Gegenstände der Welt bezeichnen, oder aber Information beschreibt
komplexe Verfahren wie etwa Betriebs- oder Bauanleitungen.
Hier würden weniger Gegenstände der Welt dargestellt als
vielmehr Handlungen, die an diesen Gegenständen vollzogen werden.

*Raster der
Informations-
arten*

Die Anzahl der Informationsarten variiert je nachdem wie
genau unterschieden werden soll. So beginnt die Klassifi-
kation der Informationsarten in der einfachen Unterscheidung zwischen physischer Information *(physical information)* und begrifflicher Information *(conceptual information)*.
Beide werden weiter in statisch und dynamisch unterteilt. In
dem so entstehenden 2x2-Raster siedelt die ISO 14915-3 die
möglichen Informationsarten an (Tab. 7.3-1).

	Statisch	**Dynamisch**
Physisch	▨ Zustand ▨ Beschreibend ▨ Zusammenhänge ▨ Räumlich	▨ Diskrete Aktionen ▨ Ständige Aktionen ▨ Ereignisse ▨ Verfahrensbezogen ▨ Kausal
Begrifflich	▨ Zustand ▨ Beschreibend ▨ Zusammenhänge ▨ Wert	▨ Diskrete Aktionen ▨ Ständige Aktionen ▨ Verfahrensbezogen ▨ Kausal

Tab. 7.3-1: Raster der Informationsarten.

Physische Informationen bezeichnen »Gegenstände, Mittel oder Szenen, die eine physische Existenz haben« [ISO 14915-3, §3.1.6]. Physisch-statische Informationen sind greifbar und über einen gewissen Zeitraum hinweg unverändert. Sie stellen beispielsweise einen **Zustand** dar wie ein parkendes Auto, eine schlafende Person oder einen steckengebliebenen Aufzug. In der Regel können diese Informationen auch wieder durch eine Aktion ihre Statik verlieren oder sie sind regional begrenzte »Merkmale, die für einen Teil der Welt, Gegenstände oder Mittel während eines Zeitraums konstant bleiben« [ISO 14915-3, §3.1.8].

Physisch-Statisch

Eng verbunden mit dem Zustand selbst sind **Beschreibungen** eines Zustandes wie beispielsweise die Eigenschaften des parkenden Autos oder eines anderen Gegenstandes. **Zusammenhänge** wiederum setzen Gegenstände in Beziehung zueinander. Sie verweisen auf die im parkenden Auto schlafende Person oder auf Ähnlichkeiten zwischen mehreren Automobilen. Eine **räumliche** Dimension bekommen physisch-statische Informationen zum Beispiel bei Hausentwürfen. Hierbei handelt es sich um »Information über die räumlichen Merkmale der Welt, wie die Maße von Gebäuden und Wegen, räumliche Verteilung, Lage« [ISO 14915-3, §3.1.10].

Irgendwann wird die Person im parkenden Auto aufwachen und weiterfahren. Sie startet den Wagen. Nun ist aus dem statischen Wagen ein dynamischer geworden. Die Dynamik des Startens ist nur kurz und wird daher als **diskrete Aktion** bezeichnet. Das andere Extrem sind **ständige Aktionen**, die kein erfahrbares Ende haben wie zum Beispiel der Planetenumlauf.

Physisch-Dynamisch

Aktionen gehen von der Perspektive des Akteurs aus. Von außen betrachtet sind sie eher **Ereignisse**: »Zustandsänderungen, Mitteilungen, die die Wirkung einer Aktion beschreiben oder eine wesentliche Änderung in der Welt übermitteln.« [ISO 14915-3, §3.1.5]

Vielleicht schläft die Person im parkenden Auto gar nicht, sondern hat eine **verfahrensbezogene** Information erhalten: Die Öldruckanzeige hat durch ihr Leuchten mitgeteilt, dass eine Weiterfahrt den Motor ruiniert und erst einmal Öl nachgegossen werden muss. Dazu ist es hilfreich, wenn die Person weiß wie ein Motor in etwa funktioniert. Mit dieser **kausalen** Information lässt sich die Wichtigkeit des Öldrucks besser verstehen. Die ISO 14915 beschreibt kausale Information fast schon tautologisch mit: »Beschreibung der Ursache und Wirkung eines Ereignisses, einschließlich einer Folge von Ereignissen, die die Kausalität beschreiben« [ISO 14915-3, §3.1.3].

Begrifflich-
Statisch

Anders als die physische Ausprägung bezieht sich die begriffliche nicht auf konkrete Gegenstände, sondern auf Konstrukte, die erst mit der menschlichen Sprache möglich wurden: »Tatsachen und Gegenstände, die keine physische Existenz haben.« [ISO 14915-3, §3.1.2] Ein solches Konstrukt ist der mathematische Beweis. Er beschreibt einen **Zustand**, jedoch eben keinen greifbaren, sondern einen rein intellektuellen.

Beschreibende Information bezeichnet »Eigenschaften und Merkmale, die einen Gegenstand, ein Wesen oder ein Mittel beschreiben.« [ISO 14915-3, §3.1.4] Eine begrifflich-statische **Beschreibung** schildert beispielsweise die Meinung, Einstellung oder politische Gesinnung einer Person. Auch begriffliche **Zusammenhänge** gibt es: Der Stammbaum eines Menschen mag sich zwar auf physisch greifbare Personen beziehen, der Stammbaum selbst ist allerdings wieder ein begriffliches Konstrukt, was schon allein die Verwendung der Metapher Baum zum Ausdruck bringt. Schließlich gelten **Werte** als begrifflich-statisch. Werte sind »Quantitative Informationen, die die Merkmale eines Gegenstandes beschreiben.« [ISO 14915-3, §3.1.9] Größe oder Gewicht sind klassische Werteinformationen. Primzahlen etwa sind klar definiert, physisch nicht greifbar und unveränderlich.

Begrifflich-
Dynamisch

Die letzte Gruppe schließlich beinhaltet begrifflich-dynamische Informationen. Ein Beispiel für eine **diskrete Aktion** ist die Meinungsbildung und die mit ihr verbundene Wahl zwischen Zustimmung und Ablehnung eines Sachverhaltes. Eine **ständige Aktion** ist z. B. das täglich Brot der Mathematiklehrer: die Überwachung einer Problemlösung. Stellen sie einen Fehler in den Berechnungen ihrer Schüler fest, spricht man von **verfahrensbezogener Information**. Das Erklären des Konzepts der Gravitation wiederum gilt als **kausale** begrifflich-dynamische Information.

7.4 Medientypen *

Neben dem Informationstyp steht die Art des wählbaren Mediums. Die DIN EN ISO 14915-3 unterscheidet Standbild, bewegtes Bild und Ton sowie zwischen realistisch, nichtrealistisch und sprachbasiert.

Ähnlich wird bei der Einteilung der Medienarten vorgegangen. Hier wird zunächst in realistisch und nichtrealistisch unterschieden. Ferner erfolgt eine Unterteilung in Standbild, bewegtes Bild und Ton. Seltsamerweise schlägt die ISO 14915-3 vor, sprachbasierte Medien als Untergruppe der nichtrealistischen Medien zu führen. Weshalb die Tonbandaufnahme gesprochener Sprache aber als nichtrealistisch eingestuft wird, scheint verwirrend und wird auch in der Norm nicht weiter erklärt. In Tab. 7.4-1 wird gesprochene Sprache daher gesondert behandelt:

Raster der Medientypen

	Standbild	**Bewegtbild**	**Ton**
Realistisch	Fotografie	Film	Natürliche Aufnahme
Nicht Realistisch	Diagramm, Skizze	Cartoon, Animation	Synthetische Aufnahme
Sprachbasiert	Text, Formalsprache	Text, Formalsprache	Gesprochene Sprache

Tab. 7.4-1: Kategorisierung von Medientypen nach ISO 14915.

Diese Kategorisierung ist weitgehend selbsterklärend. Daher soll hier nur auf wenige Punkte eingegangen werden, die missverständlich sein können.

Die Unterscheidung realistisch und nichtrealistisch ist wörtlich zu nehmen. Nichtrealistisch bedeutet nicht etwa *un*realistisch. Vielmehr bedeutet nichtrealistisch, dass keine Aufnahmen von Bild und Ton im Sinne einer Digitalisierung vorgenommen werden, sondern die Darstellung von Anfang an künstlich ist. Das hat beispielsweise Implikationen für die in diesem Buch gelehrte Verarbeitung. Realistische Aufnahmen werden mit Photoshop, Premiere oder Soundbooth verarbeitet, nichtrealistische mit Flash oder VRML.

Nichtrealistisch

Ton

Ein realistischer Ton beispielsweise wird über ein Mikrophon aufgenommen und nach der Digitalisierung weiterverarbeitet. Ein nichtrealistischer Ton wird synthetisch erstellt über einen Synthesizer. Der Synthesizer kennt die Wellenform, die ein bestimmter Ton gespielt auf einem bestimmten Instrument besitzt und bildet sie nach. Es geht bei der Begrifflichkeit allerdings allein um den Prozess der Generierung. Es hat nichts damit zu tun, das der Ton eines sehr guten Synthesizers hinterher realistisch, also wie das Originalinstrument, klingt.

Sprachbasiert

Sprachbasierte Medien werden in Text bzw. Formalsprache und gesprochene Aufnahme differenziert. Die Zuordnung der gesprochenen Sprache zum Ton ist plausibel. Die Zuordnung der textlichen Variante zu Standbild und bewegtes Bild lässt sich nachvollziehen, wenn man an den Titel eines Filmes denkt, der in der Regel statisch ist, und ihn mit dem Abspann vergleicht, der sich auf dem Bildschirm nach oben bewegt. Zusätzlich wird hier zwischen natürlichsprachigem Text und seinem fomalsprachigen Pendant unterschieden.

7.5 Mediale Darstellung von Information **

Die genaue Einteilung von Medientypen und Informationstypen erlaubt einen Abgleich der Kombinationsmöglichkeiten. Dabei sind nicht alle Kombinationen sinnvoll, sondern müssen wohlüberlegt gewählt werden.

Kombinationen

Nachdem nun die unterschiedlichen Informationstypen und Medientypen herausgearbeitet wurden, können diese nun vielfältig miteinander kombiniert werden – jedoch nicht beliebig: Nicht jede Medienart eignet sich auch wirklich gut für jede Informationsart. Tab. 7.5-1 zeigt, welche Kombinationsmöglichkeiten von der ISO 14915–3 empfohlen werden.

Die Tabelle vereinfacht die Typisierung wo es Sinn macht. So unterscheidet sie nicht mehr zwischen realistischem und nichtrealistischem bewegtem Bild. Die Facetten des Tons sind auf gesprochene Sprache und Geräusche – synthetisch oder natürlich – reduziert. Auch die Unterscheidung Text zu Formalsprache ist nicht mehr gemacht. Ähnlich wird auch die Auswahl der Informationstypen reduziert.

Informationsart / Zielmedium	Nicht-realistisches Standbild	Realistisches Standbild	Bewegte Bilder	Text	Ton: Sprache	Ton: Geräusch
Physische Information	+	++	+	+	+	
Begriffliche Information	++	+		++	++	
Beschreibende Information		++	+	++	++	
Zusammenhänge	++					
Zustandsinformation	++	++		++	++	
Räumliche Information	++	++	+			
Wertinformation				++		
Information zu diskreten Aktionen		++				
Verfahrensorientierte Information	$++^3$	$++^3$		$++^3$		
Information zu ständigen Aktionen			++			
Ereignisinformation	$+^1$	$+^1$			++	++
Kausale Information	$++^2$	$++^2$	$++^2$	$++^2$	$++^2$	

Tab. 7.5-1: Kombination von Informations- und Medienarten. Legende: von ISO 14915–3 §6.3 in erster Linie (++) und in zweiter Linie (+) empfohlen. Anmerkungen: 1.: nur in Folge oder Zusammenhang mit Ton; 2.: evtl. in Bild-Sprache Kombination; 3.: Bild mit Textunterschrift.

Im Folgenden wird auf die Medienauswahl in Bezug zu den einzelnen Informationsarten eingegangen. Die zentrale Unterscheidung für die mediale Darstellung ist die Frage, ob physische oder begriffliche Information dargestellt werden soll. Anschließend werden noch besondere Merkmale bestimmter Informationstypen erläutert.

Physische Information

Für die Darstellung physischer Information eignen sich prinzipiell alle Medientypen außer Geräusche. Vor allem Standbild und bewegtes Bild sind dabei geeignet:

Zitat ISO   »Für physische Informationen sollten realistische Standbilder oder bewegte Bilder ausgewählt werden, außer der Benutzer oder die Aufgabenmerkmale heben diese Wahl auf.« [ISO 14915-3, §6.3.1]

Standbild   Die Vorteile von realistischem und nichtrealistischem Standbild sind aus Abb. 7.5-1 leicht zu ersehen. Das realistische Standbild vermittelt Atmosphäre, der Rezipient bekommt ein Gefühl für das Wohnhaus vermittelt. Das nichtrealistische Standbild kann kaum Gefühle vermitteln. Es eignet sich aber gut für nüchterne Betrachtungen, ob zum Beispiel genügend Platz für alle Möbel und Familienmitglieder vorhanden ist.

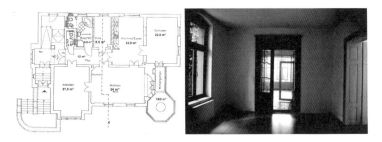

Abb. 7.5-1: Haus: Grundriss und Fotografie im Vergleich.

Bewegtes Bild   Bewegte Bilder kommen dort zum Einsatz, wo die Bewegung ein entscheidendes Kriterium ist, wie zum Beispiel der Flügelschlag von Vögeln und Insekten. Problematisch ist, dass sich die Beispiele für diesen Bereich in der Regel auch unter Aktionen einordnen lassen.

Text, Ton   Text und Ton können als sprachliche Anmerkungen zum Bild oder Video verwendet werden, um beispielsweise auf Detailinformationen aufmerksam zu machen oder im Bild dargestellte Objekte zu benennen. Eine vollständige Beschreibung als Text ist hingegen nicht sinnvoll, es sei denn der Anwender wünscht dies ausdrücklich, da er beispielsweise blind ist.

Ein schönes Beispiel für eine gelungene Informationsge- **Integration**
staltung ist die Übersichtsdarstellung zu dem umstrittenen
Bahnprojekt Stuttgart 21 auf SPIEGEL ONLINE in Abb. 7.5-2.
Hier zeigt ein Foto den physischen Istzustand des Stuttgar-
ter Bahnhofs. Die darübergelegte Grafik markiert die geplan-
ten Umbaumaßnahmen, und der eingeblendete Text erläutert beides.

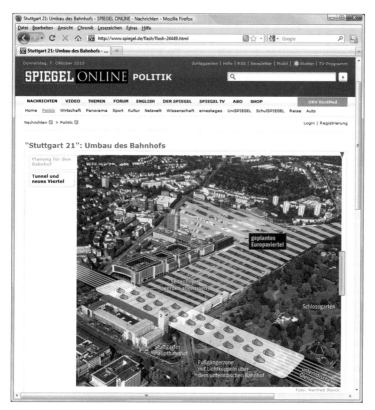

Abb. 7.5-2: Beispiel für eine gelungene Informationsgestaltung: Übersichtsdarstellung zu dem umstrittenen Bahnprojekt Stuttgart 21 auf SPIEGEL
ONLINE: www.spiegel.de/flash/flash-24449.html.

Begriffliche Information

Während für die Darstellung physischer Information vor allem realistische Bilder empfohlen werden, sieht es bei der
begrifflichen Information ganz anders aus: Hier spielen rea-

listische Bilder nur eine untergeordnete Rolle. Die Empfehlung hingegen geht in Richtung nichtrealistische Bilder oder Text bzw. Sprache.

Zitat ISO »Es sollten für die begriffliche Information auf der Sprache basierende Medien (Text, Sprache) und/oder nichtrealistische Bildmedien verwendet werden.« [ISO 14915-3, §6.3.2]

Wahlmodell Ein Beispiel für die Kraft der Worte bei begrifflichen Informationen bietet die Darstellung eines Wahlmodells in Abb. 7.5-3. Gezeigt ist ein sozialwissenschaftliches Modell, das die Faktoren definiert, die zu einem individuellen Wahlverhalten bei politischen Wahlen führen. Anhand dieser Faktoren lassen sich Wählergruppen einteilen: Hier gibt es Gruppierungen in der Einstellung und in der Umwelt, die offensichtlich zu einer Parteienpräferenz führen.

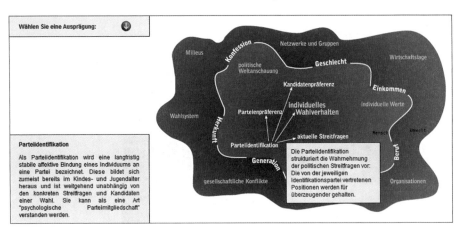

Abb. 7.5-3: Beispiel für die mediale Darstellung begrifflicher Information: Sozialwissenschaftliches Modell mit den Faktoren, die zu einem individuellen Wahlverhalten führen.

Das gezeigte Wahlmodell entstand in der Diskussion zwischen Sozialwissenschaftlern, Gestaltern und Softwareergonomen. Es gestaltete sich dabei als äußerst schwierig, die von den Sozialwissenschaftlern definierten Begriffe und ihre Wirkungsweisen in einer Grafik darzustellen. Tatsächlich ist der grafische Teil sehr zurückhaltend gestaltet und dient eigentlich nur der Positionierung der Begriffe. Diese wiederum sind Einstiegspunkte für weitere – textliche – Informationen.

Auch wenn realistische Bilder kaum Begriffliches transportieren können, so haben sich doch einige Bilder im Laufe
der Zeit fast schon zu Synonymen entwickelt. Das Bild »La
liberté guidant le peuple« (Die Freiheit führt das Volk) von
Eugène Delacroix beispielsweise ist inzwischen sooft in Bü-
chern und Zeitschriften zum Thema Aufstand und Revolu-
tion gezeigt worden, dass es längst synonym für den Aufstand also solchen steht und nicht mehr nur für die eigentlich dargestellte Julirevolution von 1830. Auch im Web finden sich viele Tausend Kopien des Werkes wie die Google-
Recherche in Abb. 7.5-4 verdeutlicht.

Realistische
Bilder

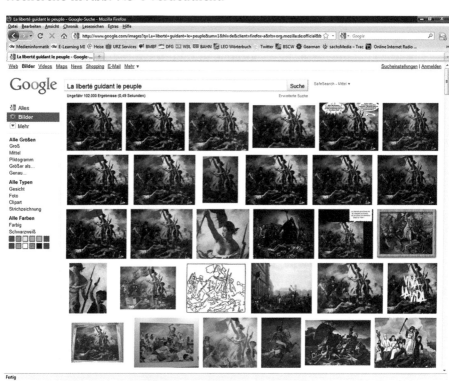

Abb. 7.5-4: Beispiel für ein realistisches Bild, das auch Begriffliches transportieren kann: Webrecherche nach »La liberté guidant le peuple« (Die Freiheit führt das Volk) von Eugène Delacroix (1830).

Eine solche Verbegrifflichung eines Bildes kann man immer
schnell erkennen, wenn die dargestellten Gegenstände auch

in Cartoons oder Karikaturen Verwendung finden. Beispiele sind die Freiheitsstatue für den Begriff der Freiheit, die Brennenden Türme von New York für den Terrorismus, die Titanic für ein Ende mit Schrecken oder die weiße Taube für den Frieden.

Spezielle Statische Informationstypen

Neben diesen generellen Aspekten zu physischen und begrifflichen Informationen bietet die ISO-Norm noch Empfehlungen zu spezielleren Informationstypen. Im Folgenden wird zunächst auf die statischen Informationstypen eingegangen.

Beschreibende Information

Für Beschreibungen statischer Information werden in erster Linie Text, bzw. Sprache und Bildmaterial empfohlen. Dabei sieht die ISO-Norm auch eine Kombination beider Medientypen vor:

Zitat ISO

»Es sollten für die beschreibende Information auf der Sprache basierende Medien (Text, Sprache) und/oder realistische Bildmedien verwendet werden.« [ISO 14915–3, §6.3.3]

Zusammenhänge

Nichtrealistische Standbilder sind für die Darstellung von Zusammenhängen empfehlenswert. Insbesondere Diagramme sind geeignet, um Zusammenhänge zu verdeutlichen:

Zitat ISO

»Es sollte ein nichtrealistisches Bild (z. B. Diagramme, grafische Darstellungen, Schaubilder) gewählt werden, um Zusammenhänge innerhalb und zwischen Wertgruppen oder zwischen Begriffen darzustellen.« [ISO 14915–3, §6.3.6]

Doch Diagramme sind auch mit Vorsicht zu genießen. Für sie gilt ähnliches wie für Statistiken: Sie sind sehr leicht manipulativ einsetzbar. Abb. 7.5-5 zeigt anhand der Entwicklung des deutschen Aktienindexes DAX Anfang 2010 wie einfach unterschiedliche Aussagen mit den gleichen Daten vorgenommen werden können.

Manipulation

Links sehen Sie den Verlauf des DAX vom 1. Februar bis zum 1. April. Er steigt stark nach oben – eine Darstellung die Aktienbesitzer euphorisch macht. Beachten Sie, dass die Beschriftung der Y-Achse bei 5.000 beginnt: Es handelt sich lediglich um einen Ausschnitt. Tatsächlich spiegelt der DAX ja den wirtschaftlichen Verlauf der 30 größten und umsatzstärksten Firmen wieder, die an der Frankfurter Börse no-

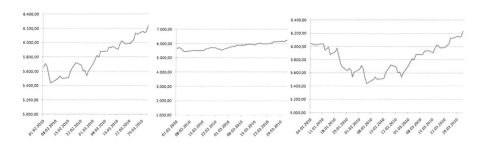

Abb. 7.5-5: Beispiel für einfache visuelle Manipulation durch grafische Darstellungen.

tiert sind. Bei seiner Einführung wurde er auf 1.000 Punkte festgesetzt. In der mittleren Abbildung beginnt die Y-Achse bei 1.000 und die Steigerung ist weit weniger spektakulär. Die rechte Abbildung schließlich beginnt einen Monat vorher und zeigt, dass die enorme Steigerung eigentlich nur die Rückkehr auf ein vorher bereits erreichtes Niveau ist.

Beobachten Sie einmal Zeitungen und Zeitschriften. Kaum ein Diagramm zeigt die vollständige Skala. Meist werden die Ausschnitte so gewählt, dass Aussagen im Begleittext visuell unterstützt werden. Dabei ist wichtig zu wissen, dass der Mensch äußerst stark auf die suggestive Kraft visueller Darstellungen anspricht.

Tipp

Für Zustandsinformationen werden in erster Linie Standbild oder sprachbasierte Medien empfohlen: Konkrete Zustände wie das Wetter werden am besten durch Fotografie verdeutlicht, abstrakte Zustände wie Überzeugungen einer Person durch Text.

Zustands-information

»Für Zustände sollten Standbild- oder linguistische Medien verwendet werden.« [ISO 14915-3, §6.3.10]

Zitat ISO

Eine Besonderheit bilden sich ändernde Zustände. Hier kann eine Animation oder auch eine Standbildserie bei der Beschreibung helfen.

Während beschreibende Information, Zusammenhänge und Zustände gleichermaßen physische wie begriffliche Ausprägung haben können, ist die räumliche Information klar physisch-orientiert. Sie wird am besten durch Standbilder dargestellt

Räumliche Information

»Für räumliche Informationen sollten realistische und/oder nichtrealistische Standbilder verwendet werden.« [ISO 14915-3, §6.3.4]

Das Buchungssystem des Reiseportals Opodo beispielsweise erlaubt die Buchung eines Sitzplatzes über eine räumliche Darstellung, die zeigt, welche Sitzplätze frei sind und welche belegt. In Abb. 7.5-6 wurde der orange markierte Sitz 48F für Herrn Sieben Schläfer reserviert. Gut zu erkennen sind die bereits belegten Sitze 45F und 44E. Die übrigen Sitze sind noch frei. Beachten Sie die vielleicht zu zaghaft angedeuteten Flügel neben den Reihen 40 bis 45.

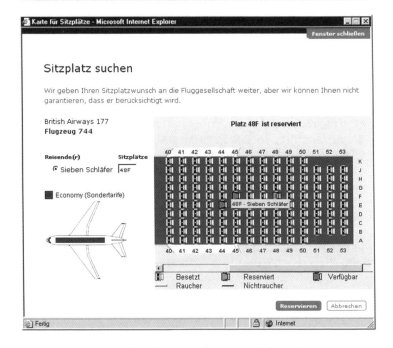

Abb. 7.5-6: Beispiel für die Darstellung räumlicher Information: Das Buchungssystem des Reiseportals Opodo erlaubt die Buchung eines Sitzplatzes über eine räumliche Darstellung, die freie und belegte Sitzplätze anzeigt.

Abb. 7.5-6 zeigt auch ein generelles Problem von Visualisierungen: Die vergleichsweise konkrete Darstellung der einzelnen Sitze beansprucht sehr viel Platz, so dass nicht der gesamte Flugzeuginnenraum dargestellt werden kann. Bei grafischen Darstellungen ist immer die Frage zu klären, wie konkret und damit platzaufwändig oder abstrahierend und damit platzsparend eine Visualisierung sein darf.

Im Gegensatz zur räumlichen Information sind Werte rein begrifflich. Die Darstellung einzelner Werte ist ausschließlich als Text sinnvoll. Eine Ausnahme bilden Werte, die zueinander in Zusammenhang gestellt werden. Hier ist eine grafische Darstellung besser geeignet, sollte aber nach Möglichkeit die tatsächlich dahinterstehenden Werte mit zeigen: **Wertinformation**

»Es sollten für numerische Werte und quantitative Informationen auf der Sprache basierende Medien (numerischer Text, Tabellen) gewählt werden.« [ISO 14915–3, §6.3.5] **Zitat ISO**

Spezielle dynamische Informationstypen

Neben besonderen Empfehlungen zu einzelnen statischen Informationstypen sieht die ISO 14915–3 noch zusätzliche Empfehlungen für einige dynamische Informationstypen vor.

Sowohl physisch als auch begrifflich können dynamische Informationen in Form diskreter Aktionen sein. Sie umfassen eine konkrete und kurze Tätigkeit, wie beispielsweise das Einschalten eines Computers: **Diskrete Aktionen**

»Für eine diskrete Aktion sollten Medien mit realistischen Standbildern ausgewählt werden.« [ISO 14915–3, §6.3.7] **Zitat ISO**

Zur Darstellung einer diskreten Aktion empfiehlt die ISO-Norm realistische Standbilder. Dabei muss aber beachtet werden, dass eine Fotografie immer sehr konkrete Informationen liefert. Eine Fotografie beispielsweise, die das Einschalten eines Computers zeigt, ist nur dann das bevorzugte Medium, wenn ihre Qualität hoch ist, und der gezeigte Einschaltknopf für den Betrachter auch als solcher gut zu identifizieren ist.

Sind mehrere diskrete Aktionen nacheinander notwendig, so wird ein Verfahren beschrieben. Auch hier sind realistische Standbilder sehr gut geeignet. Sie zeigen jede einzelne diskrete Aktion, die zu einem Verfahren gehört. **Verfahrensorientierte Information**

ISO

»Für dieverfahrensorientierte Information sollte eine Serie von Bildern mit Textunterschriften gewählt werden.« [ISO 14915-3, §6.4.2]

Nicht-realistische Bilder

In der Praxis werden Sie aber oftmals nichtrealistische Bilder, vor allem in Form von Skizzen finden. Bekannte Beispiele sind Fluchtpläne in Flugzeugen oder die Baupläne von Lego oder IKEA-Möbeln. Interessant an diesen Beispielen ist, dass sie ohne Text auskommen, denn alle drei Pläne sind für ein internationales Publikum und müssen daher sprachunabhängig sein. Zusätzlich müssen sie auch den Sehgewohnheiten und Besonderheiten verschiedenster Kulturen genügen.

Information zu ständigen Aktionen

Ständige Aktionen sind nicht in einfache Schritte zu unterteilen. Sie beziehen sich auf kontinuierliche Veränderungen.

Beispiel: Reiten

Ein Beispiel dafür ist das Reiten: Der Reiter muss im Trab oder Galopp einem bestimmten Bewegungsablauf folgen, den Anfänger zunächst erlernen müssen. Eine Reihe von Standbildern ist da suboptimal. Besser geeignet ist ein Video, das einen Reiter in Aktion zeigt.

Zitat ISO

»Für komplexe und ständige Aktionen sollten Medien mit bewegten Bildern verwendet werden.« [ISO 14915-3, §6.3.8]

Es gibt zwei Möglichkeiten, die Darstellung zu optimieren. Durch den bewussten Einsatz von Zeitlupe oder sogar Standbildern können in Videosequenzen spezielle Abschnitte betont werden. Hier erkennt der Zuschauer leicht, wo die kritischen Punkte im Bewegungsablauf sind. Daneben kann natürlich der Griff zu Animationen eine Reduzierung auf das Wesentliche bewirken.

Beispiel: Ereignis-information

Ein klassisches Ereignis ist der Feueralarm. Hier geht es darum, schnell die Aufmerksamkeit der Betroffenen zu erregen, egal in welcher Situation sie sich gerade befinden. Da hilft es natürlich wenig, wenn am Bildschirm wie bei eintreffenden E-Mails ein kleines Fensterchen erscheint: »Sie haben Feueralarm!«

Zitat ISO

»Für die Angabe von Informationen zu bedeutenden Ereignissen und das Erteilen von Warnungen sollten auf der Sprache basierende Medien, z. B. Sprache oder Tonklänge ver-

wendet werden, um den Benutzer aufmerksam zu machen.«
[ISO 14915-3, §6.3.9]

Visuelle Präsentationen können Aufmerksamkeit zwar sehr
gut binden, allerdings nur schlecht auf sich ziehen. Selbst
wenn der gesamte Bildschirm am Arbeitsplatz auf einmal
rot eingefärbt wird, nutzt das wenig, wenn der Benutzer
ihm gerade den Rücken zuwendet, weil er beim Telefonie-
ren aus dem Fenster schaut. Die roten Alarmleuchten sind
hier schon besser geeignet, da sie den gesamten Raum in
rotes Licht tauchen. Man kann sich ihnen also nur schwer
entziehen – jedenfalls solange man wach ist.

Medien-kombination

Das Ohr steht immer auf Empfang, egal aus welcher Richtung der Alarm kommt. Daher ist eine auditive Benachrichti-
gung am sinnvollsten. Wenn es sich nicht gerade um eine le-
bensbedrohliche Situation handelt, kann die Erklärung dann
als Text oder auch Bild folgen.

Für die Darstellung kausaler Information sieht die ISO
14915-3 das gesamte mediale Spektrum vor. Dabei sieht sie
die Hauptaufgabe in Bildmedien. Diese werden durch die
Sprachmedien erklärt und angereichert.

Kausale Information

Ein Beispiel kennen Sie aus dem Biologieunterricht in der
Schule: der Blutkreislauf. Hier wird ein schematisierter
Kreislauf gezeigt, dessen Fließrichtung mit Pfeilen und
der Sauerstoffgehalt mit roter und blauer Farbe angedeu-
tet werden. Zum Verständnis der Abbildung wird ein erklärender Text beigestellt.

Beispiel: Blutkreislauf

»Um die Kausalität zu erklären, sollten Medien mit Standbildern oder bewegten Bildern verwendet und, wenn es für
den Zusammenhang geeignet ist, mit auf der Sprache basierende Medien kombiniert werden.« [ISO 14915-3, §6.4.1]

Zitat ISO

Aus den Beispielen können Sie erkennen, dass es nicht
so einfach ist, Informationen optimal medial darzustellen.
Oftmals geht es sogar gar nicht anders, als dass Sie eine Mischung aus verschiedenen Medien bilden, um das gewünschte Ergebnis zu erreichen.

Fazit

7.6   Richtlinien medialer Mischung **

Häufig wird die Kombination mehrerer Medien die beste Möglichkeit sein, um Informationen optimal zu vermitteln. Hier entstehen allerdings neue Fallstricke, da die Kombination von Medien nicht per se einen Vorteil bringen muss. Die ISO 94159-3 gibt hier eine Reihe von Empfehlungen.

Um komplexe Information medial aufzubereiten, ist es oft notwendig, mehrere Medien miteinander zu kombinieren. Die Schwierigkeit besteht dabei in der geeigneten Wahl der Kombination. Unter dem Motto »Viel hilft viel« existieren mitunter extreme Auswüchse im Einsatz von Medien, welche die eigentliche Intention völlig konterkarieren, denn: weniger ist auch hier mehr. In [ISO 14915–3, §5] werden folgende Richtlinien zur Medienkombination aufgeführt:

- Unterstützung von Benutzeraufgaben
- Unterstützung der Kommunikationsziele
- Verwendung medialer Redundanz bei kritischen Informationen
- Sicherstellung der Vereinbarkeit mit dem Verständnis des Benutzers
- Für die Eigenschaften des Benutzers geeignete Medienauswahl.
- Unterstützung der Vorliebe des Benutzers
- Berücksichtigung des Verwendungszusammenhangs
- Vermeidung von semantischen Widersprüchen
- Kombinieren von Medien für unterschiedliche Gesichtspunkte
- Wählen von Medienkombinationen zur detaillierten Darstellung von Informationen
- Vermeidung eines Informationsüberangebots
- Gestaltung hinsichtlich der Einfachheit
- Verwendung von statischen Medien für wichtige Nachrichten
- Schutz gegen Degradierung
- Vorausschauende Medienauswahl

Auf sie wird im Folgenden näher eingegangen.

Benutzer-
aufgaben

Ähnlich der ISO 9241–10, die Aufgabenangemessenheit als umfassenden Gestaltungsgrundsatz sieht, steht auch hier die Unterstützung der Benutzeraufgaben im Vordergrund:

»Medien sollten so ausgewählt und kombiniert werden, dass sie die Aufgaben des Benutzers unterstützen.« [ISO 14915-3, §5.2]

Zitat ISO

So kann zum Beispiel ein beschreibender Text neben einer Grafik des menschlichen Herzens stehen und die grundlegenden Funktionen erklären, wobei er sich dabei auf Hervorhebungen in der Grafik bezieht.

Die Unterstützung der Kommunikationsziele erfolgt zunächst durch die geeignete Auswahl der einzelnen Medien:

Kommunikationsziele

»Medien sollten so ausgewählt werden, dass sie das Kommunikationsziel in der Anwendung erreichen.« [ISO 14915-3, §5.3]

Zitat ISO

Um in einem sicherheitsrelevanten Bereich, wie beispielsweise in einem Atomkraftwerk, einen Alarm zu äußern, sollten entsprechende Töne verwendet werden, um die Aufmerksamkeit unverzüglich auf das Ereignis zu lenken. Zusätzlich kann ein erklärender Text oder eine Sprachausgabe das aufgetretene Problem definieren.

Noch besser werden in bedrohlichen Situationen nicht nur entsprechende Töne, sondern auch optische Reize, wie rotes Blinken, verwendet. Die Verwendung solcher medialer Redundanz bei kritischen Informationen erhöht die Aufmerksamkeit der Beteiligten.

Redundanz

»Falls kritische Informationen angegeben werden müssen, sollte dasselbe Thema mit zwei oder mehr Medien dargestellt werden.« [ISO 14915-3, §5.8]

Zitat ISO

Die Sicherstellung der Vereinbarkeit mit dem Verständnis des Benutzers bezieht sich auf das Vorwissen sowie die kognitiven Fähigkeiten des Benutzers. In beiden Fällen muss klar definiert sein, was dem Anwender zumutbar ist, und was ihn überfordert. Dabei können auch komplexe Inhalte in grafischen Darstellungen so abstrahiert und vereinfacht werden, dass sie für den Nutzer verständlich werden oder ihm zumindest ein laienhaftes Verständnis vermitteln.

Verständnis des Benutzers

»Medien sollten so ausgewählt werden, dass der Inhalt in einer Weise übermittelt wird, dass er mit den vorhandenen Kenntnissen des Benutzers vereinbar ist.« [ISO 14915-3, §5.4]

Zitat ISO

Die Vermittlung moderner Theorien zu Urknallforschung stößt bei Laien zwar auf großes Interesse, aber auch auf große Verständnisschwierigkeiten. Die Übertragung in eine anschauliche Grafik kann die grundlegenden Ideen besser vermitteln.

Ziel ist dabei nicht, möglichst einfache Darstellungen zu wählen, sondern vielmehr genau auf die Anwenderbedürfnisse zugeschnittene. So kann die Funktionsweise eines Motors Laien am besten mit einem einfachen Modell erklärt werden. Professionelle Automobilkonstrukteure benötigen aber ein viel tieferes Verständnis und greifen daher lieber auf Konstruktionszeichnungen und Blaupausen zu.

Kulturelle Unterschiede Bei vielen bildlichen Medien sind zudem kulturelle Vorkenntnisse notwendig. Wenn Sie Multimediaapplikationen für den internationalen Markt konzipieren, müssen Sie darauf achten. Abb. 7.6-1 beispielsweise zeigt ein österreichisches Straßenschild für einen sogenannten *Shared Space*, ein modernes Verkehrskonzept für Städte, in dem Autos, Fahrräder und Fußgänger den gleichen Raum benutzen und so mehr Rücksicht nehmen müssen. Dieses Schild funktioniert nur, wenn den Betrachtern das Konzept des *Shared Space* bekannt ist. Ansonsten kann es auch zu peinlichen Missverständnissen führen.

Nutzereigenschaften Die Medienauswahl muss sich an den Eigenschaften des Benutzers orientieren. Dabei handelt es sich um eine Forderung, die vieles von dem hier Gesagten wieder zunichtemacht – dann nämlich, wenn die Benutzer blind sind. In Deutschland gibt es keine verlässliche Angabe über die Anzahl sehbehinderter Menschen. Schätzungen geben zwischen 600.000 und 1,2 Millionen an. Wenn Sie Websites für den öffentlichen Dienst gestalten, sind Sie seit 2002 durch die »Verordnung zur Schaffung barrierefreier Informationstechnik nach dem Behindertengleichstellungsgesetz (Barrierefreie Informationstechnik-Verordnung-BITV)« dazu verpflichtet, auf die speziellen Bedürfnisse Behinderter Rücksicht zu nehmen.

Zitat ISO »Die Eigenschaften des als Benutzer zutreffenden Bevölkerungsteils sollten bei der Medienauswahl berücksichtigt werden.« [ISO 14915-3, §5.5]

Abb. 7.6-1: Beispiel für ein kulturell nicht eindeutiges Bild.

Grundsätzlich werden Bildmedien mit alternativem Text oder alternativer Sprachbeschreibung versehen, um sie Sehbehinderten zugänglich zu machen. Lange galt deshalb auch Flash als behindertenunfreundlich, da es keine Möglichkeit gab, die Animationen in verbalisierter Form bereit zu halten. Inzwischen ist diese Möglichkeit allerdings realisiert.

Die Unterstützung der Vorliebe des Benutzers erinnert an die Forderung nach Individualisierbarkeit aus der ISO 9241–10. Tatsächlich gibt es in der Medienaffinität unterschiedliche Nutzer. Gerade Ältere z. B. bevorzugen nach Möglichkeit Texte, während Jüngere gezielt Schaubilder ansteuern. *Benutzervorliebe*

»Falls es für die Aufgabe geeignet ist, sollte es dem Benutzer gestattet sein, ein Vorzugsmedium zu wählen oder bestimmte Medien zu unterdrücken.« [ISO 14915–3, §5.6] *Zitat ISO*

In der Regel wird zwischen drei Nutzergruppen unterschieden: **Anfänger** haben geringe Erfahrungen mit dem Rechner und wissen wenig über die Technik. **Versierte Nutzer** haben bereits reichlich Erfahrung gesammelt und können mit Software weitgehend problemlos umgehen. **Experten** wiederum wissen auch sehr genau, was sich hinter der Benut- *Nutzergruppen* zungsoberfläche abspielt und haben so einen tiefen Einblick ins System.

Nutzer-
charakteristik

Diese Einteilung ist noch sehr grob und gibt auch nur die Fertigkeiten der Anwender in Bezug zu Computersystemen wieder. Üblicherweise werden daher weitere Parameter verwendet um die Nutzer zu charakterisieren:

- **Häufigkeit der Nutzung eines Computers**: Wird der Rechner einmal am Wochenende eingeschaltet oder jeden Tag im Büro?
- **Notwendigkeit der Nutzung**: Wird das System freiwillig benutzt oder ist es verpflichtend?
- **Vertrautheit**: Wie vertraut ist ein Anwender mit dem Computer?
- **Systemkenntnis**: Besitzt der Anwender Kenntnisse über interne Vorgänge des Rechners?
- **Domänenkenntnis**: Wie gut kennt der Anwender die Anwendungsdomäne?
- **Bildung**: Über welches Bildungsniveau verfügt der Anwender?
- **Physische Fähigkeiten**: Über welche physischen Fähigkeiten verfügt der Anwender?

Aus diesen Parametern können gezielt Nutzergruppen zusammengestellt werden, für die ein System konzipiert wird. Ein Online-Shopping-System ist beispielsweise für die breite Bevölkerung angelegt, sollte daher auch Anfänger mit geringer System- und Domänenkenntnis und geringen weiteren Fähigkeiten berücksichtigen, ohne aber dabei Experten mit hohen Fähigkeiten zu verprellen. Eine ziemliche Herausforderung, will man es richtig machen. Einfach ist es da bei den Angestellten eines Atomkraftwerks: sie sind Experten, haben hohe Kenntnisse über Computersysteme und die Domäne, in der sie arbeiten – hoffentlich.

Verwendungs-
zusammenhang

Aber nicht nur den Anwender und seine Eigenarten und Vorlieben und die Aufgabe gilt es bei der Konzeption zu berücksichtigen, sondern auch den generellen Verwendungszusammenhang: Eine Audioausgabe des Kontostands wird beim Kunden an einem Geldautomaten in der Regel auf wenig Gegenliebe stoßen. Auf dem Heimcomputer eines Sehbehinderten wiederum macht sie durchaus Sinn.

»Auswahl und Kombination von Medien sollten für den Verwendungszusammenhang geeignet sein.« [ISO 14915-3, §5.7]

Zitat ISO

Die Forderung nach der Vermeidung von semantischen Widersprüchen scheint trivial, sollte es doch eine Selbstverständlichkeit sein, dass der Sprecher zu einem Video nicht »Links« sagt, wenn im Video etwas Wichtiges rechts passiert. Ähnliche Widerspruchsfreiheit darf man auch erwarten, wenn nur ein Medium genutzt wird.

Semantische Widersprüche

»Die Darstellung von widersprüchlichen Informationen sollte in jeder Kombination von Medien vermieden werden.« [ISO 14915-3, §5.9]

Zitat ISO

Widersprüchlich ist dabei nicht ganz korrekt. In der englischen Fassung ist denn auch nicht von »widersprüchlich«, sondern von »conflicting« die Rede. In Konflikt geraten können aber auch Informationen, die nicht unbedingt widersprüchlich zueinander sind, sondern die auch eigentlich gar nichts miteinander zu tun haben. Angenommen Sie lesen gerade ein Sachbuch und hören gleichzeitig ein Hörspiel im Radio. Nur weil Sie zwei Informationsquellen mit unterschiedlichen Medien auf unterschiedlichen Wahrnehmungskanälen (Ohr und Auge) wahrnehmen, hat sich Ihre Aufnahmefähigkeit nicht auch verdoppelt, sondern im Gegenteil wahrscheinlich sogar stark reduziert.

Man kann dieses Spiel noch weiter treiben: Auch der Versuch, über Kopfhörer mit dem linken Ohr ein Hörspiel und mit dem rechten Ohr einen Vortrag zu hören, wird scheitern. Mehrere dynamische Medien wie Audio oder Video gleichzeitig abzuspielen ist nur dann sinnvoll, wenn beide aufeinander abgestimmt, also konfliktfrei sind.

Widersprüchliche Wahrnehmungskanäle

»Derselbe Wahrnehmungskanal (z. B. Hören oder Sehen) sollte nicht für gleichzeitig dargebotene dynamische Medien verwendet werden.« [ISO 14915-3, §5.10]

Zitat ISO

Verschiedene Medien sollen sich, was die Aufnahme durch den Anwender angeht, ergänzen. So kann man ein Bild betrachten und dazu Erklärungen hören. Zwei Bilder gleichzeitig zu betrachten ist schon mit erhöhter kognitiver Belastung verbunden, und zwei Erklärungen gleichzeitig zu hören dürfte über die Fähigkeit der meisten Anwender gehen.

Unterschiedliche Gesichtspunkte

Wenn sich Medien aber ergänzen, so können sie hervorragend unterschiedliche Gesichtspunkte auf ein Thema beleuchten, ohne den Rezipienten zu überfordern. Dabei ist aber wichtig, dass sie ein gemeinsames Leitmotiv haben. So kann zum Beispiel der Ablauf eines Flugzeugabsturzes als Animation gestaltet werden, zu der die Aufnahmen des Voicerecorders abgespielt werden. Hier ergänzen sich Außen- und Innenperspektive.

Zitat ISO

»Wo immer es für die Aufgabe geeignet ist, sollten unterschiedliche Ansichten zum selben Thema durch Medienkombinationen bereitgestellt werden.« [ISO 14915–3, §5.11]

Detaillierte Darstellung

Diesen Aspekt greift auch die Forderung nach einer detaillierten Darstellung auf. Auch hier ist die Übersetzung der ISO unglücklich: Im Englischen ist von *to elaborate information* die Rede. Die Forderung nach unterschiedlichen Gesichtspunkten bezieht sich dabei auf eine perspektivisch vielfältige Darstellung einer Information. Die Forderung nach der Ausdehnung von Information bedeutet, dass durch Hinzunahme eines neuen Mediums auch neue Informationen bereitgestellt werden. So könnte beispielsweise in die Animation des Flugzeugabsturzes nicht nur der Voicerecorder eingespielt werden. Vielmehr könnte zusätzlich ein Foto der sprechenden Person mit einer kurzen Beschreibung seiner Rolle im Flugzeug oder im Kontrollturm und eine Kurzbiographie eingeblendet werden. Hierbei handelt es sich um zusätzliche Informationen, die aber zum Thema gehören.

Zitat ISO

»Medienkombinationen sollten so ausgewählt werden, dass sich der Informationsinhalt auf ein verbundenes Leitmotiv ausdehnt.« [ISO 14915–3, §5.13]

Informationsüberangebot

Gerade bei dynamischen Medien gilt es, ein Informationsüberangebot zu vermeiden. Zu schnell präsentierte Information führt dazu, dass der Rezipient die Information gar nicht mehr wahrnimmt. Detaillierte Handlungsanweisungen beispielsweise als reines Audio oder Video machen wenig Sinn. Oder haben Sie schon einmal versucht, bei einer Kochsendung vor dem Bildschirm mit zu kochen?

Zitat ISO

»Medien sollten so ausgewählt und dargestellt werden, dass der Benutzer Zeit hat, um die erforderlichen Informationen aus den Medien aufzunehmen.« [ISO 14915–3, §5.12]

Aber nicht nur die Geschwindigkeit kann zu einem Problem werden, sondern auch die Masse an eingesetzten Medien. Die Forderung nach Gestaltung hinsichtlich der Einfachheit zielt auf die Medienkombination, die mindestens erforderlich ist. Überflüssigen Medieneinsatz gilt es zu vermeiden. Für den Einsatz im Musikunterricht beispielsweise reichen Ton und Partitur völlig aus. Ein zusätzliches Konzertvideo ist kontraproduktiv. So fordert die Norm auch, sich auf die minimal notwendige Anzahl unterschiedlicher Medien zu beschränken.

Einfachheit

»Es sollte die mindestens erforderliche Kombination von Medien verwendet werden, um die Informationen zu übermitteln, die für die Aufgabe des Benutzers erforderlich ist.« [ISO 14915-3, §5.14]

Zitat ISO

Die Forderung nach der Verwendung von statischen Medien für wichtige Nachrichten fällt etwas aus dem Rahmen, da sie die einzige Forderung ist, die einen konkreten Informationstyp mit einem konkreten Medientyp verknüpft. Der Hintergrund ist, dass in dynamischen Medien, wie Video und Audio, nur wenige Details in Erinnerung bleiben. Standbilder sind hier klar im Vorteil.

Wichtige Nachrichten

»Für wichtige Informationen sollten Standbild und Text verwendet werden.« [ISO 14915-3, §5.17]

Zitat ISO

Die Liste schließt mit zwei eher technischen Forderungen ab: dem Schutz gegen Degradierung und der Vorschau. Degradierung bedeutet hier qualitative Einbuße, im Web vor allem beim Download. Besonders im Video treten nach wie vor mitunter Bandbreitenprobleme auf. Hier sollte der Server die Videos dynamisch skalieren, um Verzögerungen zu vermeiden. Qualitative Einbußen sind akzeptabler als Wartezeiten.

Degradierung

»Medienlieferung sollte geplant und nach Vordringlichkeit geordnet sein, um herabgesetzte Medienqualität oder Reaktionszeiten, wo diese vorausgesehen werden können, zu vermeiden.« [ISO 14915-3, §5.15]

Zitat ISO

Der mit »Vorausschauende Medienauswahl« etwas holprig übersetzte »*preview*« erlaubt weiter im Videobereich Bandbreitenprobleme zu umgehen.

Vorschau

»Falls es für die Aufgabe geeignet ist, sollten die für die Auswahl zur Verfügung stehenden Medien für den Benutzer in einer Vorausschaumöglichkeit anzusehen sein.« [ISO 14915-3, §5.16]

Fazit Sie sehen, den Einsatz von dynamischen Medien sinnvoll zu gestalten, ist mindestens eine so große Herausforderung wie die technische Erstellung eines solchen Mediums. Auch wenn das Kapitel zum Einsatz am Ende dieses Buches steht, sollten Sie bei der praktischen Umsetzung immer zuerst mit diesen Überlegungen beginnen.

7.7   Weitere Schritte *

Zur Gestaltung multimedialer Umgebungen gibt es einige empfehlenswerte Werke. Behindertengerechtes Design ist Gegenstand einer breiten Palette von Aktivitäten von der Gesetzgebung bis zu Empfehlungen.

Behindertenfreundliche Gestaltung

Behindertenfreundliche Gestaltung ist ein umfangreiches Thema, welches hier nicht abschließend behandelt werden kann. Ausführlichere Informationen finden Sie in [Eibl06]. Behinderungen reichen von Fehlsichtigkeit über motorische Probleme bis hin zu kognitiven Besonderheiten. Der US Census von 2001 geht von über 22 Prozent behinderten Amerikanern aus. Eurostat hat für die Europäische Union im gleichen Jahr 14,5 Prozent ermittelt, wobei die Prozentangabe für die einzelnen Länder der EU zwischen 8 und 23 variiert. Umfangreiche Informationen zu Sehbehinderungen hält die Website des Deutschen Blinden- und Sehbehindertenverband e.V. (DBSV) (http://www.dbsv.org) vor.

Gesetzgebung Der Gesetzgeber in Deutschland hat für Webseiten des öffentlichen Dienstes die Barrierefreie Informationstechnik-Verordnung (BITV) () geschaffen. Grundlage war die europäische Richtlinie des Rates 2000/78/EG vom 27. November 2000 zur Festlegung eines allgemeinen Rahmens für die Verwirklichung der Gleichbehandlung in Beschäftigung und Beruf. (http://europa.eu/legislation_summaries/employment_ and_social_policy/employment_rights_and_work_organisation/ c10823_de.htm)

In den USA bildet die Section 508 of the Rehabilitation Act (http://www.section508.gov) die legislative Grundlage. Zur behindertenfreundlichen Gestaltung speziell im Web hat sich innerhalb des World Wide Web Consortium W3C die W3C Web Accessibility Initiative (WAI) (http://www.w3.org/WAI/) gebildet. Sie hat eine Reihe von Richtlinien herausgegeben, die den behindertenfreundlichen Einsatz verschiedener Web-Technologien beschreibt. Die zentrale Richtlinie ist die 2008 verabschiedeten Web Content Accessibility Guidelines (WCAG) 2.0 (http://www.w3.org/TR/2008/REC-WCAG20-20081211/). Während die erste Version WCAG 1.0 noch ein Sammelsurium völlig unterschiedlicher Forderungen war, ist die Version 2.0 sehr aufgeräumt und beschränkt sich zunächst auf vier zentrale Forderungen:

W3C

- *Make content perceivable by any user.*
- *Ensure that interface elements in the content are operable by any user.*
- *Make content and controls understandable to as many users as possible.*
- *Use web technologies that maximize the ability of the content to work with current and future accessibility technologies and user agents.*

In den Empfehlungen werden diese Forderungen genauer spezifiziert und zusätzlich Kriterien ihrer Einhaltung aufgestellt.

Mehr zur behindertenfreundlichen Gestaltung mit Hilfe von Adobe Werkzeugen finden Sie im Adobe Accessibility Resource Center (http://access.adobe.com). Auch andere große Firmen haben die Problematik erkannt und entsprechende Angebote eingerichtet wie zum Beispiel IBM Accessibility – Human Ability and Accessibility Center (http://www-03.ibm.com/able/index.html), Microsoft Accessibility (http://www.microsoft.com/enable/), Oracle's Accessibility Program (http://www.oracle.com/us/corporate/accessibility/index.html) oder Google Accessibility (http://www.google.com/accessibility/).

Software

Literatur

Buch Eine sehr lehrreiche Sammlung zur Frage, wie Information medial präsentiert werden kann und soll, bilden die Werke von Edward Tufte. Tufte lehrte bis 2004 Politik, Statistik und Informatik an der Yale University. Bekannt wurde er vor allem aufgrund seiner Bücher zum Informationsdesign. Empfehlenswerte Bücher sind *Visual Display of Quantitative Information* [Tuft01], *Envisioning Information* [Tuft90], *Beautiful Evidence* [Tuft06] und *Visual Explanations: Images and Quantities, Evidence and Narrative* [Tuft97]

Glossar

Absatztext
Textvariante in Adobe Flash: Für einen Absatztext wird zunächst mit der Maus ein Rechteck aufgezogen, innerhalb dessen der Text über mehrere Zeilen hinweg erscheint. Siehe auch →Punkttext

Abtastpunkte
Zeitpunkte zu denen eine Schallwelle bei der Digitalisierung abgetastet wird.

Amplitude
Die Ausschlaghöhe der Welle nach oben und unten wird Amplitude bzw. Schalldruckpegel genannt und wird in Dezibel (dB) gemessen. Sie beeinflusst die Wahrnehmung von Lautstärke. Je größer der Ausschlag ist, als desto lauter wird das Schallereignis empfunden.

Aussteuerung
Regelt den Pegel des Audiosignals für die Aufnahme.

Autofokus
Automatisches Fokussieren bzw. Scharfstellen. Es wird zwischen passiven und aktiven Verfahren unterschieden. Die bekanntesten Verfahren sind passive Kontrastmessung, Phasenvergleich, Messblitz und infrarote Hilfslichter.

B-Frame *(Bidirectionaly Predicted Frame)*
Nicht vollständig kodiertes Einzelbild eines Videostroms, der beispielsweise in H.26x oder MPEG komprimiert wurde. Die Kodierung hält nur den Unterschied zu einem vorangegangenen I-Frame und zu einem nachfolgenden I- oder P-Frame fest.

Bayer-Filter
Farbfilter, der Kamerasensoren farbliches Sehen ermöglicht.

Bewegungstweening
Automatisches Erstellen von Zwischenbildern bei der Veränderung von Positionen in Flash.

Bezierkurve
In den 1960er Jahren von Pierre Bezier bei Renault entwickelte parametrisch modellierte Kurve.

Bildgröße
Menge der Daten, die zur Codierung eines digitalen Bildes notwendig sind. Die Datenmenge hängt von der Anzahl der Pixel und der Farbtiefe eines Bildes ab.

Bildsensor
Lichtempfindliches Raster, dessen einzelne Elemente Helligkeiten messen. Aus diesem Raster wird in einem Verarbeitungsschritt das eigentliche Bild ermittelt.

Billboard
Flaches Objekt (bekannt als große Werbetafel), das sich immer mit einer Seite dem Betrachter zuwendet.

Bogenmaß
Winkelmaß, welches das Verhältnis der Länge eines durch einen Winkel definierten Kreisbogens zum Radius beschreibt.

Brennweite
Gibt die Entfernung zwischen Linse und ihrem Brennpunkt an. Der Brennpunkt ist die Stelle, an der parallel einfallende Lichtstrahlen durch die Linse so gebrochen werden, dass sie auf einen Punkt gebündelt werden.

CCD *(Charged Coupled Device)*
(ladungsgekoppeltes Bauteil) Rasterchip der aus Lichtimpulsen Helligkeitswerte generiert.

CIF *(Common Intermediate Formate)*
Zwischenformat zum Abgleich der Fernsehnormen NTSC und PAL: 352 * 288 Pixel, wobei die CIF-Pixel sind nicht quadratisch sind.

CMOS *(Complem. Symmetry Metal Oxide Semiconductor)*
Rasterchip, der aus Lichtimpulsen Helligkeitswerte generiert.

Demosaicing
Verfahren, um das Raster von Helligkeitswerten des Bildsensors auf das Raster des Zielbildes zu übertragen. Hintergrund ist die prinzipielle Farbenblindheit des Sensors, die durch Filter behoben wird. Es entstehen Helligkeitswerte zu den Farben Rot, Grün und Blau, die auf ein Pixel zusammengefasst werden müssen.

Ebene
Grundlegendes Konzept der Bildverarbeitung von Photoshop, auch adaptiert für Flash. Das Konzept ist vergleichbar mit Folien, die aufeinander gelegt werden. Jede Ebene (Folie) enthält dabei Teile des Bildes. Erst gestapelt ergeben sie ein vollständiges Bild. Obere Ebenen verdecken dabei untere Ebenen. An transparenten Stellen werden die unteren Ebenen sichtbar.

ECMA
1961 gegründete private Normungsorganisation für IKT-Bereich. ECMA ist ursprünglich das Akronym für *European Computer Manufacturers Association*. 1996 Namensänderung in Ecma International ohne Auflösung des Akronyms.

EMU
(eben merklicher Unterschied) Der eben merkliche Unterschied EMU *(just noticeable difference –* JND) behandelt die Frage, wie stark sich ein Reiz verändern muss, damit der Unterschied vom Menschen wahrgenommen wird. Es wird in der Fachliteratur auch von Unterschiedsschwelle gesprochen.

Farbtiefe
Mit Farbtiefe wird angegeben, wie viele Farben mit der vorgenommenen Kodierung darstellbar sind. Die Farbtiefe wird dabei stets in Bit angege-

ben. Mit einer Farbtiefe von beispielsweise 8 Bit ist die Darstellung von 2^8=256 verschiedenen Farben möglich.

Formmarke
Markierungspunkte zur Optimierung von Formtweens.

Formtweening
Automatisches Erstellen von Zwischenbildern bei der Veränderung von Formen in Flash.

Frequenz
Die Frequenz bezeichnet die Häufigkeit der Zyklen bzw. Schwingungen einer Schallwelle und wird in Hertz gemessen. Hertz (Hz) gibt die Anzahl der Schwingungen pro Sekunde an. Alternativ wird auch von Wellenlänge gesprochen, wobei gilt: Je kürzer die Wellenlänge, desto höher die Frequenz.

GEMA
Die GEMA (Gesellschaft für musikalische Aufführungs- und mechanische Vervielfältigungsrechte) vertritt die Verwertungsrechte von 64.000 deutschen und 2 Millionen ausländischen Musikschaffenden. Ziel ist es, das geistige Eigentum zu schützen und eine angemessene Vergütung für die Nutzung von Musik zu realisieren.

GIF *(Graphics Interchange Format)*
Mitte der 1980er Jahre entwickeltes Bildformat für das Internet. Basiert auf Reduktion der Farbvielfalt auf 256 Farben und der Kompression durch den LZW-Algorithmus. Die Qualität der Bilder ist daher eher niedrig, aber beispielsweise für das Web gut geeignet.

H.261
Codec, der durch die International Telecommunication Union ITU von 1984 bis 1990 entwickelt wurde, um Videokonferenzen und Videotelefonie über ISDN-Leitungen zu ermöglichen.

Hertz (Hz)
Gibt die Anzahl der Schwingungen einer Welle an. Benannt wurde die Einheit nach dem deutschen Physiker Heinrich Hertz. Hz bildet in Deutschland seit 1935 und international seit 1960 die Einheit für regelmäßig wiederkehrende Ereignisse bzw. Frequenzen. 1 Hz entspricht dabei einer Schwingung pro Sekunde.

I-Frame *(Intraframe)*
Vollständig kodiertes Einzelbild eines Videostroms, der beispielsweise in H.26x oder MPEG komprimiert wurde. Die Kodierung erfolgt in der Regel als JPEG. I-Frames wirken korrigierend zu P- und B-Frames.

Interpolator
Berechnet automatisch Zwischenschritte bei Animationen in virtuellen Welten. Interpolatoren sind auf ihren Einsatzzweck (Farbinterpolation, Positionsinterpolation etc.) hin zugeschnitten.

ITU *(International Telecommunication Union)*
Internationale Fernmeldeunion.

JPEG / JPG *(Joint Photographers Expert Group)*
Anfang der 1990er Jahre durch die Joint Photographers Expert Group (JPEG) als gleichnamiges Kompressionsverfahren entwickelt und 1992 als ISO 10918 standardisiert. In der Regel wird der Name auch für das Dateiformat verwendet, obwohl JPEG eigentlich nur ein Kompressionsverfahren, aber kein Dateiformat ist. Vor allem verwendet für qualitativ gute Bilder mit niedrigem Datenvolumen.

Maskierung
Frequenzen, die mit einem hohen Schalldruckpegel (also laut) gespielt werden, lassen benachbarte Frequenzen, wenn diese mit einem niedrigeren Schalldruckpegel gespielt werden, in der menschlichen Wahrnehmung verschwinden.

MP3
Verfahren zur Audiokompression, welches von der Moving Pictures Expert Group MPEG für audiovisuelle Medien definiert wurde.

MPEG *(Moving Picture Experts Group)*
Die MPEG ist eine internationale in der ISO organisierte Gruppe von Experten aus Wissenschaft und Wirtschaft, die sich mit der Standardisierung der Codierung audiovisueller Medien beschäftigt. Dazu gehöhren beispielsweise Videokompression, Audiodatenkompression, Containerformate und Beschreibungssprachen.

Normalobjektiv
Ursprünglich in der Porträtfotografie definiert: Portraits, die 1:1 vergrößert werden und denselben perspektivischen Eindruck hinterlassen wie bei der Betrachtung des Originals (z. B. gut zu erkennen an der Position der Ohren), werden mit einem Normalobjektiv aufgenommen. Das Normalobjektiv entspricht damit den menschlichen Sehgewohnheiten.

NTSC *(National Television Systems Committee)*
Verfahren zur Farbübertragung beim analogen Fernsehen. Verwendet wird dieses Verfahren vor allem in Nordamerika, Teilen Südamerikas und Japan.

Oberton
Neben dem eigentlichen Grundton ertönt bei nahezu jedem Schallereignis ein Vielfaches der gespielten Frequenz mit. Diese zusätzlichen Frequenzen werden Obertöne genannt. Sie bilden den Klang und sind verantwortlich dafür, dass Instrumente, die den gleichen Ton spielen, dennoch unterschiedlich klingen.

Objektzeichnungsmodell
Zeichnungsmodell in Flash. Objekte können sich überlagern.Überlagerte Bereiche bleiben erhalten. Das alternative Zeichnungsmodell ist das →
Zeichnungsverbindungsmodell.

P-Frame *(Predicted Frame)*
Nicht vollständig kodiertes Einzelbild eines Videostroms, der beispielsweise in H.26x oder MPEG komprimiert wurde. Die Kodierung hält nur den Unterschied zu einem vorangegangenen I-Frame fest.

PCM *(Pulse Code Modulation)*
Klassisches Verfahren zur verlustfreien Digitalisierung von Audiodaten.

Phase Alternating Line *(PAL)*
Verfahren zur Farbübertragung beim analogen Fernsehen. Verwendet in Europa (außer Frankreich) Australien und Teilen Afrikas, Asiens und Südamerikas.

Pixel
Kunstwort aus dem englischen *Picture Elements*. Bezeichnet die einzelnen Bildpunkte eines digitalen Rasterbildes.

PNG *(Portable Network Graphics Format)*
Mitte der 1990er Jahre entwickelt vereint das Dateiformat PNG die Vorteile von GIF und JPEG bei verlustfreier Kompression.

PPI *(pixel per inch)*
Die Auflösung eines Bildes wird in »Pixel per Inch« (ppi) angegeben, die festhalten, wie viele Pixel auf einem Inch, bzw. Zoll (ca. 2,54 cm) verteilt sind. Bei Fotografien haben Pixel in der Regel eine quadratische Form. Daher reicht hier eine einzelne Angabe. Im Videobereich haben Pixel in der Regel eine rechteckige Form.

Punkttext
Textvariante in Adobe Flash: Ein Punkttext beginnt an einer mit einem Mausklick definierten Stelle, und wächst in einer Zeile nach rechts weiter. Siehe auch →Absatztext

QCIF *(Quarter CIF)*
Gevierteltes CIF-Format mit halber Höhe und Breite gegnüber CIF: 176 × 144 Pixel.

RAW
Dateiformat für die Rohdaten aus dem Fotosensor. Die Daten liegen unbehandelt im Kameraformat vor.

Rotation
Drehung; gedrehte Positionierung eines Objekts im virtuellen Raum.

Sampling-Theorem
Das Sampling-Theorem bzw. Nyquist-Theorem garantiert, dass ein digitalisiertes Audiosignal eindeutig rekonstruiert werden kann: Die Abtastrate muss dazu mehr als das Doppelte der abgetasteten Frequenz betragen.

Schallwelle
Eine Schallwelle ist eine periodische Veränderung des Luftdrucks. Der normale Umgebungsluftdruck wird abwechselnd erhöht und abgeschwächt. Dieser Wechsel wird als Ton wahrgenommen.

Sensor
Ermöglicht Manipulation von Objekten während der Laufzeit. Objekte werden dazu mit einem Sensor ausgestattet, der auf eine spezielle Manipulationsart (drehen, verschieben etc.) hin definiert ist.

Sensorgröße
Während es in der klassischen analogen Fotografie nur wenige Filmformate gibt, hat sich in der Digitalfotografie keine einheitliche Sensorgröße durchgesetzt. Die Sensörgröße sagt zudem noch wenig über die Auflösung aus. Diese hängt zusätzlich von der Größe der Sonsorelemente ab.

Skalierung
Größenänderung; Veränderung der Größe eines Objekts im virtuellen Raum. Die Veränderung kann für die drei räumlichen Dimensionen individuell eingestellt werden.

Teleobjektiv
Bildwinkel und damit der abgelichtete Bildausschnitt ist deutlich kleiner als bei normalen Objektiven. Die Brennweite ist hier länger. Ferne Dinge erscheinen sehr detailliert.

Textur
Digitales Bild, das auf einer einfachen Grundform einer virtuellen Welt angebracht wird, um somit eine realistischere Darstellung zu ermöglichen.

TIF /TIFF *(Tagged Image File Format)*
Dateiformat für Bilddaten. Ursprünglich für den Datenaustausch zwischen Computer, Scanner und Drucker konzipiert ermöglicht es die verlustfreie Kodierung. Dieses Dateiformat wird vor allem genutzt, um qualitativ hochwertige Bilder, beispielsweise für den Buchdruck, abzuspeichern.

Translation
Verschiebung; Positionierung eines Objektes im virtuellen Raum jenseits des Koordinatenursprungs.

verlustbehaftete Kompression
Familie von Kompressionsverfahren, die keine vollständige Rekonstruktion des Ursprungssignals ermöglichen, dafür aber auch zu relativ kleinen Datenmengen führen. Bei ihrer Verwendung ist besonders zu berücksichtigen, dass das Ergebnis von annehmbarer Qualität ist.

Verschlusszeit
Dauer, in der der Sensor mit Licht versorgt wird bzw. in der der Film belichtet wird.

Weitwinkelobjektiv
Objektive, deren Bildwinkel größer ist als es dem menschlichen Auge entspricht. Das heißt, sie nehmen an den Rändern mehr Bildinformationen auf. Je kürzer die Brennweite, desto stärker der Effekt.

wertdiskretes Signal
Das Signal bekommt bei der Digitalisierung nur bestimmte vorgegebene Werte zugewiesen. Dadurch wird das Originalsignal zwar leicht modifiziert, die entstehende Datenmenge ist aber deutlich kleiner.

Zeichnungsverbindungsmodell
Zeichnungsmodell in Flash. Objekte werden beim Zeichnen miteinander verbunden. Es entstehen dadurch keine Überlagerungen, sondern die überlagerten Bereiche werden gelöscht. Das alternative Zeichnungsmodell ist das →Objektzeichnungsmodell.

zeitdiskretes Signal
Das Signal wird bei der Digitalisierung zu bestimmten Zeitpunkten abgetastet. Es liegt dann nicht mehr, wie im analogen Signal, kontinuierlich vor, sondern zeitdiskret.

Literatur

[Adob07]
Adobe Creative Team; *Adobe Soundbooth CS3 Classroom in a Book*, Adobe Press, 2007.

[Adob07]
Adobe; *Adobe Soundbooth CS3 Users Guide*, Adobe Press, 2007. Online erhältlich unter: http://livedocs.adobe.com/en_US/ Soundbooth/1.0/soundbooth_cs3_help.pdf.

[Eibl06]
Eibl, Maximilian; *Accessible Web Page Design*, in: Karwowski, Waldemar (Hrsg.) International Encyclopedia of Ergonomics and Human Factors. 2nd Edition. ISBN 041530430X, Taylor&Francis Ltd., 2006.

[Font08]
Fontaine, Phillippe; *Adobe After Effects CS3: Das Praxisbuch zum Lernen und Nachschlagen*, Galileo Design, 2008.

[ISO 14915-1]
DIN EN ISO 14915-1: Software-Ergonomie für Multimedia-Benutzungsschnittstellen – Teil 1: Gestaltungsgrundsätze und Rahmenbedingungen, Berlin, Beuth, 2002.

[ISO 14915-3]
DIN EN ISO 14915-3: Software-Ergonomie für Multimedia-Benutzungsschnittstellen – Teil 3: Auswahl und Kombination von Medien, Berlin, Beuth, 2003.

[Klaß07]
Klaßen, Robert; *Adobe Premiere Pro CS3: Das Praxisbuch mit zahlreichen Workshops*, 1, Galileo Design, 2007.

[Rein08]
Reinegger, Andre; *Flash CS4 Grundlagen*, Graz, Österreich, Addison-Wesley, 2008.

[Rogg09]
Rogge, Axel; *Die Videoschnitt-Schule: Tipps und Tricks für spannendere und überzeugendere Filme*, Galileo Design, 2009.

[Tuft01]
Tufte, Edward; *Visual Display of Quantitative Information*, Graphics Press, 2001.

[Tuft06]
Tufte, Edward; *Beautiful Evidence*, Graphics Press, 2006.

[Tuft90]
Tufte, Edward; *Envisioning Information*, Graphics Press, 1990.

[Tuft97]
Tufte, Edward; *Visual Explanations: Images and Quantities, Evidence and Narrative*, Graphics Pres, 1997.

[Wesc08]
Weschkalnies, Nick; *Adobe Flash CS 3 – Das Praxisbuch zum Lernen und Nachschlagen*, Bonn, Galileo Design, 2008.

Sachindex

Hochschulzertifikate

Die FH Dortmund besitzt einen der größten und renommiertesten Fachbereiche Informatik. Ein qualifiziertes Hochschulzertifikat der FH Dortmund dokumentiert Ihnen und Ihrem Arbeitgeber, dass Sie eine hochwertige wissenschaftliche Weiterbildung durchgeführt haben.

Fachhochschule Dortmund
University of Applied Sciences and Arts

Wissenschaftliche Informatik-Weiterbildung Online
mit Hochschulzertifikaten der Fachhochschule Dortmund

Upgrade Your Knowledge

- **Junior-Programmierer/in**
- **Anwendungsprogrammierer/in**
- **Web-Frontend-Programmierer/in**
- **Web-Entwickler/in**
- **Requirements Engineer**
- **Software-Architekt/in**
- **Software-Manager/in**

Ihre Vorteile
- Sie können jederzeit beginnen.
- Sie können beliebig viele oder beliebig wenige Module belegen, je nach Vorkenntnissen, Finanz- und Zeitbudget - berufsbegleitend und flexibel.
- Sie werden durch qualifizierte Online-Tutoren persönlich betreut.
- Ein perfekt aufeinander abgestimmtes Modul-System erlaubt es Ihnen, Ihr Wissen gemäß Ihren beruflichen Anforderungen zu aktualisieren und zu erweitern.
- Zu jedem Modul erhalten Sie ein oder mehrere Lehrbücher, um auch offline ergänzend lernen zu können.

Fordern Sie noch heute unser kostenloses Infopaket an:
http://Akademie.W3L.de/Weiterbildung